유배지에서 예수 읽기

유배지에서 예수 읽기

백창욱 목사의 복음 이야기

초판 1쇄 발행 2014년 4월 14일

지은이 백창욱
펴낸이 오은지
책임편집 변홍철 **표지디자인** 박대성
펴낸곳 도서출판 한티재 **등록** 2010년 4월 12일 제2010-000010호
주소 706-821 대구시 수성구 달구벌대로 492길 15 **전화** 053-743-8368 **팩스** 053-743-8367
전자우편 hantijaebook@daum.net **블로그** http://hantijaebook.tistory.com

ⓒ 백창욱 2014
ISBN 978-89-97090-27-3 03300

이 도서의 국립중앙도서관 출판시도서목록(CIP)은 서지정보유통지원시스템 홈페이지(http://seoji.nl.go.kr)와
국가자료공동목록시스템(http://www.nl.go.kr/kolisnet)에서 이용하실 수 있습니다.
(CIP제어번호: CIP2014009246)

유배지에서 예수 읽기

백창욱 목사의 복음 이야기

한티재

이 책을

하나님이 맺어주신 인연,

대구새민족교회 교우들께 바칩니다.

하나님과 권력. 무관해 보이지만, 매우 깊은 상관 관계에 있다. 성경은 하나님 백성들이 정치권력하에서 신앙을 지키려는 '생존기'이다. 모든 이스라엘 역사가 그랬다. 이스라엘의 원조인 히브리들은 제국 애굽에서 노예살이를 하면서 야웨를 만났다. 그리고 야웨 신앙으로 탈출을 감행했다. 가나안 땅에서는 '평등 사회 건설'이라는 이스라엘 건국 이념을 지키기 위해 깨우친 백성들은 부단히 현실 권력을 견제했다. 견제가 잘 되면 평등 사회를 누렸지만, 정치권력이 득세하면 야웨 백성들은 왕의 종으로 전락했다.

그러나 권력을 하나님 아래 두지 못한 죄는 결국 나라의 멸망을 초래했다. 기원전 722년 북왕국 이스라엘은 제국 앗시리아에 멸망당했다. 백성들은 굴비 엮이듯 엮여서 먼 땅 앗시리아로 유배당했다. 기원전 587년 남왕국 유다는 제국 바빌론에게 멸망당했다. 마지막은 비참했다. 유다의 마지막 왕 시드기야는 자기 눈 앞에서 아들들이 죽임을 당하는 것을 봐야 했다. 그리고 왕도 눈을 뽑힌 채 백성들, 귀족들과 함께 바빌론으로 유배당했다. 권력이 하나님 말씀을 무시하면 어떻게 되는가를 단적으로 보여준 비극적 장면이다.

신약성서도 당대 최고권력인 로마제국하에서 어떻게 예수 신앙을 바르게 실행하는가가 최고 관건이었다. 예수 역시 당신이 발붙이고 살던 팔레스타인 땅에서 로마와 지배권력을 의식하며 민중과 부대끼고 살았다.

이스라엘 역사에서 민중들을 덮치는 시련은 권력에게 일차 원인이 있다. 불의한 권력일수록 자기 위에 계시는 야웨를 무시한다. 그런 폐단은 불평등 세상으로 나타나고, 특히 약자들이 벼랑으로 떨려난다. 그럴 때 야웨법에 충실한 사람들은 고난과 핍박을 감수하면서, 야웨 신앙을 지키기 위해 권력과 대척점에 설 수밖에 없었다. 야웨법의 근간인 평등 사회를 지키기 위해서. 그러나 권력은 자신을 반대하는 예언자나 깨우친 백성들을 가만두지 않았다.

하지만 야웨는 당신의 백성들이 권력에 굴복하지 않도록 끊임없이 참 예언자를 보내셨고, 결코 민중들이 평등 세상에 대한 희망의 끈을 놓지 않도록 영감과 감동을 불어넣으셨다. 무수한 예언서 말씀의 골자는 권력에 대한 심판이고 백성들을 끝내 거둘 것이라는 약속이다.

그 까닭에 야웨 백성들은 그 어떤 고난의 현실에서도, 유배지에서도, 심지어 죽어가면서도 대세에 휘둘리지 않고, 권력에 복속당하지 않고, 신앙을 지켰다. 거룩한 씨, 그루터기(「이사야」 6:13)가 바로 그런 개념이다.

예수는 히브리 성서에 담겨 있는 야웨 신앙을 고스란히 이어받았다. 히브리 선조들이 추구했던 평등 세상을 하나님 나라 운동으로 승화시켰다. 또한 예수를 하나님의 아들 구세주로 고백하는 후예들이 그분에게 걸맞는 언어로 재창조하였다.

예수의 눈에 제일 먼저 들어온 것은 이미 형해화할 대로 형해화한 율법에 고통 당하는 민중이었다. 무엇보다도 이스라엘 지배세력은 율법 중 안식일법과 정결례법으로 민중들을 속박했다. 자유와 평등, 해방의 뜻이 담긴 율법은 지배세력의 사주를 받는 율법학자와 서기관들의 해석 장난으로 도저히 지킬 수 없는 법으로 둔갑했다. 그에 따라 민중들은 자동적으로 죄인이 됐다. 그런 민중에게 다시 해방과 자유를 선언하는 예수를 지배세력은 그냥 둘 수 없었다. 예수가 타협하지 않는 한, 십자가 처형은 피할 수 없는 운명이었다. 이처럼 민중을 억압하는 권력에게 예수는 대표적인 적대자이다.

그렇다면 오늘 한국 기독교와 교회 현실은 어떤가?

하나님이 그토록 경계하고 조심하라는 정치권력과 지나치게 한통속이 돼버렸다. 2014년 3월 6일 행한 국가조찬기도회는 오늘날 개신교의 처지를 단적으로 보여주었다. 교계의 내로라하는 위인들이 죄다 박근혜 씨를 칭송하기에 바빴다. 기도회는 구실일 뿐, 권력에 충성 다짐하는 자리였다. 그 장면을 보면서 무엇보다도 마음에 걸린 것은, 지금 이 순간에도 이 땅 처처에서 고통과 무너진 억장으로 신음하는 무수한 약자들, 지옥을 사는 사람들은 모르쇠하고 원인 제공 최고책임자를 향해 일방적으로 나팔을 부는 행태이다. 과연 저들이 진실한 예수 신자가 맞는가.

『유배지에서 예수 읽기』는 바로 이런 문제의식으로 복음 말씀을 해석했다. 예수는 그 시대 지배세력을 거슬러서 민중에게 하나님 말씀을 어떻게 증거했으며, 그 말씀을 읽는 나는 오늘날 어떻게 해석하고 적용하는가에 대한 이야기이다. 유배지와 다름없는 삶의 현실에서 민중은, 또 예수의 후예들은 어떻게 복음을 읽고 받아들이고 살아야 하는가에 대해 말했다.

성경과 유배지는 떼려야 뗄 수 없는 관계이다. 히브리 성경은 유배지에서 나온 책이다. 유배지로 끌려간 야웨 백성들의 처절한 삶의 기록이다.

바빌론으로 유배당한 이스라엘 백성들은 상전벽해로 달라진 자신들의 처지에 대해 그 근본부터 묻고 또 묻지 않을 수 없었다. 예루살렘과 성전에서 야웨만이 최고인 줄 알고 살던 백성들은 기원전 587년 바빌론에게 멸망당하고 그들 도시로 끌려가서 바빌론 신전과 그들 신 마르둑을 보면서 대공황을 겪었다. 예루살렘 성전과는 비교도 안 될 정도로 규모와 위용이 넘치는 그들 신전 앞에서 이스라엘 백성들은 한없이 쪼그라들었다. 자기들이 여지껏 믿고 의지했던 야웨에 대해 근본부터 흔들렸다. 고대인들의 신 개념은 전쟁에서 이기는 신이 최고신이다. 그런데 이스라엘 백성에게 야웨는 마르둑에게 진, 약한 신으로 전락했다.

이에 위기를 느낀 민중 사제들이 제일 먼저 착수한 일이 성경을 편집하는 일이었다. 그동안 있었던 단편적인 두루마리, 전승들을 체계적으로 정리하고, 이스라엘이 유배지에 끌려간 이유에 대해 신학적인 작업에 착수했다. 그래서 나온 책들이 오경이고 신명기 역사서(「여호수아」부터 「열왕기하」까지)이다.

그들은 무엇보다도 자신들의 조상 히브리들이 출애굽한 사건을 이야기의 출발점으로 삼았다. 히브리들도 애굽이라는 유배지에서 탈출한 사건이 이스라엘의 기원인 것을 상기하며, 야웨가 그들 편에서 함께하신 역사를 되돌아보게 했다. 그때까지 모든 신들은 제국의 신이었다. 권력이 백성들을 지배하는 것을 정당화해주는 신들만 있었는데, 야웨는 최초로 지배당하는 사람들과 한편이 된 신이다.

그분의 정체는 분명하다. 정의와 사랑을 모든 사람에게 차별 없이 베푸시는 분이다. 특별히 권력에게 고통당하는 약자들의 신세를 자신의 일처럼 여기시는 분이다. 민중 사제들은 백성들에게 바로 야웨의 속성을 각인시켰다. 이스라엘이 바빌론에게 망한 것은 야웨 때문이 아니라, 그들 자신이 이방민족과 똑같이 사람 차별 세상을 만들고 약자를 학대한 죄 때문임을 재인식시켰다. 오경과 신명기 역사서는 이 기조를 마치 처음 시작하는 이야기인 것처럼 꾸몄다(오경과 신명기 역사서에 예언 형식으로 자주 등장하는 포로 이야기는 이미 그들이 겪은 일임을 암시한다). 유배지 백성들이야말로 자신들의 신세를 돌이켜서, 모든 것을 다시 처음부터 시작하고 싶지 않겠는가?

기원전 시대에 타국으로 끌려가 유배 생활을 했던 이스라엘은 예수 시대로 넘어오면서 포로로 끌려가는 일은 사라졌다. 그렇다고 노예살이가 끝난 것은 아니다. 자신들이 살고 있는 땅이 바로 유배지가 됐기 때문이다. 로마 황제는 이스라엘 지배층들을 모조리 복속시켜서 팔레스타인 땅을 그냥 유배지로 만들어버렸다. 이스라엘 민중들이 겪는 억압과 민생고는 구한말 조선이 망할 때, 민중이 겪은 생지옥과 한 치도 다를 게 없었다. 살아도 사는 목숨이 아니었다. 칠흑 같은 어둠의 세상, 기댈 데 없는 민중들은 어떡하나? 예수는 바로 이때 등장했다. 그는 이스라엘이 기억하는 평등 세상에 대한 그리움을 다시 일깨워주었다. 그 세상은 히브리들이 출애굽하면서 구현하고자 했던 실현 가능한 이상사회였다. 예수는 그 평등 사회를 다시 복구하고자 했다. 그리고 민중들을 유배지에서 해방시켰다. 그 이야기가 바로 복음서 말씀이다.

이 책은 2012년 6월부터 인터넷신문 『뉴스민』에 '백 목사의 예수 읽기'라는 제목으로 두 주에 한 번씩 연재한 칼럼을 모은 것이다. 그때부터 한 번도 거르지 않고 충실히 칼럼을 써왔더니, 그게 모여서 이렇게 책을 내는 기반이 됐다. 그동안 쓴 글들을 다시 되돌아보니, '아' 하는 감탄과 '어휴' 하는 한숨이 동시에 나왔다. "어떻게 이런 글을 쓸 수 있었지? 어떻게 이런 해석을 했지?" 하는 심경과 "어떻게 그 많은 집회 현장을 다닐 수 있었지?" 하는 소감이다. 그렇게 목회와 집회시위 현장 다니는 일, 두 가지를 큰 과오 없이 해온 삶이 대견하다.

각종 기자회견과 집회시위장, 국가폭력에 신음하는 고통의 현장을 다니는 일은 힘든 일이었지만, 한편으로 그 현장 경험은 이천년 전 예수가 대면한 권력의 본질을 더욱 실감나게 해주었다. 또한 복음 말씀이 오늘 우리에게는 어떻게 구현되는가를 더 실감나게 해주는, 피가 되고 살이 되는 일이었다.

이 책이 나오도록 내 삶의 기반이 되어준 분들이 계시다. 무엇보다도 우리 교회 교우들에게 감사하다. 평범하게 사시는 교우들이 활동가

수준으로 다니는 목사의 이야기를 다 들어주셨으니 말이다. 이분들이 계시지 않았다면 예수 읽기도, 복음 이야기도, 이 책도 없었다.

책 추천사를 써주신 두 분, 이근복 목사님과 김용철 소장께도 깊이 감사드린다. 이근복 목사님은 내 목회 스타일의 원형이시다. 본 대로 배운다고, 서울에서 새민족교회 다닐 때 이근복 목사님의 목회 모습은 거의 그대로 내게 흡수돼서 지금 목회의 토대가 되었다.

김용철 소장은 사회복지시설인 애활원 비리 문제로 투쟁할 때 처음 알게 됐다. 무연고의 땅 대구에서 내 연고가 되어주셨다. 누구를 만나느냐가 인생의 절반을 좌우한다는 격언에 따르면, 나의 대구살이 첫 연고로 김용철 소장을 만나서 다행이다. 하나님이 붙여주셨다고 믿는다.

또 들꽃향린교회 김경호 목사님께도 감사 인사를 드리고 싶다. 그분의 저서 『생명과 평화의 눈으로 읽는 성서』 1권 '야웨 신앙의 맥', 2권 '새역사를 향한 순례', 3권 '시대의 아픔을 넘어서', 4권 '위기 속에서 대안을 찾다'를 교정하는 기회를 얻은 덕분에 여러 번 읽으면서 자연스레 성서에 대한 관점과 내용을 정확하게 구축할 수 있었다.

나는 책 만드는 데 이렇게 드러나지 않는 수고가 많은 줄 몰랐다. 책 출간을 맡아준 한티재에도 감사드린다.

권력과 자본의 일방성이 난무하는 힘든 시국을 살다 보니, 우리 자신이 한없이 무기력해질 수 있다. 그러나 어느 시대도 민중이 살기 좋았던 시절은 없었다. 그들은 항상 지배세력에게 대상화되고, 생존과 자유를 위해 자기 목숨을 걸고 싸워야 했다. 하지만 그들은 혼자가 아니었다. 야웨가 동행하시고, 각성한 민중들이 단결하여 함께 길을 갔다. 감사하게도 우리도 그 대열에 서 있다. 바라기는 이 책이 민중들이 주저앉지 않고 꿋꿋이 나아가는 데 힘을 돋우는 빛이 되었으면 하는 마음 간절하다. 예수의 복음은 말 그대로 민중들에게 한 줄기 빛이었다. 지금도 그렇다.

2014년 3월

백창욱

불편한 진리

백창욱 목사님의 글을 읽으면서 문득 옛일이 떠올랐습니다. 영등포산업
선교회에서 노동자 사역을 하던 중, 1985년 예장 영등포노회에서 목사
안수 면접을 받을 때의 일입니다. 핵심 질문은 "민중신학과 해방신학을
어떻게 생각합니까?" 였습니다. 영등포산업선교회가 민중신학과 해방신
학에 근거하여 불순하게 산업 선교를 하지 않느냐는, 노동자 선교를 불
온시하는 이들의 선입견이 담긴 물음이었습니다. 당시 노동자의 권익 옹
호를 위해 사역하신 분들은 성서와 신앙에 뿌리를 두고 산업 선교를 한
것이지 특정 신학의 지침을 따른 것이 아닙니다. 오히려 산업 선교를 통
하여 노동자들을 만나 아픔에 공감하고 고난에 동참한 신학자들의 진지
한 성찰을 통하여 민중신학이 태동한 것입니다.

추천사를 써야 한다는 부담이 컸지만 이 책의 출간이 반가운 것은,
가난하고 불이익당하는 이들의 아픔과 연대하여 정의를 외치는 이들이

어디에 근거하여 사역하는지를 제대로 보여주기 때문입니다. 이 책은 하나님의 말씀이 개인과 사회 변화를 위한 토대인 점을 잘 보여주고 있습니다. 저자의 정확한 시대 읽기와 탄탄한 성서 지식, 그리고 이 둘을 이어주는 고백적 행동이 이 책의 가치를 높여줍니다. 우리 시대의 문제들을 성서적으로 조명하여 그리스도인의 삶과 교회의 길을 분명하게 제시합니다.

사회적 신뢰를 상실한 한국 교회를 어떻게 다시 세울 수 있을까? 이는 한국 교회를 사랑하고 염려하는 이들의 끊임없는 물음입니다. 저자는 복음도 자본주의 욕망을 부추기는 성공 소재로 전락했다고 진단합니다. 이 책에 나온 한국 교회 회복의 길은 성서에서, 예수의 믿음과 삶을 발견하여 그 길을 따라 사는 것이고, 교회가 민족과 지역 사회에서 소금과 빛이 되는 것입니다. 그러기 위해서는 떠나고, 버리고, 포기한 예수 제자들의 삶이 모델이 되어야 합니다.

저자가 주변, 변방, 비주류, 하층 계급의 자리에서 성서를 보는 까닭에 미처 깨닫지 못한 진리를 보게 합니다. 한국 교회가 지역공동체 형성에 기여하며 지역 사회에 뿌리를 내릴 때 다시 생동하는 공동체가 될 수 있다는 점에서, 저자가 대구 지역의 여러 사건에 직접 나서서 활동하는 것은 소중한 의미가 있습니다. 그 과정에서 저자가 책의 제목을 '유배지에서 예수 읽기'라고 할 정도로 절망하기도 하지만, 대구 사회에 대한 깊은 애정을 포기하지 않습니다. 이는 대구의 정서를 잘 파악하기 때문인데, 그것은 대구 민중들이 주류 엘리트에게 철저하게 대상화되었다고 진단하는 것입니다. 이스라엘 민족이 바빌론 유배지에서 반성적 성찰을 통하여 창조신학을 싹틔우고 하나님의 은총으로 해방을 경험하였듯이, 저자는 옥죄는 이 시대 상황을 '유배지'라고 표현하며 새 세상을 꿈꾸고 있습니다.

문제는 사회와 교회 문제를 새롭게 풀어갈 힘을 어떻게 형성할 수 있는가 하는 과제입니다. 진정으로 스스로 개혁하고 사회 변혁을 도모하는 교회가 되려면 무엇보다 평신도를 주체로 세워야 하는데, 이 점은 저자가 더 고민해야 할 지점입니다.

원래 저자와는 새민족교회의 목사와 교우 관계로 맺은 관계입니다. 개척교회 이름도 제가 시무하던 새민족교회를 따라 '대구새민족교회'로 하였습니다. 아무 연고도 없는 대구에서 개척한다는 것은 큰 모험이었는데, 기도 중에 척박한 대구에서 자신을 부르시는 하나님의 음성을 듣고, 하란을 떠난 아브라함처럼 아무런 보장도 없이 길을 떠났습니다. 그리고 그곳에 뿌리를 내리고 누구보다도 치열하게 사역하고 있습니다.

저자가 힘든 상황에서도 꿋꿋이 나아가는 힘은 무엇일까? 저자는 글에서 이렇게 고백하고 있습니다.

두 자매의 모습에서 반성 고백할 게 있다. 그동안 동료 목회자들이 교회에만 안주하고 입으로만 사회 진보를 떠드는 것에 대해 불편한 마음이 컸다. 그래서 스스로 멀어졌다. 마르다 버전으로 말하자면, "주님, 저들은 어째서 저렇게 태평하고 한가한 거지요? 교회에만 목매지 말라고 말 좀 해주세요." 불평하는 마르다에게 예수는 이렇게 달랬다. "마르다야, 마르다야, 너는 많은 일로 염려하며 들떠 있다." 이 말이 꼭 나에게 하는 말처럼 들렸다. "창욱아, 창욱아, 세상 오만 일에 다 관여할 수는 없다. 사람살이가 네 마음 같지 않다는 것을 잘 알지 않느냐, 다른 사람이 하느니 안 하느니 나무라거나 비난하며 너의 마음까지 다치지 마라. 네가 좋은 몫을 택하였으면, 그 일로 하나님 뜻을 이루어라." 그렇다. 각자 자기 몫을 택할 뿐이다. 그 일에 내가 충실한가가 문제이지, 세상 오만 일에 다 관여할 수는 없는 일이다. 나는 내 몫에 충실할 뿐이다.

좋은 몫을 택했다는 신앙 고백과 더불어 기도가 급선무라고 자각하고 있는 까닭에 자칫 빠지기 쉬운 자기 의義를 넘어서 복음을 붙잡고 의연하게 살아가는 것입니다.

이 책을 읽으면서 성서의 진리가 참 불편하게 한다는 사실을 새삼스럽게 깨닫습니다. 또 척박한 현장에서 멀어진 나 자신을 볼 수 있었고, 또한 하나님 말씀 앞에 정직하게 직면하지 않고 있다는 생각도 떨칠 수 없습니다.

『유배지에서 예수 읽기』에 담긴 신랄한 비판은 한국 교회에 상처가 되지 않고, 박토에서 새싹을 틔우는 자양분이 되어 신앙과 교회의 본질을 회복하고 우리 사회를 바로 세우는 데 크게 기여하길 기대합니다.

이근복 목사 (한국기독교교회협의회 교육훈련원장)

추천사

골리앗과 맞짱 뜨는 목회자의
통쾌한 예수 읽기

저자가 하나님의 부르심으로 의탁할 곳 없는 대구에 내려온 지가 이제
어언 7년쯤이 된 듯하다. 저자에 대한 기억을 거슬러가면 2008년 양심선
언으로 애활원에서 해고된 노동자들의 시청 앞 천막농성장이 떠오른다.
권위적이지 않은 소박한 웃음에다 불의를 외면하지 못하는 성품은 대구
지역 활동가들과 스스럼없는 의기 투합을 이루는 데 그리 긴 시간이 필
요하지 않았다. 아무런 연고가 없던 대구에서 홀로 발품을 팔아 '대구
평화와통일을여는사람들'을 출범시키던 날, 가톨릭근로자회관을 발 디
딜 틈 없이 가득 메운 기적 같은 사건도 저자에 대한 기억에서 빼놓을 수
없다.

 저자는 제주 강정마을에 평화의 파수꾼이 되어, 청도 삼평리 송전탑
을 막아내는 할머니들의 친구가 되어, 그리고 비정규직이 피터지게 싸우
는 노동 현장에서, 전쟁을 반대하는 미군기지 앞에서…… 언제나 손을

내미는 곳이면 외면하지 않고 달려가며, 힘 있는 자들에 의해 짓밟혀 울부짖는 이들과 부둥켜안고 그 곁을 함께 지키고 있다.

평소 순한 양처럼 온화한 저자가 투쟁의 현장에서 내뱉는 포효와 절절함은 듣는 이들을 끌어들여 압도하고 집단적 공분으로 승화시켜버린다. 어디 그뿐인가. 흔히 운동 사회에서 볼 수 있는 '입장 차이'라는 경계를 넘나드는 통합력에다가, 불의 앞에는 비타협적 자세와 용맹함으로, 대구 지역에서는 사랑과 존경을 받는 '우리 백 목사님'이다.

부정한 국가권력은 국가보안법이란 족쇄로 발과 입을 묶고 양심을 포박하려 하나 권력으로부터 철저하게 자유로운 저자를 어찌 가둘 수가 있으랴. 저자는 고단하고 힘든 이웃들과 뒹굴면서 때론 광야에 홀로 선 예언자처럼 거대한 권력과 맞선다. 식지 않는 열정과 거짓 시대를 파열내는 통찰력과 직관의 배후에는 든든한 '빽'인 하나님이 있어 부럽다. 저자를 대구로 보내어 박토를 함께 일구게 해주신 하늘의 깊은 뜻에 감복할 따름이다.

『유배지에서 예수 읽기』에 실린 글들은 『뉴스민』에 연재를 시작할 때부터 군더더기 없는 간결한 문체에다 쾌도난마의 제언으로, 매회 숨 가쁘게 읽곤 했다. 무엇보다도 성서에 나오는 비유와 언어를 우리 현실 상황의 시대적 언어로 간명하게 보여주는 탁월함과 그 번득임을 발견할 때마다 무릎을 치지 않을 수 없었다. 수천 년 전의 팔레스타인 민중들이나 지금 한국 땅에 살아가는 민중의 현실이 조금도 다르지 않으니, '백 목사의 예수 읽기' 연재는 살아 생동하는 오늘의 예수 읽기가 되었던 것이다.

철학을 단지 세계를 해석하는 데 머무르지 않고 세계를 변혁시키는 무기로 전환시켰던 마르크스를 기억한다. 이처럼 저자는 성서를 현실과 유리된 천상의 기복新幅 신앙에서 끌어내려 세상과 직면시키고 세상을 바꾸는 무기로써 우리에게 던져주고 있다.

이 책의 곳곳에서 전달되는 불의한 권력, 자본주의화된 한국 교회에 대한 통렬한 꾸짖음은 골리앗과 맞짱 뜨는 목회자의 통쾌한 예수 읽기가 아닐 수 없다. 고아, 과부, 객, 병자, 세리, 죄인, 이방인의 친구였던 예수를 이 땅 유배지에서 부활시켜, 감동과 낙관의 마주침으로 대면하게 하는 희열까지 가져다준다.

참으로 자유롭고 거칠 것 없이 예수의 뒤만 따르는, 유배지의 한 목회자의 눈으로 읽는 예수, 이익을 따르지 않는 우직함과 진리에 대한 단호함이 담겨 있는 예수 읽기. 이 책은 유배지의 땅에서 눈물과 한숨이 마를 날 없는 민중들의 심령을 적셔주는 큰 위로뿐만 아니라 좌절한 이들을 다시 일어서게 하는 용기까지 더해주기에 충분하고 남는다.

이 책에서 자주 인용되는 "그는 제왕들을 왕좌에서 끌어내리시고 비천한 사람을 높이셨습니다. 주린 사람들을 좋은 것으로 배부르게 하시고, 부한 사람들을 빈손으로 떠나 보내셨습니다"라는 혁명적 성서 구절은 고난을 밥처럼 먹고 사는 민중들에게 희망의 일용할 양식이 될 것이다.

김용철 (성서공단노동조합 노동상담소 소장)

4부 | 다 살아가기 마련이다

1부

바다 저쪽으로
건너가자

그날 저녁이 되었을 때에, 예수께서 제자들에게 말씀하셨다. "바다 저쪽으로 건너가자."
그래서 그들은 무리를 남겨 두고, 예수를 배에 계신 그대로 모시고 갔는데, 다른 배들도 함께 따라갔다.
그런데 거센 바람이 일어나서, 파도가 배 안으로 덮쳐 들어오므로, 물이 배에 벌써 가득 찼다.
예수께서는 고물에서 베개를 베고 주무시고 계셨다. 제자들이 예수를 깨우며 말하였다.
"선생님, 우리가 죽게 되었는데도, 아무렇지도 않으십니까?"

「마가복음」 4:35-38

많은 귀신을 쫓아내다

「마가복음」 1:29-39

²⁹ 그들은 회당에서 나와서, 곧바로 야고보와 요한과 함께 시몬과 안드레의 집으로 갔다. ³⁰ 마침 시몬의 장모가 열병으로 누워 있었는데, 사람들은 그 사정을 예수께 말씀드렸다. ³¹ 예수께서 그 여자에게 다가가셔서 그 손을 잡아 일으키시니, 열병이 떠나고, 그 여자는 그들의 시중을 들었다. ³² 해가 져서 날이 저물 때에, 사람들이 모든 병자와 귀신 들린 사람을 예수께로 데리고 왔다. ³³ 그리고 온 동네 사람이 문 앞에 모여들었다. ³⁴ 그는 온갖 병에 걸린 사람들을 고쳐주시고, 많은 귀신을 내쫓으셨다. 예수께서는 귀신들이 말하는 것을 허락하지 않으셨다. 그들이 예수가 누구인지를 알았기 때문이다. ³⁵ 아주 이른 새벽에, 예수께서 일어나서 외딴 곳으로 나가셔서, 거기에서 기도하고 계셨다. ³⁶ 그때에 시몬과 그의 일행이 예수를 찾아 나섰다. ³⁷ 그들은 예수를 만나자 "모두 선생님을 찾고 있습니다" 하고 말하였다. ³⁸ 예수께서 그들에게 말씀하셨다. "가까운 여러 고을로 가자. 거기에서도 내가 말씀을 선포해야 하겠다. 나는 이 일을 하러 왔다." ³⁹ 예수께서 온 갈릴리와 여러 회당을 두루 찾아가셔서 말씀을 전하고, 귀신들을 쫓아내셨다.

정치권력과 대립할 때는 특히 민감한 사안이 있다. 바로 표현이다. 어떤 표현, 행동을 했느냐에 따라 국가보안법이나 명예훼손, 허위사실유포 등의 실정법으로 처벌받는다. 여기에 업무방해나 공무집행방해, 집시법은

보너스이다.

명박근혜정부는 자신들의 실정을 비판, 저항하는 사람들을 이런 실정법으로 억압한다. 그렇게 해서 사람들이 스스로 자기 검열을 하도록 재갈을 물렸다. 그런 예는 너무 많아서 일일이 열거할 수 없을 정도이다. 정말이지 우리는 너무나 비정상적인—귀신들림이 이런 것이 아닐까 싶은—시대를 살고 있다. 나 자신, 이런 비정상적인 현실을 만들어낸 세력들을 규탄하기 위해 많은 시간을 거리에서 보냈다.

"헌법 21조 1항. 모든 국민은 언론·출판의 자유와 집회·결사의 자유를 가진다"라고 하지만, 실제 표현의 자유가 무한정 보장받는 것은 아니다. 엠비정부 때 수많은 언론인이 중징계·해직을 당하고 MBC 직원들이 공정성을 잃은 자사 방송에 대한 반성으로 '사장 퇴진' 파업하는 것을 보면, 언론의 자유도 투쟁해서 지키지 않으면 유명무실에 불과하다. 출판의 자유도 마찬가지다. 지금도 국가보안법의 서슬이 시퍼래서 조금이라도 북을 이롭게 하는 표현물이 나오면 공안놈들에게는 좋은 건수가 된다. 집회·결사의 자유도 마찬가지다.

이렇듯 대명천지 민주주의 국가에서조차 권력자의 성향에 따라 헌법 정신도 이리저리 휘둘리는 현실일진대, 황제에게 절대 권력이 있는 로마제국 시절에는 표현의 자유가 아예 없었다고 봐야 한다. 초기 그리스도인들은 로마제국의 식민지살이에서 하고 싶은 말을 아무 거리낌 없이 직설적으로 하는 표현의 자유를 누릴 수 없었다. 그렇다면 그런 조심성이나, 우회적으로 말을 하는 습성이 성경에도 반영되어 있을 것이라고 충분히 짐작할 수 있다.

이런 말을 하는 이유가 있다. 성경에서 궁금증을 유발하는 내용 때문이다. 복음서에서 예수의 치유 이적 중에는 유난히 귀신 축출이 많다. 오늘 성경 말씀만 해도 열병을 포함하여 귀신 관련 표현이 무려 여섯 번이나 나온다.

"열병이 귀신과 무슨 관련이 있나" 할 텐데, 당대 사람들은 열병도 귀신의 일종으로 봤다. 게다가 당시 사람들은 병도 귀신이 붙어서 발병한 것이라고 생각한 것에 미루어본다면, 온갖 병에 걸린 사람들도 '귀신 들림'이라고 할 수 있다. 오늘 성경 말씀에서 병자와 귀신 들린 사람이 동시에 나오고, 예수가 병에 걸린 사람을 고치고 귀신을 내쫓는 치유 행위가 동시에 이루어지는 것을 보더라도 병과 귀신은 매우 밀접한 관계임을 알 수 있다.

오늘 성경 말씀 바로 앞 절(「마가」 1:21-28)에서도 예수의 첫 이적이 회당에서 악한 귀신을 쫓아내는 사건이다. 이만큼 귀신은 당시 민중들에게 큰 고통이었고, 그래서 귀신을 쫓아낸 예수는 그만큼 민중의 환영을 받았다. 이상을 미루어볼 때, 예수가 하나님의 복음을 선포하는 데 귀신 축출이 그 나라 실현의 매우 확실한 증거라는 것을 알 수 있다.

그렇다면 우리는 이런 질문을 할 수 있다. 왜 이리도 귀신이 많이 등장하는가? 하나님 나라와 귀신은 어떤 관계인가? 귀신의 정체는 무엇인가? 말 그대로 천사 반대편에 있는 나쁜 영의 존재인가? 아니면 어떤 함축적인 의미를 담은 은유적인 말인가? 사람으로 하여금 미친 행동을 유발하는 이 원인자의 정체는 무엇인가?

이제 귀신의 실체를 규명해보자.

먼저 이 점을 확인하겠다. 오늘 성경 말씀 바로 다음에 나오는 나병 환자 이야기에서 나병은 문둥병뿐 아니라 온갖 종류의 피부병을 가리키

듯이, 귀신이나 귀신들림의 현상도 매우 포괄적이다. 오늘날은 정신의학이 고도로 발달해서 정신계 질환도 세부적으로 분류하고 진단에 따라 치료한다. 하지만 고대 세계에서는 오늘날처럼 정신의학이 세밀히 발달하지 못한 관계로 모든 이상 행동은 귀신들림으로 포괄 적용했다.

'복음'은 로마 황제에게만 해당하는 언어인데, 마가공동체가 예수께 '하나님의 복음'이란 말을 썼다고 했다. 이 뜻은 구원의 기쁜 소식이 로마 황제가 아니라 예수 안에서 이루어진다는 고백이라고 했다. 그렇다면 복음 선포 후에는, "예수가 하나님의 복음을 이 땅에 어떻게 구현하나?"가 다음 순서가 될 것이다. 예수는 하나님의 복음을 이 땅에 구현한 첫 증거로 악한 귀신을 쫓아내고 있다. 귀신 추방은 복음 실현의 매우 결정적인 증거이다.

결론부터 말하자면, 여기서 '귀신들림'은 로마 황제와 제국의 억압적인 지배를 말하고, 귀신 들린 자는 제국 폭력에 억눌려 신음하는 사람들에 대한 우회적인 표현이다. 여전히 로마의 지배를 받고 있는 팔레스타인 땅에서 예수가 진짜 복음이고 그분이 통치하는 나라가 따로 있다고 증언하지만, 그 언어는 매우 조심스럽게 표현해야 한다. 폭력으로 세계를 제패한 로마와 상대해서 초기 교회가 스스로 화를 자초하는 언어를 쓸 수는 없다. 바로 그럴 때 가장 쓰기 좋은 말이 은유가 담긴 상징어이다.

초기 교회는 그 상징어로 귀신을 내세웠다. 귀신의 등장은 이렇게 시대 현실을 감안한 이중 언어의 뜻이 담겨 있다. 그러나 매우 정확한 말이다. 로마의 폭력적인 억압 상황이 야기하는 현실은 바로 귀신들림과 똑같기 때문이다. 생각해보라. 원인 없는 결과 없듯이, 귀신은 저절로 들지 않는다. 정신 분석에 들어가면, 한 사람을 그런 지경에 떨어뜨린 비극적인 상황이 이면에 있다. 그 이면에 있는 비극적인 상황을 잘 견딘 사람은 무난하게 사는 것이고(무난하게 산다고 해서 트라우마가 없는 것은 아니지만), 그 비극이 너무 커서 감당하지 못하거나 극복하지 못하는 사람은 사달이 나는 것이다. 귀신들림은 사람들 눈에 안 보이는 어디 구석진 곳에서 발생하는 것이 아니다. 식민지살이에서 상시적으로 발생하는 비인간적 상황이 귀신들림이고, 그 억압의 흔적이 깊이 남아서 사달이 나면 귀신 들린 자가 된다.

하나님의 나라는 자유·평등·조화의 세상인데, 제국은 오직 황제를 정점으로 해서 독점과 배제와 차별이 만성적으로 일어나는 세상이다. 오늘날은 독점·양극화를 유발하는 경제구조의 핵심에 있는 자본과 그 동업자인 권력들이 귀신들림의 유포자이리라. 예수가 첫 이적으로 귀신을 쫓아내고 귀신 들린 사람을 구제한 이유는 제국의 폭력에 눌려서 신음하는 그들이야말로 누구보다도 하나님의 복음 실현이 가장 절실한 사람들이기 때문이다.

귀신을 추방하는 예수의 치유 이적은 구체적으로 어떤 의미를 담고 있나? 시몬의 장모의 경우, 사람들이 그 사정을 예수께 말씀드리자 예수께서 다가가서 그 손을 잡아 일으켰더니 열병이 떠났다. 도대체 이 사이에 어떤 이적이 만들어진 것인가?

어려운 사정을 접했을 때, 지배세력이 보여주는 전형적인 태도는 '묵살'이다. 시간 끌기, 물 타기, 반대 선전 등으로 사정을 외면한다. 도리어 그들이 가지고 있는 선전 무기로, 사정을 호소한 사람을 '또라이'로 만든다. 사람들이 꺼려하는 귀신으로 만들어버린다. 그러니 귀신들림을 개선할 여지가 전혀 없다. 더욱 악화될 뿐이다.

반면에 예수는 사정을 들었을 때 회피하지 않고 다가가서 손을 잡았다. 지배세력은 결코 손을 잡지 않는다. 삼성의 이건희가 백혈병으로 투병하는 삼성전자 노동자들을 찾아가서 손을 잡았다는 소식을 들은 적이 있는가? 그들은 절대 손을 잡지 않는다. 예수의 치유 이적은 다가가서 손을 잡은 데서 시작한다.

모든 것을 독점해야 하는 제국의 지배체제, 그 비인간적 상황에서 끝없이 발생하는 귀신들림과 귀신 들린 자들. 그러나 귀신들림을 외면하지 않고 정직하게 대면하고 모든 것을 나누고 공유하는 하나님 나라 복음이 이들을 자유케 했다. 두 나라는 이렇게 다르다. 하나님의 복음을 받아들인 우리는 어느 체제를 지향해야 하는가?

어느 체제에 발을 디뎌야 할지는 자명하다. 자본과 권력의 악행으로 귀신 들린 사람들을 외면하지 말고 힘써 손을 잡아주자. 자유 평화 세상을 위하여.

모든 일을 널리 알렸다

「마가복음」 1:40-45

40 나병 환자 한 사람이 예수께로 와서, 그 앞에 무릎을 꿇고 간청하였다. "선생님께서 하고자 하시면, 나를 깨끗하게 해주실 수 있습니다." 41 예수께서 그를 불쌍히 여기시고, 손을 내밀어 그에게 대시고 말씀하셨다. "그렇게 해주마. 깨끗하게 되어라." 42 곧 나병이 그에게서 떠나고, 그는 깨끗하게 되었다. 43 예수께서 단단히 이르시고, 곧 그를 보내셨다. 44 그때에 예수께서 그에게 말씀하셨다. "아무에게도 아무 말도 하지 말아라. 가서, 제사장에게 네 몸을 보이고, 네가 깨끗하게 된 것에 대하여 모세가 명령한 것을 바쳐서, 사람들에게 증거로 삼도록 하여라." 45 그러나 그는 나가서, 모든 일을 널리 알리고, 그 이야기를 퍼뜨렸다. 그러므로 예수께서는 드러나게 동네로 들어가지 못하시고, 바깥 외딴 곳에 머물러 계셨다. 그래도 사람들이 사방에서 예수께로 모여들었다.

오늘 본문은 나병 환자 치유 이야기이다. 하고많은 병 중에 나병이 등장한 이유는 무엇인가? 귀신들림과 귀신 들린 자에 대해 말씀하기를, 제국억압의 비인간적인 상황이 귀신들림이고, 사달 난 사람이 귀신 들린 자가 된다고 했다. 제국의 억압 상황을 직접적으로 말할 수 없는 현실이어서 우회적으로 이중 언어를 쓴 것이라고 했다.

귀신들림과 귀신 들린 자의 배경이 로마제국이 양산하는 정치 사회 현실에 대한 거부감에서 나온 것이라면, 오늘 성경 말씀은 정결례로 사람을 분리·차별하는 이스라엘 지배세력에 대한 거부감이 깔려 있다고 할 수 있다. 나병 치유 이야기는 정결례로 민중을 억압하고 지배세력과 땅의 백성들을 구분하는 체제에 대한 비판이 담긴 이중 언어이다.

성경에서 말하는 나병은 각종 악성 피부병을 포함한다. 오늘날 의학적인 병명인 한센병보다 훨씬 포괄적인 병명이다. 한센병은 1871년 노르웨이 의사 한센이 처음 발견한 데서 유래한다. 「레위기」 13, 14장은 악성 피부병에 대한 정결례 규정을 길게 말한다. 즉, 성경에서 '나병'이라고 하면, 한센병이 아닌 악성 피부병을 말하는 것이다.

「레위기」 13, 14장에는 어떤 것이 악성 피부병인지, 악성 피부병에 걸린 사람이 부정에서 벗어나려면 어떤 정결례를 치러야 하는지가 자세히 나온다. 그리고 악성 피부병 여부를 판단하고 '부정不淨하다'와 '정淨하다'를 선언하는 절대적인 주체가 있다. 바로 제사장이다.

> 누구든지 살갗에 부스럼이나 뾰루지나 얼룩이 생겨서 그 살갗이 악성 피부병에 감염된 것 같거든, 사람들은 그를 제사장 아론에게나 그의 아들 가운데 어느 제사장에게 데려가야 한다. 그러면 제사장은 그의 살갗에 감염된 병을 살펴보아야 한다. 감염된 그 자리에서 난 털이 하얗게 되고 그 감염된 자리가 살갗보다 우묵하게 들어갔으면 그것은 악성 피부병에 감염된 것이니, 제사장은 다 살펴본 뒤에 그 환자에게 '부정하다'고 선언하여야 한다. (「레위기」 13:2, 3)

다음은 악성 피부병에 걸린 환자를 정하게 하는 날에 지켜야 할 규례이다.

사람들이 악성 피부병에 걸린 환자를 제사장에게로 데려가면, 제사장은 진 바깥으로 나가서 그를 살펴보아야 한다. 그 환자의 악성 피부병이 나았으면, 제사장은 사람들을 시켜서 그 환자를 정하게 하는 데 쓸, 살아 있는 정한 새 두 마리와 백향목 가지와 홍색 털실 한 뭉치와 우슬초 한 포기를 가져오게 한다. (「레위기」 14:2-4)

제사장이 악성 피부병을 어떻게 진단하는지, 또 악성 피부병에 대한 정결례를 어떻게 하는지에 대해 각 장에서 대표적인 말씀을 인용했다. 두 장에서 제사장을 언급한 횟수는 「레위기」 13장이 58번, 14장이 45번이다. 매 절 빠지지 않고 제사장이 나온다. 즉 악성 피부병에 대한 생사 여탈권이 절대적으로 제사장에게 있다.

제사장이 이 모든 것을 판단하고 결정하고 실행하는 주체라는 것이 정상적인 사회에서는 하등 문제될 것이 없다. 이스라엘의 건국 이념인 평등 사회에 대한 가치가 살아 있을 때는 제사장의 역할이 너무나 소중하고 꼭 필요한 일이다. 그러나 평등 사회를 유지하는 공적 시스템이 무너졌다면, 제사장의 이런 절대 권한은 민중들에게는 거의 재앙이다. 생사 여탈권을 쥔 제사장의 판결 하나하나가, 지배세력의 수단으로 전락해 버린 당사자들에게는 파산 선고나 진배없다.

오늘 성경 말씀은 바로 그런 배경, 이스라엘 사회를 지배하는 대표적인 율법, 특히 정결례를 지독히 왜곡한 현실에서 예수가 선포하는 하나님 나라가 어떻게 그들을 구원하는가를 말씀한다. 오늘 성경 말씀을 자세히 뜯어보면, 파격의 연속이다. 무엇보다도 나병 환자가 예수께로 왔다. 이것은 예사로운 일이 아니다.

「레위기」 13장 45, 46절에는 나병 환자에 대한 처방이 나온다.

악성 피부병에 걸린 사람은 입은 옷을 찢고 머리를 풀어야 한다. 또한 그는 자기 코밑 수염을 가리고 '부정하다, 부정하다' 하고 외쳐야 한다. 병에 걸려 있는 한, 부정한 상태에 머물러 있게 되므로, 그는 부정하다. 그는 진 바깥에서 혼자 따로 살아야 한다.

나병 환자는 무조건 격리이다. 그는 버림받은 사람이다. 하나님 백성에서 배제된다. 헤어나올 길 없는 수렁에 빠졌다. 그 정도로 나병은 하나님의 심판과 저주로 간주되었다. 그리고 그 판단은 전적으로 제사장이 한다.

이 병에 대한 터부는 너무나 강고해서 왕조차도 격리 신세를 면치 못했다. 「역대하」 26장을 보면, 제사장만이 할 수 있는 분향을 웃시야왕이 하려고 하다가 이마에 나병이 들어서 즉시 내쫓김을 당하고, 죽는 날까지 성전 출입을 금지당하고 별궁에 격리돼서 여생을 보낸다. 그리고 왕자 요담이 대리 통치를 했다.

왕조차도 예외가 없을 정도로 격리는 나병 환자가 짊어져야 하는 숙명이다. 그런데 사회적으로 엄격한 통념과 관습을 거스르고 예수께로 왔다는 것은 나병 환자가 그런 통념을 거부하는 단단한 결의와 용기를 수반했음을 말한다.

지배세력이 유포하는 질서에 순응해서는 결코 좋은 세상을 경험할 수 없다. 지배세력의 권력이 견제 없는 독선이 되지 않도록, 민주화하도록 부단히 두드려야 원하는 세상을 볼 수 있다.

파격은 예수께도 있다. 41절을 보면, 예수께서 손을 내밀어 나병 환자에게 댔다. 나병 환자에게 손을 대면 같이 부정하게 된다. 그도 똑같이 격리된다. 그러나 예수는 그런 터부에도 불구하고 나병 환자에게 손을 댄다. 예수가 시몬 장모의 열병을 고칠 때, 사정을 듣고 다가가서 손을 잡으니까 이적이 일어났다고 했듯이, 예수는 민중의 처참함을 볼 때 피 끓는 연민이 우선 작용한다. "그를 불쌍히 여기시고 손을 내밀어 그에게 대었다."

하나님 나라는 율법이 민중을 지배하기 위해 켜켜이 짜 놓은 씨줄과 날줄 같은 금지 조항에 대한 거부와 파괴로 시작한다는 것을 보여준다.

그런데 파격의 연속은 계속된다. 예수도 어쩌지 못한 뜻밖의 일이 벌어졌다. 예수는 전권적인 능력으로 나병을 깨끗하게 하였고, 이 사람에게 두 가지를 명했다. "아무에게도 아무 말도 하지 말라"고 했고, "제사장에게 깨끗하게 된 것을 모세의 규정대로 해서 증명 받으라"고 했다. 제사장의 인증을 받아야 다시 마을로 돌아갈 수 있으므로, 예수는 그의 앞일을 생각해서 이런 명령을 내린 것이다. 그런데 그는 예수의 분부를 따르지 않았다.

1장 45절을 보면, "그러나 그는 나가서, 모든 일을 널리 알리고, 그 이야기를 퍼뜨렸다." 침묵 명령 이행은 고사하고 제사장에게도 가지 않았다. 왜 그랬을까? 병자는 나병을 치유받으면서 경험한 예수의 존재에 압도당했다. 따라서 제사장의 인증이나 정결 규정은 그야말로 하찮은 것이 돼버렸다. 평등 세상의 가치가 자신에게 깊이 내재화하면 지배세력의 권력과 선전이 얼마나 하찮은지가 훤히 보인다. 자기가 깨끗해진 것은 너무나 분명한 일이고, 제사장이 그것을 인정하든 안 하든 그런 것에 구애받지 않고 이제 예수가 선포한 하나님 나라의 가치대로 살겠다고 결심한 것이다. 그야말로 '자유인'이 됐다. 구원의 또 다른 측면은 자유이다. 권력 관계로 상하가 나누어지는 것이 아니고 너나 나나 평등하므로 권력 질서에 구애받지 않겠다는 것이다.

이 사람이 예수를 더 크게 소문 내는 바람에 예수는 동네에도 들어가지 못하고 외딴 곳에 머물 수밖에 없게 됐다. 예수 입장에서는 낭패를 겪은 것 같지만 사실은 전화위복이 됐다. 이제까지는 하나님 나라 선포자가 예수 혼자뿐이었다. 그런데 이제 한 사람 늘었다. 바로 나병 환자가 자신의 일을 퍼뜨리고 있다. 따돌림 받던 사람이 예수를 선포하는 살아있는 증인이 되고, 동네를 휘젓는 선봉장이 됐다.

사람들은 나병 환자의 선포를 듣고, 바깥 외딴 곳에 머물러 계신 예수께 사방에서 모여들었다. 변두리가 새로운 사회 관계의 중심지가 돼버렸다. 지배 질서에 전복의 바람이 분 것이다. 따돌림 당한 사람들이 예수를 중심으로 모여서 각성하고, 새로운 세상에 대해 듣고 배운다. 이렇게 예측하지 못하는 방향으로 하나님 나라 운동은 왕성하게 퍼져간다.

복음 저자는 예수의 나병 치유 이야기를 통하여 강고한 지배체제가 천년만년 써먹었던, 민중을 억압하는 정결례 규정을 한방에 무너뜨린다. 그러나 이 구원은 저절로 오지 않는다. 터부 규정을 깨뜨리는 결단과 모험을 통해서 이루어진다.

나병 환자 치유 이야기는 예수처럼, 우리를 구속하는 지배세력의 터부 사항을 깨라는 말이다. 그래서 자유하라는 말씀이다. 그렇게 하자.

네 죄가 용서받았다

「마가복음」 2:1-12

1 며칠이 지나서, 예수께서 다시 가버나움으로 들어가셨다. 예수가 집에 계신다는 말이 퍼지니, 2 많은 사람이 모여들어서, 마침내 문 앞에조차도 들어설 자리가 없었다. 예수께서 그들에게 말씀을 전하셨다. 3 그때에 한 중풍병 환자를 네 사람이 데리고 왔다. 4 무리 때문에 예수께로 데리고 갈 수 없어서, 예수가 계신 곳 위의 지붕을 걷어내고, 구멍을 뚫어서, 중풍병 환자가 누워 있는 자리를 달아 내렸다. 5 예수께서는 그들의 믿음을 보시고, 중풍병 환자에게 "이 사람아! 네 죄가 용서받았다" 하고 말씀하셨다. 6 율법학자 몇이 거기에 앉아 있다가, 마음 속으로 의아하게 생각하기를 7 '이 사람이 어찌하여 이런 말을 한단 말이냐? 하나님을 모독하는구나. 하나님 한 분밖에, 누가 죄를 용서할 수 있는가?' 하였다. 8 예수께서, 그들이 속으로 이렇게 생각하는 것을 곧바로 마음으로 알아채시고 그들에게 말씀하셨다. "어찌하여 너희는 마음 속에 그런 생각을 품고 있느냐? 9 중풍병 환자에게 '네 죄가 용서받았다' 하고 말하는 것과 '일어나서 네 자리를 걷어서 걸어가거라' 하고 말하는 것 가운데서, 어느 쪽이 더 말하기가 쉬우냐? 10 그러나 인자가 땅에서 죄를 용서하는 권세를 가지고 있음을 너희에게 알려주겠다." — 예수께서 중풍병 환자에게 말씀하셨다. 11 "내가 네게 말한다. 일어나서, 네 자리를 걷어서 집으로 가거라." 12 그러자 중풍병 환자가 일어나, 곧바로 모든 사람이 보는 앞에서 자리를 걷어서 나갔다. 사람들은 모두 크게 놀라서 하나님을 찬양하고 "우리는 이런 일을 전혀 본 적이 없다" 하고 말하였다.

「마가복음」 1~2장에 나오는 예수의 치유 이적 이야기에서 눈여겨볼 것이 있다. ① 많은 귀신을 쫓아냄, ② 나병 환자를 깨끗하게 함, ③ 중풍병 환자를 고침으로 일단락한다. 이것은 그냥 단순한 병 치유의 나열이 아니다. 어떤 일정한 함의를 갖고 있다.

내가 근본주의신학을 기반으로 한 교회에서 문자주의에 빠졌을 때에는 이런 것이 하나도 보이지 않았다. 그냥 그런가 보다, 예수가 그때 이런 병을 치유했구나, 이 정도밖에 몰랐다. 그러나 역사와 현실에 대해 (누가 어떻게 세상을 지배하고, 그 결과 세상이 어떻게 돌아가는가에 대한) 문제의식을 갖고, 그렇다면 복음서 시대도 예외는 아니겠다는 인식을 하면서 그 문제의식을 계속 유지하고 있다 보니, 어느 날 문득 성경 말씀이 좀 더 잘 보이는 깨달음을 얻었다.

다시 간단히 정리하자면, 초기 교회는 비유를 통하여 예수님의 치유가 단순한 병 고침에 머무르는 것이 아니라 로마제국과 유대체제가 지배하는 억압 현실에서 민중들을 구원하는 하나님 나라 선포임을 증언했다.

오늘 중풍 병자 이야기도 역시 이중 언어이다. 이 이야기가 단순히 병 고침만을 말하는 것이 아님은, 무수한 병 중에 귀신·나병·중풍병, 이렇게 어떤 특정 병만이 등장한 데서도 알 수 있다. '귀신들림'이 로마제국에서 일어나는 비일비재한 비인간적인 상황을 묘사하는 데 딱 들어맞는 언어이듯이, '나병'은 유대교 정결례 규정이 정한 터부와 금기 사항을 통해 권력을 유지하는 세력들로부터 소외당하는 민중들을 표현하는 데 대표적인 소재이기 때문에 등장하였다.

그렇다면 '중풍'은 어떤 이중 언어인가?

의학적 중풍은 우리에게도 익숙한 병이다. 정확한 병명은 뇌졸중이다. 뇌기능에 급속히 장애가 발생해서 장기간 지속하는 병이다.

사회적 중풍은 로마의 폭력을 통한 지배와 유대교의 소외와 배제를 통한 지배에 완전히 눌려버린 민중의 현실을 담았다. 로마의 폭력을 통한 지배와 유대교의 정죄와 배제를 통한 지배에 완전히 널브러져버린 민중의 처지가 바로 중풍병 환자라고 할 수 있다. 몸과 영혼이 마비돼서 스스로 생각하고 결정하고 행동하는 권리를 빼앗겨버리고 소생가능성이 없는, 시대의 희생자를 총칭한다.

중풍 환자의 마비된 몸은 전혀 움직이지 못한다. 오늘 성경 말씀에 나온 중풍 병자는 들것에 실렸다는 것을 볼 때, 전신 중풍인 것 같다. 대개 반쪽만 마비되고, 그런 사람들은 아주 불편한 걸음이지만 겨우겨우 걷기는 하는 것을 볼 때, 이 환자는 걷지도 못하는 심한 상태이다.

전혀 움직이지 못하는 중풍 환자에게는 귀신들림이나 나병이 차라리 부럽다. 그들은 어쨌든 스스로 움직일 수 있으므로. 그러나 중풍 환자는 자기 몸을 완전히 남에게 맡겨야 한다.

중풍 환자에게는 제국 억압으로 인한 귀신들림의 비인간적인 상황도 무덤덤하다. 자신의 고통이 더 심하기 때문이다. 나병 환자가 진 밖으로 쫓겨나는 애처로운 사정도, 누가 정결례 때문에 소외나 배제를 당했다느니 하는 것도, 무감각하다. 전혀 움직이지 못하는 자신의 처지보다는 나은 형편이기 때문에. 이처럼 마비돼서 꼼짝 못하는 중풍 환자의 모습에는 지배세력에 완전히 눌려버린 이스라엘 민중의 자포자기한 현실이 담겨 있다.

2절을 보면, 들어설 자리가 없을 정도로 많은 사람이 모였고, 예수께서는 그들에게 말씀을 전했다. 어떤 말씀을 했을까? 바로 고통당하는 민중의 현실을 말씀했다. 예수는 오늘날 주류 교회들이 하는 말들은 결코 하지 않았다. 주류 교회 목사들이 케이블 TV 기독교 채널에서 말하는 내용들은 반反복음에 가깝다. 기독교, 예수 이야기를 한다고 해서 다 복음은 아니다. 케이블방송에서는 자본과 권력의 독점시대가 빚어내는 아픔과 실상에 대해서는 결코 말하지 않는다. 마비된 청중들을 계속 마비시키는 말을 한다.

예수는 제국의 억압과 유대교가 양산하는 소외와 차별, 독점과 양극화의 현실에 대해 민중의 편에서 그들의 언어로 그들 속을 시원하게 해주는 말씀을 했다. 특히 "병은 죄의 결과"라고 못박은 유대교 지배세력이 어째서 그런 말을 하는지에 대해, 그렇게 해서 어떻게 민중들을 지배하고 권력 행사를 하는지에 대한 연관 관계를 시원하게 말씀했다. 의문이 풀리고 마음에 쌓인 것이 뻥 뚫리면 병은 이미 절반은 낫는다. 그리고 그런 지배 사슬을 끊기 위해서는 우리가 각성하고 서로 사랑하고 우리끼리는 평화로운 관계를 만들어가야 한다는, 닫히고 메마르고 강퍅해진 민중들의 심성을 어루만지는 말씀을 했다.

그런데 바로 그때, 소동이 일어났다. 중풍 병자를 데리고 온 네 사람이 사람벽에 막히자 과감한 행동을 했다. 네 사람은 중풍 환자를 예수께 보이겠다는 일념으로 지붕을 뚫고 자리를 달아 내렸다. 그래서 예수가 한 말씀의 생생한 사례가 됐다. "봐라, 저 이웃들의 믿음을!" 네 사람의 행동이 예수를 감동시켰다. 5절 말씀, "예수께서는 그들의 믿음을 보시고, 중풍병 환자에게, '이 사람아! 네 죄가 용서받았다' 하고 말씀하셨다".

그런데 오늘 성경 말씀인, 예수가 중풍 병자에게 하신 "네 죄가 용서받았다"는 말씀이 논쟁이 됐다. 무엇이 문제인가?

예수는 다른 때는 사죄赦罪 선언을 하지 않았다. 보통은 죄를 용서한다는 말씀보다는 죄인들과 그냥 스스럼없이 같이 놀았다. 그래서 이미 용서했다는 것을 보여줬다. 그러나 이 자리는 특별히 사죄 선언이 필요한 장소였고, 분위기였다. 사람들의 골수까지 박힌 생각 — 병은 죄의 결과다 — 을 알고 있는 상황에서 그들에게 할 수 있는 가장 힘 있는 말은 "네 죄가 용서받았다"이다. 죄가 용서되어야 병이 낫는다는 수순에 따른 자연발생적인 외침이다.

그런데 예수가 죄 용서 선언을 하자, 율법학자들이 마음속으로 의아하게 생각했다. "이 사람이 어찌하여 이런 말을 한단 말이냐? 하나님을 모독하는구나. 하나님 한 분밖에, 누가 죄를 용서할 수 있는가?"라고. 예수는 그들의 마음의 생각을 간파했다. 그래서 그들에게 말씀했다. "어찌하여 너희는 마음속에 그런 생각을 품고 있느냐? 중풍병 환자에게 '네 죄가 용서받았다' 하고 말하는 것과 '일어나서 네 자리를 걷어서 걸어가거라' 하고 말하는 것 가운데서, 어느 쪽이 더 말하기가 쉬우냐?"

내가 항상 헷갈렸던 것이 이 부분이다. 나에게는 둘 다 어렵기 때문이다. 하지만 예수의 반문 의도는 다른 데 있었다. 예수는 율법학자들이 가지고 있는 '온기 없는 딱딱한 원칙론'이 싫었다. 무수한 병자가 고침을 간절히 기다리며 신음하는 현실에서, 병의 원인은 죄라 하고 죄를 사함받으려면 성전에 가서 제물을 드려야 하는데 병 때문에 옴짝달싹 못하는 현실에서, 그렇다고 달리 마땅한 대안이 없는 현실에서, "죄는 하나님만이 용서하신다"는 딱딱한 원칙은 올바른 접근이 아니다.

그리고 지배세력은 민중의 신음과 고통은 아무 상관 않는다. 그냥 자기들 맡은 바 법 집행만 하면 된다. 이미 강고하게 꽉 짜인 질서 — 불의하든, 모순이 많든, 일방적이든 관계없이—를 유지하는 게 제일 큰 관심사이다. 그렇게 사람을 마비시키는 현실에 대한 분노에서 예수는 도발적 발언을 한 거다.

"죄 용서"와 "일어나 걸어라" 중, 어느 쪽이 더 말하기가 쉬우냐? "네 죄가 용서받았다"고 말하는 게 더 쉽다. 실증적으로 증명할 수 있는 것이 아니므로. 그러나 이 말은 신성모독이다. 하지만 죄가 용서받았다는 선언이 있어야 병을 고칠 수 있다면, 나는 기꺼이 신성모독을 행하겠다. "인자는 땅에서 죄를 용서하는 권세를 가지고 있다."

바로 이 통쾌한 신인이 이적을 낳는 다리가 됐다. 지배세력들이 켜켜이 쌓아 놓은 억압 질서를 해체하였으니, 그동안 눌린 것이 시원하게 풀리는 것은 너무나 자연스런 귀결이다. 자신을 지배하던 억압 관념에서 풀려나면 이전에는 상상도 하지 못했던 놀라운 반전이 일어난다. "일어나서, 네 자리를 걷어서 집으로 가거라." 이 선언은 죄에 얽매여 마비되어 옴짝달싹 못했던 인생을 끝내고 자유하라는 명령이다.

이 명령은 저절로 실현되지 않는다. 중풍 환자를 어떻게든 예수께 보이겠다는 깨친 이웃들의 결의와 의지, 행동이 뒤따라야 한다. 체념하지 않고, 절실함으로 나가야 한다. 올바른 뜻을 실천하겠다는 용기와 집념이 구세주의 권세와 만날 때, 이적은 일어난다.

어두운 현실에 좌절하지 말고, 중풍 환자의 이웃들이 보여준 결의에 동참하여 자리를 박차고 나가자.

바다 저쪽으로 건너가자

「마가복음」 4:35-41

35 그날 저녁이 되었을 때에, 예수께서 제자들에게 말씀하셨다. "바다 저쪽으로 건너가자." 36 그래서 그들은 무리를 남겨 두고, 예수를 배에 계신 그대로 모시고 갔는데, 다른 배들도 함께 따라갔다. 37 그런데 거센 바람이 일어나서, 파도가 배 안으로 덮쳐 들어오므로, 물이 배에 벌써 가득 찼다. 38 예수께서는 고물에서 베개를 베고 주무시고 계셨다. 제자들이 예수를 깨우며 말하였다. "선생님, 우리가 죽게 되었는데도, 아무렇지도 않으십니까?" 39 예수께서 일어나 바람을 꾸짖으시고, 바다더러 "고요하고, 잠잠하여라" 하고 말씀하시니, 바람이 그치고, 아주 고요해졌다. 40 예수께서 그들에게 말씀하셨다. "왜들 무서워하느냐? 아직도 믿음이 없느냐?" 41 그들은 큰 두려움에 사로잡혀서 서로 말하였다. "이분이 누구이기에, 바람과 바다까지도 그에게 복종하는가?"

복음서는 이야기마다 그 배경에 황제가 지배하는 제국의 지배체제를 풍자하고, 제국의 자리에 예수가 지배하는 하나님 나라를 대체한 흔적이 넘쳐난다고 했다. 제국을 풍자하는 이유는 제국을 우스꽝스럽게 만들기 위한 것이기도 하고, 그런 현실에 대한 야유이거나 그러는 와중에 진짜 모습을 보여주는 뜻도 있다고 했다. 그럼 오늘은 복음서 말씀에 과연 그런 의도가 있는지를 증거해보겠다.

오늘 복음 말씀은 「마가복음」 4장 35~41절이다. 제목은 '예수께서 풍랑을 잔잔하게 하시다'이다. 「마가복음」 저자는 이야기의 서두를 펼칠 때, 매우 자연스러운 풍경으로 시작한다.

그날 저녁이 되었을 때에, 예수께서 제자들에게 말씀하셨다. 바다 저쪽으로 건너가자. 그래서 그들은 (제자들) 무리를 남겨 두고, 예수를 배에 계신 그대로 모시고 갔는데, 다른 배들도 함께 따라갔다.

요약하자면, 예수께서 바다 저쪽으로 가자고 했고, 동행하는 제자들이 배를 나눠 타고 예수를 따라 함께 바다를 건너갔다는 말씀이다. 도대체 여기에 무슨 제국에 대한 풍자가 담겨 있다는 말인가?

이 말씀은 로마가 정복이나 반란 진압 원정을 갈 때의 모습을 풍자한 것이다. 정복이든 반란 진압이든, 원정을 갈 때 육로로 가면 한참 걸리는 거리도 바다를 질러 가면 훨씬 단축해서 갈 수 있다. 원정 거리를 단축해야 보급이나 전투력을 좋게 유지할 수 있기 때문에 바다 건너 가는 길은 전쟁에서 중요했다. 그리고 제국의 속성상 전쟁은 항시적인 일이다. 미국이 군산복합체 이익 유지를 위해 일부러라도 전쟁을 일으키는 것을 보라. 로마 군대는 수시로 정복 전쟁을 떠났고, 그럴 때마다 바다를 건너갔다.

그런 원정길을 떠날 때 황제가 탄 본부 함선은 온갖 장식으로 위용을 과시하고, 총사령관 황제도 중앙에 버티고 앉아 위엄을 과시한다. 그리고 본부 배를 중심으로 수백 척의 함대는 대오를 유지하면서 유유히 바닷길을 건넌다. 바다 건너편에서 그 모습을 보는 상대국은 이미 주눅이 들고 전의를 상실할 법하다.

「마가복음」 저자는 바로 이 장면을 풍자했다. 예수도 황제처럼 명령을 내린다. '바다 저쪽으로 건너가자.' 그런데 명령을 내린 예수는 어떤 물리력도 가지고 있지 않다. 제자들은 예수님이 탄 본부 배를 필두로 해서 여러 배가 함께 따라간다. 로마 군함처럼 바다를 건너기는 하는데 모양새가 영 아니다. 그도 그럴 것이 모두 고기잡이 배들이다. 로마 함대의 위용과 비교하자면, 이 장면이 얼마나 우스꽝스러운지!

복음 저자는 일부러 이렇게 황제와 제국의 원정을 풍자하여 예수께 적용한 것이다. 왜? 복음서가 말하려는 것은 이렇다. "우리도 원정을 나선다. 그러나 너희처럼 무력으로 사람을 때려잡는 그런 원정이 아니다"라고 웅변하는 것이다.

누구도 막지 못할 것 같은 세계 최강 로마 함대에게도 복병은 있다. 바로 바람과 파도이다. 『로마인 이야기』를 보면, 종종 바다 건너 원정을 떠났는데, 정복은커녕 풍랑을 만나 배를 몽땅 잃고 간신히 빈 몸으로 돌아왔다는 이야기가 나온다. 그렇게 풍랑에 시달릴 때는 황제의 위엄도 온데간데없다. 우왕좌왕 어찌할 바를 모르고 그저 파도에 자기 몸을 맡기는 수밖에!

예수님과 그 일행도 풍파를 겪는다. 거센 바람과 파도가 배를 덮친다. 물이 배에 가득 차서 배가 침몰할 지경이다. 어떤 기독교 종파는 이 부분에 대해 이렇게 선전한다. 예수를 '잘' 믿으면 바람도 안 만나고 풍파도 없고 어떤 시련도 없이 '해피'하게 살 거라고.

그런데 예수를 '잘' 믿는 조건이 있다. 그 조건은 다름 아닌 교회에만 일로 충성하는 것이다. 헌금도 잘 내고, 교회 집회와 예배에는 무조건

출석하고, 하여간 모든 에너지를 교회에다 쓰면 예수를 잘 믿는 것이라고 선전한다. 나도 교회를 하는 입장에서 그렇게 말하는 게 충분히 이해는 간다. 누구나 자기가 속한 조직이나 집단이 발전하기를 간절히 바란다. 성장을 마다하는 사람은 없다.

그러나 정도가 있다. 발전을 위해서 모든 논리를 거기에만 맞춰서 말하면 안 된다. 어쩌면 그렇게 말하지 않아서 교회가 발전 못 하는지는 모르지만. 그래도 그게 아니므로 그렇게 말해지지가 않는다. 정직하게 말하자면, 예수 믿는 사람도 바람, 풍파, 시련 다 만난다. 자초해서 만나기도 하고 본인의 의지와 관계없이 만나기도 한다. 그게 인생이다. 기독교라고 해서 예외는 아니다. 기독교인도 숱한 좌절을 겪는다. 아니라고 말하는 사람이 있다면 그는 가짜이다. 요는 시련을 만났을 때 어떻게 대처하고 극복하느냐가 관건이다.

로마 함대가 바다 한복판에서 풍랑을 만난다면 어떻게 할까? 우선 배를 가볍게 할 것이다. 익히 하던 대로, 가지고 있는 식량이며 무기까지 남김없이 모두 버린다. 그런데 무엇보다도 배 밑에서 노를 젓는 노예들을 모조리 죽여버린다. 이들이 반란을 일으킬지도 모르고, 어차피 배가 풍비박산 직전이므로 귀찮다고 제거해버린다. 자기들만 살아남기 위해서 못할 짓이 없다. 바로 이게 제국의 본질이다. 저만 살기 위해서 어떤 짓도 마다하지 않는 것.

실감을 더하기 위해 예를 하나 들자. 삼성 왕국의 경우. 매 분기가 끝날 때마다 삼성의 광고를 받아서 먹고사는 매체들은 이번에도 삼성이 사상 최대의 실적을 올렸다고 나팔을 분다. 그 성과를 나누는 삼성맨들을 부러워하게끔 가공한 보도를 열심히 뿌린다. 정말 부러운가? 알지 않는가, 그 이익이 어떤 짓을 해서 만들어낸 이익인지를.

그들의 성과급 잔치는 철저히 그들만의 잔치이다. 삼성에게 다 털리는 협력업체에게는 국물도 없다. 중소 사업자가 필생에 걸쳐서 개발한 기술을 악한 수단과 배경을 악용해서 삼켜버린다. 삼성에서 일하다가 백혈병에 걸린 어린 노동자들에게 제대로 인간적인 예우를 한 적이 있는가? 이것이 바로 하나님 나라와 반대인 큰 제국이나 새끼 제국들이 하는 짓이다.

그런데 우리의 예수님은 어떠신가? 천하태평으로 주무신다. 제국이 벌벌 떠는 풍랑이라는 복병도 예수께는 아무것도 아니라는 뜻이다. 그리고 단 한 말씀으로 바람과 파도를 잠재운다. 그 결과 어떻게 됐나? 아무도 죽지 않았다. 잃지 않았다. 모두가 고루 안녕하고 평안하다. 확실히 제국과 비교된다.

예수께서 바다 저쪽으로 건너가자고 하신 것도 전혀 다른 원정이다. 평등 평화 참세상 구현을 위한 원정이다. 다음 이야기를 보면, 바다 건너편에는 군대 귀신 들린 자가 있었다. 여기 군대는 로마의 군대 편제인 '레기온'을 말한다. 예수님은 이 레기온 귀신을 한 방에 제압한다. 하나님 나라가 제국 군대를 쫓아냈다는 뜻이다. 왜? 억압을 풀고 자유와 해방을 선사하려고.

예수님의 행보는 이처럼 처음부터 끝까지 지배세력 이데올로기를 분쇄하고 억압과 배제가 없는 평등 세상을 지향했다. 예수는 새 세상 구현의 선구자이다. 그러므로 지금 우리도 "이대로는 안 된다. 새 세상이 절실하다"는 열망이 있다면 얼마든지 예수를 따를 수 있다. 무엇보다도 새 세상을 겸손히 수용하려는 인간성을 수반하면.

사족.

심히 안타까운 것은 예수의 본래 모습이 이러함에도 불구하고, 한국의 무수한 교회 대중은 예수가 적대했던 제국의 승리 이미지에 열광한다는 것이다. 그래서 미국을, 삼성을 무비판적으로 사정없이 사모한다. 영혼을 저당 잡혀서라도 승리자들과 한 몸이 되기를 열망한다. 그것도 예수의 이름으로. 한국 교회 재생은 승리자 공식을 저버릴 때 비로소 시작할 것이다.

권력의 속살

「마가복음」 6:14-29

14 예수의 이름이 널리 알려지니, 헤롯왕이 그 소문을 들었다. 사람들은 말하기를 "세례자 요한이, 죽은 사람들 가운데서 살아났다. 그 때문에 그가 이런 놀라운 능력을 발휘하는 것이다" 하고, 15 또 더러는 말하기를 "그는 엘리야다" 하고, 또 더러는 "옛 예언자들 가운데 한 사람과 같은 예언자다" 하였다. 16 그런데 헤롯이 이런 소문을 듣고서 말하기를 "내가 목을 벤 그 요한이 살아났구나" 하였다. 17 헤롯은 요한을 잡아 오게 하여서, 옥에 가둔 일이 있었다. 헤롯이 자기와 형제간인 빌립의 아내 헤로디아 때문에 그렇게 했던 것이다. 헤롯이 그 여자를 아내로 맞았으므로, 18 요한이 헤롯에게 형제의 아내를 차지하는 것은 옳지 않다고 말해왔기 때문이다. 19 그래서 헤로디아는 요한에게 원한을 품고, 요한을 죽이고자 하였으나, 뜻을 이루지 못하였다. 20 그것은, 헤롯이 요한을 의롭고 성스러운 사람으로 알고, 그를 두려워하며 보호해주었고, 또 그의 말을 들으면 몹시 괴로워하면서도 오히려 달게 들었기 때문이다. 21 그런데 좋은 기회가 왔다. 헤롯이 자기 생일에 고관들과 천부장들과 갈릴리의 요인들을 청하여 놓고, 잔치를 베풀었는데, 22 헤로디아의 딸이 춤을 추어서, 헤롯과 그 자리에 앉아 있는 사람들을 즐겁게 해주었다. 왕이 소녀에게 말하였다. "네 소원을 말해 보아라. 내가 들어주마." 23 그리고 그 소녀에게 굳게 맹세하였다. "네가 원하는 것이면, 이 나라의 절반이라도 주겠다." 24 소녀가 바깥으로 나가서, 자기 어머니에게 말하였다. "무엇을 달라고 청할까요?" 그 어머니가 말하였다. "세례자 요한의 머리를 달라고 하여라." 25 소녀는 급히 왕에게로 돌아와서 청하였다. "곧바로 서둘러서 세례자 요한의 머리를 쟁반에 담아서 내게 주십시오." 26 왕은 마음이 몹시 괴로웠지만, 맹세한 것과 거기에

함께 앉아 있는 사람들 때문에, 소녀가 달라는 것을 거절할 수 없었다. 27 그래서 왕은 곧 호위병을 보내서, 요한의 목을 베어 오게 하였다. 호위병은 나가서, 감옥에서 요한의 목을 베어서, 28 쟁반에 담아 소녀에게 주고, 소녀는 그것을 자기 어머니에게 주었다. 29 요한의 제자들이 이 소식을 듣고 와서, 그 시체를 거두어다가 무덤에 안장하였다.

2009년 12월 28일, 현병철 위원장은 국가인권위원회 전원 회의에서 용산참사 진정건을 다루지 않고 일방적으로 폐회선언을 하고, 이에 항의하는 위원들에게 "독재 했다고 해도 좋습니다"라는 궤변으로 뭉갠다. 이에 대해 명숙 인권운동사랑방 활동가는 "이명박 정부의 가장 큰 인권침해 사건이며, 토건 정부가 얼마나 잔인할 수 있는가를 보여준 용산참사에 대해서 인권적인 입장을 내지 않는 것이 권력자의 의중을 맞추는 것이라고 생각했을 것"이라고 말했다. 현병철은 가장 유력한 장로교회인 명성교회 교인이다. 무수한 예가 있겠지만, 작금 나타난 이 현상만큼 권력과 교회의 관계를 잘 말해주는 것도 없다.

오늘 복음 말씀을 요약하자면 이렇다. 예수의 이름이 널리 알려지자, 헤롯왕이 그 소문을 듣고 "자기가 죽인 요한이 살아났다"고 두려워한다. 그러면서 자연스럽게 헤롯왕이 요한을 어떻게 죽였는지에 대한 비하인드 스토리가 나온다. 요한은 헤롯왕이 형제간인 빌립의 아내 헤로디아를 가로챈 일을 비판한 죄로 옥에 갇힌다. 이 일로 헤로디아가 원한을 품고 있었는데, 마침 헤롯의 생일 잔칫날에 헤로디아의 딸이 뇌쇄적인 유혹의 춤을 추자 홀딱 빠진 헤롯이 소원을 물었다. 헤로디아의 딸이 헤로디아에게 "무엇을 달라고 청할까요?"라고 하자 헤로디아가 요한의 머리를 청하라고 사주했고, 소녀가 그대로 청하자 헤롯은 괴로웠지만 맹세 때문에 꼼짝 못하고 요한의 목을 베어 소녀에게 주고, 소녀는 어머니에게 주었다는 이야기다.

복음 말씀이 요한의 죽음에 얽힌 비화를 소개하는 이유는 무엇인가? 그냥 그런 일이 있었다는 소식 전달인가? 아니면 또 다른 의미를 담고 있나?

결론부터 말하자면, 오늘 복음 말씀이 말하고자 하는 것은 '권력의 속살'이다. 보통 사람들이 매우 두려워하는, '알아서 기도록' 하는 권력 세계의 실체를 여과 없이 증언하고자 함이다. 우리가 전혀 알 길이 없는 권력자들의 세계에서는 어떤 일이 벌어지는가에 대하여 고발하거나 있는 그대로 말함으로써 우리가 권력에 대해 막연히 갖고 있는 기대나 환상을 버리게끔 하는 데 목적이 있다.

특히 한국 교회는 권력의 실상에 대해 경각심을 가져야 한다. 한국 교회에 성공주의가 만연한 것도 역시 권력에 대한 동경에 깊이 매몰되어 있어서이다. 놀랍게도 한국 교회는 권력의 한 자리에 오른 이가 어떻게 그 자리를 감당했는가에 주목하기보다는 그저 그 자리에 오른 것만을 추앙한다. 시쳇말로 '묻지도 따지지도' 않는다. 심지어 "하나님께 영광"이라고 떠들어댄다.

그러나 실제 권력의 실상이 얼마나 추악한가를 제대로 알면, 또 하나님 나라가 지상 권력과 비교하여 얼마나 다른가를 확인한다면, 반복음적 성격인 성공주의에 대해서도 미련을 버릴 수 있지 않을까 생각한다. (말해 놓고도 우습다. 이미 권력과 그 이익에 함몰돼 있는 교회 주류들에게는 턱도 없는 소리라는 것을 알기에.)

요한이 옥에 갇혔다는 소식은 「마가복음」 1장 14절에 처음 나온다.

"요한이 잡힌 뒤에 예수께서 갈릴리에 오셔서 하나님의 복음을 선포하셨다." 예수님의 공적인 활동의 모티브였던 요한의 체포 언급 이후, 아무 말이 없다가 오늘 본문에서 한꺼번에 나온 것이다.

오늘 복음 말씀을 읽으면 한마디로 어이없다. 이스라엘의 전설 요한이 너무도 허무하게 죽었기 때문이다. 죽은 이유가 권력에 타격을 입히는 거사라든지, 아니면 열사처럼 자기 몸을 장렬하게 바치는 거라든지 하면 서운함이 덜할 텐데, 권력자들이 잔치를 벌이는 와중에 엉뚱한 음모의 화살을 맞은 모양이기 때문이다.

하지만 여기에 복음 지자의 비수가 숨어 있다. 비록 가슴 아프게도 요한이 죽은 소식을 전하지만, 그런 사람을 죽인 그 권력의 실체, 즉 권력의 즉흥성·무가치함·반민중성을 고발함으로써 예수 무리가 지향하는 하나님 나라 운동과 극적 대조를 삼기 위함이다.

전설 요한을 죽음에 이르게 한 헤롯 일가의 실상을 파헤쳐보자.

권력의 제1토대는 정통성 내지는 도덕성이다. 그럼, 헤롯가는 어떤가? 헤롯가의 원조 헤롯 1세(예수님이 태어났을 당시의 왕, 헤롯 자손과 구별하기 위해 헤롯대왕이라 부름)부터 보자. 유감스럽게도 그는 유대 남쪽 이두매 출신 이방인이다. 그러니 순혈민족주의로서 둘째라면 서러울 유대인들의 반발이 어땠을지 상상해보라. 기원전 37년, 헤롯 1세는 로마군을 앞세워 유대를 장악하여 왕이 되고, 이 과정에서 10만 명을 학살한다. 이민족에다가 제국의 앞잡이, 정통성과 도덕성 시비에서 함량 미달인 헤롯이 민심을 얻기 위해 할 수 있는 일이 무엇일까? 바로 대규모 토목사업이다. 어쩜, 우리 현실과 이리도 똑같은지 깜짝 놀랐다. 또 헤롯대왕은 권력의 화신이기도 하다. 정략적 이유로 여섯 번 결혼하고, 그 중에 한 왕비와

두 자식, 장모까지 살해한다(한승훈, 『혁명을 기도하라』, 문주, 2012, 26~27쪽).

다음으로 오늘 복음 말씀에 나오는 헤롯의 후손들을 살펴보자.

왕으로 나오는 헤롯 안디바, 그의 아내 헤로디아, 또 헤로디아의 첫 남편 모두 아비는 헤롯 1세이고 어미만 다르다. 그들이 낳은 자식까지 포함해서 촌수가 어떻게 되는지 헷갈릴 정도로 근친상간에 가깝다. 한마디로 '개족보'다. 남녀가 만나는 제일 조건인 사랑은 약에 쓰려도 없다. 오직 정략적 야심으로 만나고 헤어진다.

헤롯 안디바뿐만 아니라, 다른 헤롯 자손들도 하는 짓이 원조 헤롯대왕과 똑같다. 요한이 헤롯 안디바를 비판한 이유는 그가 헤로디아를 이복 동기인 첫 남편과 이혼시키고 자기가 취했다는 것이다. 비판의 근거는 「레위기」 20장 21절이다. "형수나 제수를 데리고 살면, 이것 또한 역겨운 짓이다." 그러나 율법 준수의 의무는 잊고 권력에 영혼을 빼앗긴 왕에게는 하등 소용없는 말이었다.

이들의 DNA는 오직 권력(과 이에 따르는 부가 이익)만이 전부이다. 하늘과 자연과 이웃을 중시하며 내면을 살피는 정상적인 사람들이 아니다. 권력이 문제인가? 사람이 문제인가? 아니면 둘 다인가? 국가 권력을 쥔 사람뿐만 아니라 일상의 관계에서도 이 물음은 오늘도 계속된다.

다음으로 권력을 행사하는 이들의 정신 상태는 어떤가? 요즘 말로 '품격'이 어떤가?

헤롯 안디바가 헤로디아의 딸의 춤에 홀딱 빠져서, 또 술에 취해서 하는 말이 "네 소원을 말해 보아라. 내가 들어주마", 그리고 맹세하면서 "네가 원하는 것이면, 이 나라의 절반이라도 주겠다"라고 했다. 아무리 춤을 잘 춰도 그렇지, 어떻게 나라의 절반을 주겠다고 하는가? 매우 의아하다. 실인즉, 살로메는 그냥 춤을 춘 게 아니다. 헤롯을 유혹했다. 그 유혹에 아내의 딸에게까지 흑심을 품고 내뱉는 말이 "나라의 절반이라도 주겠다"이다.

허덕이는 민중을 구제하는 일에는 그 어떤 고민도 없는 권력자가 오직 자신의 탐욕 유지에만 눈을 밝히는 권력의 추한 면이 이 말에 담겨 있다. 복음 저자가 이렇게 구중궁궐에서 일어나는 일을 과감히 증언하는 이유는, 사람들이 그토록 동경하고 두려워 떠는 그 권력의 핵심부에서는 얼마나 어처구니없는 판단과 행위가 벌어지고 있는지를 깨달으라는 것이다.

그리고 헤롯이 뱉은 말, "나라의 절반이라도 주겠다"는 말은 실효성이 있는 말이 아니다. 헤롯은 로마 황제의 신하일 뿐이다. 요즘 말로 '바지 사장'이다. 나라땅 한 뼘이라도 줄 만한 권세가 없다. 전권은 황제에게 있다. 성경에는 헤롯 안디바를 왕이라고 부르지만, 엄밀하게는 4분의 1 영주(분봉왕)이다. 이를 뻔히 아는 「마가복음」 저자가 굳이 왕이라는 용어를 쓴 것은 비꼬는 투로 썼기 때문이다. 실제 역사에서는 헤롯 안디바가 아내 헤로디아의 꼬임에 넘어가서 황제에게 왕이라는 칭호를 달라고 간청하다가 주후主後 39년에 쫓겨나고 만다.

왕은 정치적으로 인심을 얻으려고 수많은 구두선口頭禪을 백성에게 남발했을 것이다. 그 말들을 지켜야 한다는 고민은 한 톨도 하지 않은 인간이 어이없게도, 사석에서 술에 취해서 또 아내의 딸에 대한 흑심에서 한 말은 지키려고 애를 쓴다. 이런 모습이 모두 권력이 하는 일이 얼마나 볼품없고 추악한가를 보여준다.

복음 저자는 이 어처구니없는 권력 놀음에 요한이 죽는 비극의 소식을 전하는 게 가슴 아프기는 하지만, 한편으로는 이것이 바로 권력의 실상임을 통렬히 증거하는 것이다. 그리고 예수님도 이런 죽음을 겪는다는 것을 은연중 시사한다.

서두에서 극명한 예를 말했듯이, 오늘날 한국 교회의 친권력 우경화 현상은 교회 본질을 훼손하는 심각한 형태이다. 그 권력이 헌법이 보장하는 기본권을 뭉개는, 반민주적인 불의한 권력인데도 맹목적이든지 침묵하든지 한다. 왜 그런가? 오직 이익에 충실하기 때문이다. 예수님의 대속의 죽음을 그렇게 입에 올리지만, 정작 요한과 예수님의 죽음에 대한 당대의 진실에 대해서는 눈이 감겨 있다. 지금 현실에 비추어 자신들이 손해 보지 않는, 가장 무난한 교리여서 그렇게 말하지 않는가 싶을 정도이다.

완전히 한쪽으로 기울어져 이익만을 추구하는 세계에서 진리의 길은 어디에 있는가? 모든 사람이 두려워하는 가운데서도, 요한의 제자들이 요한의 시신을 거두어 무덤에 안장하는 일을 묵묵히 수행한다. 1980년 5월 전두환이 광주 학살을 일으킨 이후, 희생자가 묻힌 망월동 묘지에 가는 일이 전혀 자유롭지 못했다는 것을 상기하라. 이처럼, 우경화와 이익 추구가 대세를 이룬다고 하더라도 진리·진실·진가를 알고 그 길을 가는 사람이 세상을 지탱하고 새 세상을 연다. 이것이 믿음이다. 공감하는 사람에게 하늘의 은총이 있기를 빈다.

예수께서 배에서 내리시다

「마가복음」 6:30-34, 53-56

30 사도들이 예수께로 몰려와서, 자기들이 한 일과 가르친 일을 다 그에게 보고하였다. 31 그때에 예수께서 그들에게 말씀하셨다. "너희는 따로 외딴 곳으로 와서, 좀 쉬어라." 거기에는 오고 가는 사람이 하도 많아서 음식을 먹을 겨를조차 없었기 때문이다. 32 그래서 그들은 배를 타고, 따로 외딴 곳으로 떠나갔다. 33 그런데 많은 사람이 이것을 보고, 그들인 줄 알고, 여러 마을에서 발걸음을 재촉하여 그곳으로 함께 달려가서, 그들보다 먼저 그곳에 이르렀다. 34 예수께서 배에서 내려서 큰 무리를 보시고, 그들이 마치 목자 없는 양과 같으므로, 그들을 불쌍히 여기셨다. 그래서 그들에게 여러 가지로 가르치기 시작하셨다.

53 그들은 바다를 건너가서, 게네사렛 땅에 이르러 닻을 내렸다. 54 그들이 배에서 내리니, 사람들이 곧 예수를 알아보고, 55 그 온 지방을 뛰어다니면서, 예수가 어디에 계시든지, 병자들을 침상에 눕혀서 그곳으로 데리고 오기 시작하였다. 56 예수께서, 마을이든 도시이든 농촌이든, 어디에 들어가시든지, 사람들이 병자들을 장터 거리에 데려다 놓고, 예수께 그 옷술만에라도 손을 대게 해 달라고 간청하였다. 그리고 손을 댄 사람은 모두 병이 나았다.

오늘 제목은 싱겁기 그지없다. '예수께서 배에서 내리시다', 이게 뭐 어떻다는 말인가? 일단 복음 말씀 내용을 요약하자. 앞 부분(6:30-34) 요지는 다음과 같다. 파송派送한 사도들이 각지에서 돌아오자, 예수께서 노고를 치하하고, 조용한 데 가서 쉬라고 하셨다. 이유는 오가는 사람이 하도 많아서 음식을 먹을 겨를조차 없었기 때문이다. 그래서 외딴 곳으로 떠나갔는데, 많은 사람들이 예수 일행을 알아보고 사방에서 그곳까지 따라와서 미리 기다리고 있었다. 예수께서 배에서 내려서 그 무리들을 보시니 목자 없는 양 같아서 연민이 샘솟아서 (쉼도 잊어버리고) 여러 가지를 가르쳤다. 뒷부분(6:53-56) 요지는 (역시) 예수 일행이 배에서 내리니 사람들이 알아보고 온 사방을 뛰어다니면서 병자를 데려와서 고침을 간청하였고, 예수께서 손을 대니 모두 병이 나았다는 이야기이다. 두 이야기의 공통점은 민중들이 예수님을 열렬히 환영하여 가는 곳마다 몰려들었고, 그렇게 몰려드는 민중들을 마다하지 않고 예수님은 그들의 아픈 곳을 어루만져 주셨다는 거다.

그런데 두 이야기에서 빠지지 않고 나오는 한 장면이 있다. 바로 "예수께서 배에서 내려서……"이다. 복음 저자는 제국의 폭력을 고발하고, 예수가 퍼뜨리는 하나님 나라를 대조하는 의도를 복음 서술에 깔아 놓았다고 했다. 이 지극히 평범하고 아무렇지도 않아 보이는 장면이 뭘 암시한다고?

그렇다면 다른 모양의 배에서 내림을 보자.

콜럼버스와 그의 계승자들이 아메리카 땅에 당도하여 배에서 내린 순간부터 한 일이라고는 약탈, 학살, 인종 말살뿐이었다. 1508년 라스 카사스는 이렇게 증언했다. "1494~1508년까지 300만 명 이상이 전쟁과 광산, 노예 노동으로 사라졌다." 그러나 미국 역사책에는 이 모든 것이 유혈이 전혀 없는 영웅의 모험담으로 꾸며져 있고, 1492년 10월 12일 콜럼

버스 기념일은 축제일로 돼 있다고 하워드 진은 『미국 민중사』에서 고발한다.

광복 직후 미군이 배에서 내려 이남 땅에 진주할 때, 민중들은 열렬히 환영했다. 우리를 일제로부터 해방시켜준 고마운 군대라는 감사를 담아서. 그러나 그 기대는 곧바로 깨졌다. 맥아더는 포고령 1호에서 점령군으로 이남 땅을 지배한다고 분명히 했다. 그후 몰려든 민중들은 미군들에게 일제 억압 못지않게 발가벗겨졌다. 해방 이후 최초의 인민항쟁인 대구 10월항쟁은 일제 때와 전혀 달라진 것 없는 미군정 통치에 대한 저항이었다.

배에서 내린 세력들의 폭력은 제주 4·3항쟁에도 그대로 이어졌다. 미군의 명령을 받는 토벌대 · 민병대는 당시 제주도민 30만 명 중 10분의 1을 살해했다. 역사는 반복하는가?

2007년 음모와 협잡으로 제주 강정마을을 미 해군기지터로 진상하기로 한 정부는 그후 강정 공동체를 갈기갈기 찢어버렸다. 그 와중에 천혜의 구럼비바위도 날려버렸다. 삼성물산과 대림은 탐욕을 현실화해주는 각종 중장비를 배에서 내렸다. 경찰은 기동대를 배에서 내렸다. 기동대는 철저히 해적기지 용역으로 전락해버렸고, 해적기지 공사장 주변을 법치주의가 짓밟힌 국가폭력의 장으로 상설화해버렸다. 이처럼 배에서 내린 세력들—정부 · 해군 · 건설자본 · 경찰은 모두 세트가 돼서 강정의 평화를 유린했다.

이처럼 '배에서 내린' 사람들이 다 같은 게 아니다. 진심으로 민중을 위하는 사람들이 있고, 민중은 안중에 없이 오직 자기들 탐욕의 유지 · 확장을 위해 민중을 짓밟는 사람들이 있다. 나는 배만 상정했지만,

오늘날 이 탈것을 차와 비행기로 확대시키면 평화를 침탈하는 세력들의 음모와 물리력은 더욱 확장된다. 그만큼 민중들의 고통과 신음은 늘어만 가고.

민중들은 원래 권력에게 잘 몰려드는 속성이 있다. 양을 보라. 그들은 항상 떼를 지어 다닌다. 오죽하면 하나님이 당신과 이스라엘 백성의 관계를 목자와 양의 관계로 특별 설정했을까? 예수는 그들이 목자 없는 양 같아서 연민이 치솟았다. 양을 이끄는 목자가 어떤 사람이냐가 양들의 생사를 좌우하듯이, 민중을 이끄는 지도자가 누구냐에 따라 민중은 보호를 받기도, 벗김을 당하기도 한다.

그러므로 민중들이 세상 물리, 특히 권력의 실체를 깨우치는 일은 그들 생존을 위해서라도 너무나 절실하다. 그렇기 때문에 예수께서는 민중들을 깨우치기 위하여 쉼도 잊어버리고 설파하신 거다. 그러나 오늘날 교회는 권력과 자본의 지배 논리를 복음과 섞어서 은밀히 교묘하게 민중들에게 주입해온 지 오래됐다. 교회는 현실 체제에서 둘째라면 서러울 정도로 지배권력과 한몸이 돼버렸으니, "교회는 그리스도의 몸"이라는 신앙 고백이 진실로 부끄럽고 무색해져버렸다.

우리가 겪어봐서 알지만, 민중이라고 다 같은 게 아니다. 박정희 향수에 젖어서 그의 딸을 맹목적으로 지지하고 찬양하는 민중도 '천지삐까리'다. 전두환이 민중을 학살하고 권력까지 찬탈한 게 너무도 좋아 보여서 그 학교 동문들은 그에게 절을 하고 군사 분열分列을 하고 심지어 기념관까지 만들어 갖다 바친다. 그 권력자가 자기를 발가벗기는 원흉인 줄도 모르고. 예수께서는 이런 민중들에게 권력의 지배에서 자유로운 하늘의 도를 설파하셨을 게 분명하다. 그리고 깨우친 민중들은 권력과 율법의 지배 사슬에서 벗어나 자유롭고 독립된 영혼으로 거듭났으며, 예수의 제자가 되어서 함께 하나님 나라, 평등 세상 운동의 전위대가 됐다.

그렇게 거듭난 민중들의 달라진 모습이 오늘 복음 말씀의 뒷부분이다. 예수 일행이 오셨다니까 흥분되고 기쁜 마음에 한 사람이라도 더 그 영향권에 모시고 싶어서 사방팔방으로 뛰어다니면서 사람들을 조직한다. 무엇보다도 은총이 절실한 병자들이야말로 새로운 세상에 초대해야 할 일순위 대상자이므로 병자들을 집중적으로 조직한다. 이런 자발적이고 각성한 민중들이 세상을 바꾼다.

앞에서 권력이 배에서 내려서 강정을 유린하였다고 성토했지만, 전혀 다른 하선^{下船}이 있다. 2012년 7월 30일부터 일주일 동안 강정의 촌노들이, 제주도민들이, 또 전국에서 깨어 있는 시민들이 모여들었다. 비행기에서, 배에서 내렸다. '강정평화대행진'에 참여하기 위해서이다. 이들은 강정마을이 다시 평화를 되찾기를 열망하여서 '평화가 길' 문구가 적힌 셔츠를 입고, '해군기지 결사 반대'라는 깃발을 들고, 작열하는 태양, 이글거리는 아스팔트, 알 배긴 다리, 물집 잡힌 발에 구애받지 않고, 제주도를 걷고 또 걸었다. 연 인원 7천 명이 그렇게 했다.

8월 4일 토요일에는 제주시 제일 넓은 광장에 모여서 함께 함성을 질렀다. 해군기지를 백지화하고 강정을 평화마을로 되돌리라고. 또 강정 평화대행진의 기세를 살려서 이번에는 전국대행진을 하자고 기운을 모락모락 피우는 중이다. 이번처럼 영남 동편길, 호남 서편길로 해서 대전에서 합류하여 서울, 청와대까지 10만 명이 행진하자는 안까지 나왔다.

똑같이 차에서, 배에서, 비행기에서 내리지만, 오직 자기 세계의 탐욕 유지와 확장을 위해 민중을 발가벗기는 권력과 자본 같은 세력만 있는 게 아니다. 민중이 수탈당하는 현실이 애가 닳아서, 누가 강제하는 것도 아닌데 온 지방으로 뛰어다니면서, 마을이든 도시이든 농촌이든 어디든지 간에, 사람들을 새 세상으로 안내하기 위해 조직하고 연대하고 함께 세상을 바꾸기 위해 자신을 바치는 자발적 민중도 있는 것이다.

예수는 그 자발적 민중의 선두에 계시다. 이것이 복음서에 나타난 예수의 원래 모습이다. 그러니 우리가 어찌 이분을 길이요, 진리요, 생명이라고 고백하지 않을 수 있겠는가! 그리고 교회 주류에 비하면 턱도 없는 소수이지만, 이 길을 따르는 사람들이 있어서 생명력을 유지한다. 알아보는 식별력이 있기를! 이분을 증언할 수 있어서 참 좋다.

무엇이 어떻게 다른가?

「마가복음」 6:1-13

1 예수께서 거기를 떠나서 고향에 가시니, 제자들도 따라갔다. 2 안식일이 되어서, 예수께서 회당에서 가르치기 시작하셨다. 많은 사람이 듣고, 놀라서 말하였다. "이 사람이 어디에서 이런 모든 것을 얻었을까? 이 사람에게 있는 지혜는 어떤 것일까? 그가 어떻게 그 손으로 이런 기적들을 일으킬까? 3 이 사람은 마리아의 아들 목수가 아닌가? 그는 야고보와 요셉과 유다와 시몬의 형이 아닌가? 또 그의 누이들은 모두 우리와 같이 여기에 살고 있지 않은가?" 그러면서 그들은 예수를 달갑지 않게 여겼다. 4 그래서 예수께서 그들에게 말씀하셨다. "예언자는 자기 고향과 자기 친척과 자기 집밖에서는, 존경을 받지 않는 법이 없다." 5 예수께서는 다만 몇몇 병자에게 손을 얹어서 고쳐주신 것밖에는, 거기서는 아무 기적도 행하실 수 없었다. 6 그리고 그들이 믿지 않는 것에 놀라셨다. 그리고 예수께서는 마을들을 두루 돌아다니시며 가르치셨다. 7 그리고 열두 제자를 가까이 부르셔서, 그들을 둘씩 둘씩 보내시며, 그들에게 악한 귀신을 억누르는 권능을 주셨다. 8 그리고 그들에게 명하시기를, 길을 떠날 때에는, 지팡이 하나밖에는 아무것도 가지고 가지 말고, 빵이나 자루도 지니지 말고, 전대에 동전도 넣어 가지 말고, 9 다만 신발은 신되, 옷은 두 벌 가지지 말라고 하셨다. 10 또 그들에게 말씀하셨다. "어디서 어느 집에 들어가든지, 그곳을 떠날 때까지 거기에 머물러 있어라. 11 어느 곳에서든지, 너희를 영접하지 않거나, 너희의 말을 듣지 않거든, 그곳을 떠날 때에 너희의 발에 묻은 먼지를 떨어서, 그들을 고발할 증거물로 삼아라." 12 그들은 나가서, 회개하라고 선포하였다. 13 그들은 많은 귀신을 쫓아내며, 수많은 병자에게 기름을 발라서 병을 고쳐주었다.

오늘 이야기는 예수께서 고향에서 배척당하신 사건과 예수께서 열두 제자를 세상에 파송한 이야기이다. 복음 말씀의 이면은 제국을 비판하고 그들의 위세를 풍자하는 한편, 예수의 하나님 나라가 제국과 어떻게 다른가를 증거한다고 했다. 무엇보다도 두 나라 중 어떤 나라가 민중에게 행복한 나라인가를 제시하여서 하나님 나라의 우월성을 나타내려는 목적이 있다. 오늘 말씀에서는 어떤 면이 그러한가?

우선 복음 말씀을 요약하자. 예수께서 제자들과 함께 고향을 방문하시어, 늘 하던 대로 회당에서 가르치셨다. 고향 사람들이 예수의 가르침에 놀라기는 하면서도, 예수의 가족이 자기들과 함께 살고 있다는 이유로 예수의 지혜를 달갑지 않게 여겼다. (호응이 있어야 이적도 자연스럽게 나올 텐데) 고향 사람이 믿지 않는 것에 놀라서 예수는 아무 기적도 행하실 수 없었다.

여기서 그 유명한 경구 "선지자가 고향 밖에서는 존경을 받지 않는 곳이 없다"가 나왔다. 그리고 예수께서는 열두 제자에게 악한 귀신을 억누르는 권능을 주고, 하나님 나라를 증거하라는 사명을 주어서 이스라엘 곳곳으로 보내셨다. 그런데 제자들이 빵도, 자루도, 돈도, 여벌 옷도, 그 무엇도 지니지 못하게 하셨다(한마디로 빌어먹게 하셨다). 제자들은 가서 귀신을 쫓아내며 병자를 고쳐주었다.

오늘 말씀에 두 나라가 비교되는 면이 무엇인가? 도대체 무슨 이유로 고향 사람들은 예수를 배척했을까? 어째서 예수는 제자들을 그토록 지지리 궁상으로 파견하셨을까? 이 두 가지를 설명하면 자연스럽게 제국과 비교점이 나올 것이다.

황제가 움직이면 그 수하들이 줄줄이 따라간다. 황제가 어느 마을에서 연설한다면, 사람들의 반응은 어떠할까? 지금도 권력자가 어디를 방문할라치면 이미 그곳은 권력자의 의중대로 하수인들이 충분히 '빠다칠'을 해 놓는다. 사람은 진정이든 가식이든 최선을 다해 황제에게 쌍수를 들어 온 마음과 온몸으로 충성과 존경을 보내야 한다. 그게 살 길이다. 고개를 외로 꼰다? 야유를 날린다? 딴짓을 한다? 한번 그렇게 해보라. 어떻게 되는가. 자발적이든 강요된 것이든 지상 권력 앞에 철저히 머리를 숙여야 하는 것은 누구에게나 어디에서나 예외 없이 나타나는 광경이다. 게다가 황제는 '아우구스투스'라는 칭호가 붙는 신적 존재 아닌가?

1절 말씀 "예수께서 거기를 떠나서 고향에 가시니, 제자들도 따라갔다"에는 바로 황제가 떴을 때의 풍경, 수하가 따라붙고 요란하게 행렬을 치장하고 사람들에게는 복종을 강요하는 권력의 허세를 풍자하려는 의도가 조용히 숨어 있다.

예수도 그렇게 행차를 하신다. 제자들을 거느리고 고향으로. 그런데 예수의 모친, 형제, 누이들이 자기들과 같이 살고 있다는 이유로 고향 사람들은 예수를 거부한다.

황제라고 가족, 친족이 없을까? 처음부터 황제가 아니었기에 그들도 처음에는 어디에서든 나고 자랐을 터! 누구나 일가붙이가 살던 고향이 있기 마련이다. 그런데 어찌하여 고향 사람들은 예수께 모질게 했을까? 탐욕의 이너서클 집단이 아니기 때문이다. 다른 말로 네트워크, 커넥션, 카르텔이 부실해서이다. 뭐가 좀 있어 보여야 환영하는 척하며 뒤로 떡고물이라도 얻어먹을 것이 아닌가? 예수께는 그런 게 없었다. 그러니

'찬밥'일 수밖에.

하지만 예수는 이에 대해 뭐라 하지 않는다. 전적으로 그들의 판단과 선택에 맡긴다. 황제가 그런 대접을 받았다면, 살육의 칼부림이 일어났을 테지만, 예수는 자신이 섭섭해 하는 것으로 조용히 끝난다. 그러나 고향 사람들은 진실로 중요한 것을 놓치고 말았다. 참 사람을 알아보지 못한 인식의 어두움, 연고와 외모로 사람을 판단하는 분별의 둔함. 그 까닭에 고향의 병자들도 불이익을 겪었다. 몇몇 병자만 고쳐주신 것밖에는 아무 기적도 행하실 수 없었기 때문이다.

무엇으로 사람을 알아보는 기준으로 삼아야 할까?

그 다음 이야기가 단서가 될 것이다. 예수께서 제자들을 빈손으로 보낸 이유, 빌어먹어야 살 수 있도록, 전적으로 남의 호의를 입어야만 생존이 가능하도록 한 이유는 무엇일까? 일단 제국의 관료와 비교해 보자. 황제의 명을 받아 어느 지역에 파견 나온 관료가 있다고 하자. 그는 어떤 심보로 갈까? 그리고 그를 맞이하는 지역 사람들의 심사는 어떨까?

로마에는 후견인 제도라는 게 있었다. 그들만의 커넥션을 유지하기 위한 중요한 구조다. 관료는 지역 순회를 한밑천 잡는 기회로 삼을 것이다. 자기 몫, 황제 몫, 후견인 몫, 또 자기 부하 몫까지. 그러니 그런 놈들을 맞이하는 지역의 유지들 심정은 어떨까? 차라리 오지 않았으면 하는 마음이 간절할 것이다. 그러나 지역 유지들도 로마와 어느 정도 끈을 유지해야 살 수 있으므로, 또 지역 관리는 이 기회를 중앙 정계 진출의 기회로 삼을 것이기에, 결코 놓칠 수 없는 절호의 기회이기도 하다. 그러니 권력들 요구 사항 들어주느라 죽어나는 것은 민중들뿐이다.

그렇게 황제 관료의 방문에 진저리, 넌더리가 나 있는 민중들 앞에 또 누가 외지에서 왔다면, 민중들은 다짜고짜 거부감을 보일 것이다. 그렇다고 복음 증거를 단념할 수는 없다. 그들에게도 하나님 나라를 증거해야 한다. 그렇다면 다른 모습으로 가야 한다. 관료들과 정반대의 행색으로, 겸손하고 낮은 자세로. "갖다 바쳐!" 하고 호통하는 태도에 질려버린 민중들에게 거렁뱅이 차림새로 동정과 호의를 입도록 한다면, 그들도 마음을 열 것이다.

그래서 복음 저자는 제국의 횡포를 떠올리며 제자들의 파견은 이렇게 다르다는 것을 증언한다. 칼이나 창 대신에 지팡이를 들었으니, 자기들을 해칠 사람은 아니라고 안심할 것이다. 돈주머니가 안 보이니 그 속을 채워줄 걱정은 하지 않아도 된다. 신발이 군화가 아니고 다 떨어져 너덜거리니 마음이 놓인다. 무엇보다도 한 벌뿐인 차림새가 남루하니 자기들을 해칠 사람으로 보이지 않는다.

외모에 현혹당하지 않고, 그렇게 날것 그대로 사람 대 사람이 만나야 거기서 진짜 관계가 싹트는 법이다. 하나님 나라가 순수하게 전파되는 법이다. 그러니까 예수님은 이중 목적으로 제자들을 거렁뱅이로 무장시킨 것이다. 민중들 마음의 빗장을 열게 하기 위해, 또 스펙이나 치장, 연고 같은 외모 배경 없이 날것 그대로 다가갔을 때 복음의 진가가 드러나기 때문에.

그래야 하나님 나라 복음도 권위를 갖는다. "너희의 말을 듣지 않거든, 그곳을 떠날 때에 너희의 발에 묻은 먼지를 떨어서, 그들을 고발할 증거물로 삼아라."(「마가」 6:11) 당당할 때 이렇게 할 수 있는 법이다. 그들이 한 마을에 머물 때, 민폐를 끼치지 않기 위해 얼마나 철저히 청렴·청빈의 도를 사수했는지 한 전승을 보자.

어느 사도든 여러분에게 오면 주님처럼 영접을 받아야 합니다. 그러나 그는 하루만 머물 것입니다. 필요하다면 다음날도 머물 것입니다. 그러나 사흘을 머무른다면 그는 거짓 예언자입니다. 그리고 사도가 떠날 때에는 다음 장소에서 숙박할 때까지 필요한 빵밖에는 아무것도 받지 말아야 합니다. 만일 돈을 요구한다면 그는 거짓 예언자입니다.

(『200주년 신약성서 주해』, 분도, 2001, 204쪽)

이상이 오늘 복음 말씀이 담고 있는 메시지다. 이 메시지를 오늘날 우리 현실에 적용하자니, 아득하기만 하다. 원조와 현실의 격차가 너무도 벌어졌기 때문이다.

마르크스는 존재가 의의를 규정한다고 했지만, 현대는 외모가 내용을 규정하는 시대가 돼버렸다. 그러나 우리는 스스로 물어야 한다. 정말 외모가 나를, 우리를, 세상을, 구원할 수 있는가에 대해. 외모에 현혹당해서 내용의 진가까지 도매금으로 넘겨서는 안 된다. 하늘의 은총으로 맘몬과 권력의 쓰나미 속에서라도 사람과 사물을 참되게 분별하시기를!

거짓 안전을 부수고 해방 세상으로

「마가복음」 7:1-8

¹ 바리새파 사람들과 예루살렘에서 내려온 율법학사 몇 사람이 예수께로 몰려왔다. ² 그들은 예수의 제자들 가운데 몇 사람이 부정한 손, 곧 씻지 않은 손으로 빵을 먹는 것을 보았다. ³ — 바리새파 사람과 모든 유대 사람은 장로들의 전통을 지켜, 규례대로 손을 씻지 않고서는 음식을 먹지 않았으며, ⁴ 또 시장에서 돌아오면, 몸을 정결하게 하지 않고서는 먹지 않았다. 그 밖에도 그들이 전해 받아 지키는 규례가 많이 있었는데, 그것은 곧 잔이나 단지나 놋그릇이나 침대를 씻는 일이다. — ⁵ 그래서 바리새파 사람들과 율법학자들이 예수께 물었다. "왜 당신의 제자들은 장로들이 전하여 준 전통을 따르지 않고, 부정한 손으로 음식을 먹습니까?" ⁶ 예수께서 그들에게 대답하셨다. "이사야가 너희 같은 위선자들을 두고 적절히 예언하였다. 이렇게 기록되어 있다. '이 백성은 입술로는 나를 공경해도, 마음은 내게서 멀리 떠나 있다. ⁷ 그들은 사람의 훈계를 교리로 가르치며, 나를 헛되이 예배한다.' ⁸ 너희는 하나님의 계명을 버리고, 사람의 전통을 지키고 있다."

2012년 8월 29일 수요일 낮 12시, 캠프워커 후문에서 을지프리덤가디언 전쟁연습 반대 일인시위를 했다. 미군 부대 앞에 있으면 꼭 발생하는 촌극이 있다. 사진 찍을 때마다 군인이나 경비가 와서 사진에 부대가 나오면 안 된다고 하는 간섭이다.

작년 고엽제 매립 범죄 사건이 터졌을 때, 왜관 캠프캐럴에서 매립 범죄 규탄 시위할 때도 KBS 카메라가 취재하자 경비가 나타나서 같은 소리를 했다. 그 착한 PD, 부대는 안 나왔다면서 경비에게 카메라까지 보여준다. 올 초 무지하게 추웠을 때, 미군 부대 출입증 뒷거래 사건이 터져서, 캠프워커 정문에서 매일 점심 때 진상규명 촉구시위를 할 때도 인증샷을 찍으면 꼭 와서는 시비를 걸었다.

수백만 명을 몰살할 수 있는 다이옥신 독극물이 들어 있는 고엽제를 한국 땅에 그냥 묻어버리는, 이루 말할 수 없는 범죄를 저지르면서도 그냥 덮어버리고 지나가는 놈들이, 또 북한을 점령하는 시나리오를 실전처럼 벌이는 전쟁 훈련으로 한반도를 온통 긴장과 대립으로 몰아넣는 반평화의 장본인이, 그런 일에 비하면 건수도 되지 않는 사진에 간섭을 하는 것이 얼마나 우스운가!

부대에 사진이 나오면 안 된다는 말도 그렇다. 지난 3월 키리졸브 전쟁연습 때, 캠프워커 활주로에 온통 전쟁 장비를 늘어놓고 밤새도록 컴프레서를 틀어대서 대명 5동 주민들을 소음과 불면에 시달리게 했다. 그때 기자들이 주택 옥상에 올라가서 소음의 실상인 부대 안 광경을 취재해서 보도한 적이 있다. 그렇게 제대로 부대 안을 찍은 일도 있는데, 기지 앞에서 찍은 사진에 부대가 나오면 안 된다고 하는 그놈들이 한심할 뿐이다. 오늘 복음 이야기에 나오는 장로들의 유전도 이와 비슷하다.

오늘 이야기는 예수님과 율법학자 간의 논쟁이다. 예루살렘에서 율법학자들이 갈릴리에서 설치는 예수를 직접 알아보러 내려왔다. 율법학자들은 당시 이스라엘을 지배하는 성전 체제에서 율법 해석으로 권력을 지탱하는 지배세력의 한 축이다. 요즘 뉴라이트 식자들이 자기들의 알량한 이론으로 지배세력의 통치에 근거를 제공하듯이, 당시 율법학자들이 이런 역할을 수행했다. 예루살렘에서 안락을 누리는 부류들이 일부러 갈릴리 먼 길을 직접 내려왔으니, 예수에 대한 소문이 이들에게 꽤 성가신 현안이었던 것이다.

이들은 예수를 주시하자마자 건수 하나를 즉시 포착했다. 예수 일당이 부정한 손, 곧 씻지 않은 손으로 음식을 먹는 거다. 소위 장로들의 유전을 어긴 것이다. 씻지 않은 손으로 밥을 먹는 게 뭐 그리 큰 잘못이냐고? 우리 문화에서는 잘 이해가 가지 않지만, 이스라엘의 풍토와 자연 환경을 보면 이해가 된다. 팔레스타인의 지형과 풍토는 항상 건조하다. 팔레스타인의 서쪽은 지중해이고, 나머지 동쪽·북쪽·남쪽은 사막이 흩어져 있다. 게다가 비라고는 1월과 2월 사이 한 달만 내린다. 그러니 늘 메마르고, 먼지 바람이 자주 분다. 그래서 음식을 먹기 전에 손을 씻도록 하는 자연스러운 위생 규범이 생겼다.

그런데 지배세력이 이 위생 규범에 권력 작용을 가했다. 이전 시대 율법학자들이 순수 동기로 만든 위생 규례가 세월이 흐르면서 계명과 율법에 버금가는 정결례 율법 수준으로 발전한 것이다. 처음에는 위생상 손 씻고 음식 먹으라는 권장 사항이었는데, 이를 어기면 부정한 몸이 되고, 부정한 몸은 속죄 받아야 한다는 율법으로 고착시켜버린 것이다.

바로 여기에 지배세력의 카르텔이 작용했다. 양심적인 제사장에게 가면 손 씻지 않고 음식을 먹었다는 것이 애당초 속죄니 뭐니 할 건덕지가 아니었다. 율법에 부정하다고 명시한 근거가 없기 때문이다. 그러나 이는 지배세력의 의도와 배치되는 일이다. 성전 세력은 그런 소신 있는 제사장을 용인하지 않을 것이다. 자연히 성전 세력과 손발이 맞는 제사장이 그 자리를 대체할 것이다. 제사보다 젯밥에 관심이 많은 제사장은 손 씻지 않고 음식을 먹는 일도 부정한 죄로 선언하여 백성들은 제사장에게 가서 제물을 바치고 사함을 받아야 했다. 장로들의 유전이 민중을 억압하는 수단으로 전락해버린 것이다.

예수님은 처음부터 장로 유전이 허위라는 것을 꿰뚫어 보았다. 그래서 예수 무리에게는 장로 유전이 전혀 영향을 주지 못했다. 예수 무리는 늘 자연스럽고 편하게 음식을 먹었다. 「누가복음」 11장 38절을 보면, 예수께서도 음식 들기 전에 손을 씻지 않은 것을 보고, 초대한 바리새가 이상히 여겼다는 말씀이 나온다. 즉 이들은 이미 그들만의 해방 세상을 살고 있는 것이다.

복음서에서 예수님의 별명이 '세리와 죄인의 친구'라는 말을 기억하는가? 예수 무리는 지배자들이 설정해 놓은 억압질서를 아예 무시하고 살았기 때문에 자동적으로 율법을 어긴 죄인의 패찰이 붙었고, 그런 별명이 나온 것이다. 그러거나 말거나, 해방자 예수는 지배세력이 구축해 놓고 온갖 선전도구로 포장·위장·유혹하는 네트워크에 아예 처음부터 편입하기를 거부하였기 때문에, 늘 자유롭고 거칠 것이 없었다.

요즘은 지배 질서의 한자리, 한 마름이 되려고 착하고 고분고분하게 얌전히 사는 사람들이 너무 많다. 젊은이들이여, 새 세상을 상상하라. 투신하라. 먹고사는 일에 인생을 저당 잡히지 마라.

예수님이 분명히 선언했다. "목숨을 부지하려고 무엇을 먹을까 걱정하지 말아라. 공중의 새를 보아라. 씨를 뿌리지도 않고, 거두지도 않고, 곳간에 모아들이지도 않으나, 너희의 하늘 아버지께서 그것들을 먹이신다. 너희는 새보다 귀하지 아니하냐?"(「마태」 6:25, 26)라고.

강정 해군기지 반대투쟁 때 나보다 체구가 배나 되는 용역놈이 "내가 이 일을 안 하면 굶어죽는다. 그럼, 목사님이 책임질 거냐"라고 핏대를 올리길래, "이놈아, 하나님이 모두 다 먹고살게 해 놨다. 먹고살기 위해서라는 구실로 네 행동을 정당화하지 말라"고 일갈했다. 깨우치고 받는 자들에게 구원이 있을지니!

율법학자들이 두려워한 것은 장로들의 유전에 구애받지 않고 이미 해방공동체를 사는 예수 무리의 영향력이 민중에게 미치는 것이다. 그래서 미연에 그것을 차단하고자 시비를 걸고 현행법으로 재갈을 물리고자 한 것이다. 그런데 예수의 태도가 담대하다. 율법학자들이 장로들의 규례를 어겼다고, 부정하게 됐다고 시비를 걸자, 일순간도 머뭇거리지 않고 반격한다. "이사야 예언자가 너희 같은 위선자들을 두고 적절히 예언하였다. 이 백성은 입술로는 나를 공경해도, 마음은 내게서 멀리 떠나 있다. 그들은 사람의 훈계를 교리로 가르치며, 나를 헛되이 예배한다"고.

의문이 있다. 어째서 계명도 아닌 것이, 율법도 아닌 것이, 이토록 오랜 세월 백성들을 지배한 것일까? 권력자들이 그렇게 조장한 것이 가장 큰 이유이지만, 백성들의 호응도 한몫했다. 그들 역시 고작 장로들의 유전을 지킨답시고 손을 씻음으로써 자신이 하나님께 경건하다고, 자신을 기만하는 거짓 안전에 빠졌다. 이렇게 권력자나 백성이나 가릴 것 없이 온통 허위의식에 갇혀버렸다. 그래서 예수께서 권력자뿐 아니라 '백성'까지 비판하는 것이다.

예수는 당대 지배세력이 구축해 놓은 억압 체제를 분쇄하고 대상화되어 있는 사람들을 구출해서 자유와 해방을 누리게 했다. 그래서 복음,

'기쁜 소식'이 된 거다. 황제의 복음은 황제만의 지배구조를 유지·확장하는 소식이지만, 예수의 복음은 모든 사람을 해방과 평등으로 이끄는 소식이다. 그런데 이런 기쁜 소식도 듣는 사람이 받아들여야 한다. 듣기만 실컷 듣고 여전히 구습−장로들의 유전을 행하며 거짓 안전에 갇혀 있으면 소용없다.

예수의 복음은 오늘날도 여전히 유효하다. 그리고 무수한 거짓 안전 울타리 속에 살고 있는 우리에게도 도전한다. 자유 해방 평등 세상을 향하라고.

외치자, 에바다라고

「마가복음」 7:31-37

31 예수께서 다시 두로 지역을 떠나, 시돈을 거쳐서, 데가볼리 지역 가운데를 지나, 갈릴리 바다에 오셨다. 32 그런데 사람들이 귀먹고 말 더듬는 사람을 예수께 데리고 와서, 손을 얹어주시기를 간청하였다. 33 예수께서 그를 무리로부터 따로 데려가서, 손가락을 그의 귀에 넣고, 침을 뱉어서, 그의 혀에 손을 대셨다. 34 그리고 하늘을 우러러보시고서 탄식하시고, 그에게 말씀하시기를 "에바다" 하셨다. (그것은 열리라는 뜻이다.) 35 그러자 곧 그의 귀가 열리고 혀가 풀려서, 말을 똑바로 하였다. 36 예수께서 이 일을 아무에게도 말하지 말라고 그들에게 명하셨으나, 말리면 말릴수록 그들은 더욱더 널리 퍼뜨렸다. 37 사람들이 몹시 놀라서 말하였다. "그가 하시는 일은 모두 훌륭하다. 듣지 못하는 사람도 듣게 하시고, 말 못하는 사람도 말하게 하신다."

2012년 9월 6일 목요일 근로복지공단 앞 도로에서 산재노동자 피해사례 증언대회를 했다. 원래 장소는 실내였는데, 공단이 취소하는 바람에, 부득불 건물 앞 도로에서 열린 거다. 뙤약볕 아래에서 근로복지공단이 산재노동자들을 어떻게 배제하는지에 대한 여러 사례를 들었다.

산업재해보상보험법은 '업무상질병판정위원회'라는 기구를 통하여, 산재노동자에 대한 불이익과 탄압의 도구로 노동자들의 원성의 대상이 되고 있었다. 무엇보다도 세계 최장 시간의 노동으로 발생하는 직업성 질병에 대한 불승인율이 급격히 높아져서 뇌심혈관계 질환은 80퍼센트 이상, 근골격계 질환은 60퍼센트에 가까운 불승인율을 나타냈다. 노동 직종에 따라 작업 환경이나 주로 쓰는 신체 부위가 다름에도 모든 노동 자에게 일률적인 기준을 적용한다든지, 작업 관련성이 없다, 개인 질환 이다, 퇴행성 질환이다 등의 사유로 불승인이 난 사례가 많았다.

근로복지공단이 이렇게 산재 진입 장벽을 높이고 산재노동자 강제 종결을 통해 벌어들인 돈이 무려 7조 5천억 원이나 된다. 그 덕에 한국능 률협회에서 지급하는 국가생산성평가에서 우수, 최우수를 수년째 받다 가 결국 대상까지 획득하였다. 생산성평가는 거둬들이는 보험급여보다 지급하는 보험급여가 적으면 적을수록 점수를 높이 받는데, 공공기관이 이렇게 능률성이 높은 기관이 됐다는 것은, 산재노동자들의 처우나 권리 보장보다는 수지 개선에 골몰하였다는 뜻이고, 그만큼 산재노동자들에 대한 공공성이 최악이었음을 반증한다. 우리 사회를 뒤덮고 있는 자본 우선 풍토가 공공성이 우선이어야 할 공공기관까지 덮쳤고, 그 와중에 근로복지공단도 수익성이 최고 목표가 된 까닭에 산재노동자만 홀대당 하는 것이다.

그런데 산재노동자들에게는 인색하고 야박하게, 불리한 법 적용으로 악명을 떨치는 근로복지공단 직원들 자신은 구석구석 비리로 꽉 차 있었 다. 뇌물수수, 인사청탁비리 등으로 공단 재정이사부터 말단 직원까지 어둠의 온상이었다. 더 이상 노동자들이 기댈 곳이 못 되는 곳이었다.

근로복지공단의 실체가 이렇다는 것을 알고 나서야, 어째서 공단이 삼성전자에서 백혈병으로 목숨을 잃거나 투병 중인 노동자들에게 산재

인정을 하지 않는지, 어째서 공단이 가까스로 산재 인정을 받은 노동자를 상대로 삼성의 쟁쟁한 로펌 변호사들과 한통속이 돼서 항소하는지가 이해되었다. 기가 막힌 일이다. 정녕 사람이 중심이 되는 세상을 보고 싶다. 다행히도 있다. 예수께서 그것을 보여주신다.

오늘 복음 말씀의 요지는 이렇다. 예수께서 한 마을에서 귀먹고 말더듬는 사람을 고쳐주실 것을 간청받았다. 예수는 그를 무리로부터 ① 따로 데려가서, ② 손가락을 그의 귀에 넣고, ③ 침을 뱉어서, ④ 그의 혀에 손을 대시고, ⑤ 하늘을 우러러 탄식하시고, ⑥ 에바다(열려라)라고 말씀하자, 그의 귀가 열리고 혀가 풀려서 말을 하게 되었다는 치유 기사이다.

유심히 본 사람은 이 치유 과정이 좀 특이함을 알아챘을 것이다. 뭐가 특이한가? 예수께서 여러 동작을 하셨다. 굳이 그러지 않아도 되는데 말이다. 이보다 더한 병자를 고치실 때도 예수는 간단히 말씀으로 고치셨다. 현장에 없는 병자까지. 그런데 이 장애인에게는 무려 여섯 가지 동작을 취하셨다. 이건 무슨 뜻일까?

만약 예수께서 공명심에 사로잡혀 있었다면 이 사람을 따로 데려가지 않았을 것이다. 여러 사람이 보는 자리에서 사람들의 눈요기가 되도록 고쳐주었을 것이다. 그때 마술사들이 그랬던 것처럼. 예수께서 그랬다면 이 장애인은 그냥 대상화된 존재에 불과하다. 치유의 중심에 장애인은 없고 치유자만 있을 뿐이다. 그러나 예수는 무리를 떠나서 장애인과 단둘이 있는 장소로 갔다. 오직 장애인에게만 집중하려는 거다. 그 뒤 일어난 동작, 신체 접촉은 오직 예수와 장애인만 아는 특별한 과정이다.

왜 예수께서는 이렇게 하는 것인가? 이 사람을 주체적으로 세우기 위하여, 해방시키기 위하여, 중심에 놓는 것이다. 그래서 자신의 치유 행위를 장애인이 똑똑히 알게 하려는 것이다. 장애인은 예수께서 손가락을 귀에 넣은 것, 침을 뱉어서 손을 혀에 댄 것을 통해 자신의 장애 부분이 만져지고 있다는 것을 정확히 감지한다.

예수는 무엇보다도 귀먹고 말 못하는 이 사람의 처지가 안타까워서 하늘을 보고 탄식하셨다. 자비를 베풀어 달라고. 이제 해방된 사람으로 살게 해 달라고.

박근혜가 박정희가 저지른 사법살인에 대해 조금이라도 탄식하는 마음이었다면, 인혁당 사건에 대해 '두 개의 판결' 운운해서는 안 된다. 무엇보다도 그들은 고문으로 억지 자백을 했고, 그것이 유죄 증거가 돼서 형 집행을 당했다. 다시 말하지만, 고문이 있었다. 재판 자체가 성립할 수 없다. 유신정권의 아귀들이 그린 조작이란 게 밝혀졌다. 그래서 재심에서는 무죄가 나온 거다. 당연히 국가배상이 나온 것이고. 박근혜는 박정희가 저지른 이런 야만의 행위로 형장의 이슬로 사라진 사람들, 수십 년 고통당한 가족들에 대해 어째서 탄식하지 못하는가! 오직 자신의 선거 승리를 위해 유권자들을 수단화하는 사람에게는 이런 인간의 도리가 보일 리 없다. 그러므로 진짜 참말을 듣지 못하고 말하지 못하는 사람은 따로 있다. 허여멀건한 외모와 미소에 속지 마라.

예수는 이 사람의 해방 자체가 유일한 관심사였다. 그래서 에바다라고 외쳤다. 눌린 세상을 조금이라도 경험한 사람은 안다. 외침의 힘이 얼마나 유익한지를! 외침에서 오는 카타르시스, 해방감이 이심전심 전해졌다. 장애인은 이 모든 과정을 똑똑히 경험했다. 예수가 자기의 치유(해방)를 위해 쏟는 애정과 기운을! 평생 소외 속에서 살았기에 예수가 보여주는, 자기만을 위한 특별한 동작에서 이미 이 사람은 치유를 경험했다. 귀가 열리고 혀가 풀리는 것은 자연스러운 귀결이다. 바로 이거다. 누구를 대상화하지 않고 중심에 놓는 것. 이것이 사람 중심이다.

예수의 행위는 이 한 사람만을 위한 게 아니다. 사람을 수단화·대상화하는 현실 타파 행위가 이 사람을 통해 상징적으로 나타났을 뿐이다. 특히 제국의 폭력에 신음하는 이스라엘 사람들, 초기 히브리 선조들이 보여준 평등 세상 복원은 내팽개치고 제국에 빌붙어서 오직 탐욕만 누리는 종교 권력에 눌린 사람들에게 참 소리를 듣고 말하게 했다. 그래서 '복음'이다.

지금 세상이라고 다를 게 뭔가. 여전히 자본과 권력은 사람을 대상화하여 노예로 부린다. 착한 사람만 그 체제 속에서 간신히 한자리 차지하고 겨우 살 수 있다. 강자의 화려한 폭력으로 꽉 막힌 세상에서 그저 선전을 통해 들이미는 것만 구입하고 먹고 누리라고 말한다. 진정 귀와 입이 되어야 할 언론매체에서는 영혼은 없고 재주만 있는 기술자들이 전면에 나서서 자본과 권력이 유포하는 거짓 선전만 흡수하라고 나팔을 분다. 불의하고 불공평하다. 어찌해야 할까.

자본과 권력이 사람 세상을 왜곡하는 현실에 대한 분노, 그 와중에 소외당하는 약자들에 대한 연민, 하늘로 상징되는 선한 가치에 대한 믿음으로 탄식하고 외쳐야 한다. 영화 〈매트릭스〉에서처럼 기계에 지배당하여 조용히, 아무 일 없이 사는 사람으로 살고 싶지는 않을 것이다. 그러므로 외치자, 에바다라고. 그럼 거짓된 세계는 균열이 가게 돼 있다. 예수께서 이미 그렇게 해 놓았다. 그 뒤를 따르자.

차라리 한 눈이 낫다

「마가복음」 9:38-47

38 요한이 예수께 말하였다. "선생님, 어떤 사람이 선생님의 이름으로 귀신들을 쫓아 내는 것을 우리가 보았습니다. 그런데 그 사람은 우리를 따르는 사람이 아니므로, 우리는 그가 그런 일을 하지 못하게 막았습니다." 39 그러나 예수께서는 이렇게 말씀하셨다. "막지 말아라. 내 이름으로 기적을 행하고 나서 쉬이 나를 욕할 사람은 아무도 없기 때문이다. 40 우리를 반대하지 않는 사람은 우리를 지지하는 사람이다. 41 내가 진정으로 너희에게 말한다. 너희가 그리스도의 사람이라고 해서 너희에게 물 한 잔이라도 주는 사람은, 절대로 자기가 받을 상을 잃지 않을 것이다." 42 "또 나를 믿는 이 작은 사람들 가운데서 하나라도 죄짓게 하는 사람은, 차라리 그 목에 큰 맷돌을 달고 바다에 빠지는 편이 낫다. 43 네 손이 너를 죄짓게 하거든, 그것을 찍어버려라. 네가 두 손을 가지고 지옥에, 곧 그 꺼지지 않는 불 속에 들어가는 것보다, 차라리 한 손을 잃은 채로 생명에 들어가는 것이 낫다. 44 (없음) 45 네 발이 너를 죄짓게 하거든, 그것을 찍어버려라. 네가 두 발을 가지고 지옥에 들어가는 것보다, 차라리 한 발은 잃었으나 생명에 들어가는 것이 낫다. 46 (없음) 47 또 네 눈이 너를 죄짓게 하거든, 그것을 빼어버려라. 네가 두 눈을 가지고 지옥에 들어가는 것보다, 차라리 한 눈으로 하나님의 나라에 들어가는 것이 낫다.

오늘은 교회 이야기를 좀 하겠다. 2012년 9월 25일 감리교단이 목회세습 방지법을 결의해서 뒤늦게나마 참 잘했다 싶었는데, 이틀 뒤 27일 대한 예수교장로회 합동교단에 속한 왕성교회가 당회를 열어 길자연의 후임으로 그 아들을 담임 목사로 추대하기로 결정했다. 교회 세습을 공식화한 것이다. 무언가 급했나 보다. 보통 당회는 주일날 하는데, 이례적으로 평일 회의를 열어서 요식 절차를 감행했다.

길자연은 1998년 합동교단 총회장을 할 때도 사고 친 전력이 있다. 총회장을 뽑는 총대들에게 조직적으로 돈봉투를 살포했다. 돈봉투 만드는 일에 동원된 교역자가 견디다 못해 양심선언을 해서 알려졌다. 대개는 자기 밥줄 때문에 꾹 참고 모멸스런 일도, 그보다 더 한 일도 감당하지만, 양심이 견디지 못하면 밥줄도 사람을 막지 못한다. 금품신거가 하도 시끄럽고 후유증이 많고, 이미지가 계속 나빠지니까 합동교단도 그 뒤 보완을 해서 지금은 제비를 뽑거나 금품이 통하지 않는 여러 장치를 만들었다.

어쨌거나 길자연은 그런 불법을 자행해도 끄떡없이 총회장이 됐다. 그 뒤에도 승승장구, 한기총(한국기독교총연합회) 회장도 두 번이나 했다. 길자연이 이렇게 대외적으로 돈봉투를 뿌리고 단체 감투를 쓰고 권력 행사를 할 수 있는 기반이 무엇이겠는가. 바로 교인 일만 명이라고 하는 왕성교회다. 교회가 그의 타락한 행보를 뒷받침하는 물적 토대가 된 것이다. 그러니 그 물적 토대가 얼마나 귀하고 아깝겠는가. 정년이 돼서 물러나지만, 그 물적 토대를 그냥 두고 떠날 수는 없는 것이다. 그래서 세습을 했다.

그럼, 한번 묻자. 세습은 왜 나쁜가? 북한의 김일성 체제를 따라서 나쁜 것인가? 하늘의 것을 사유화하기 때문이다. 교회의 머리는 예수 그리스도이다. 그리고 교회는 예수 그리스도의 몸이다. 즉, 교회의 주인은 예수 그리스도이다. 또한 교회는 건물이 아니고 사람이다. 그래서 머리 되시는 예수님과 몸인 사람이 조심스런, 거룩한 대상이어서 '교회를 섬긴다'고 말한다.

그러나 세습은 이런 교회의 거룩한 뜻을 일거에 무너뜨리고 어떤 사람이 교회의 주인임을 과시한다. 단지 자기 핏줄이라는 이유로 권력자가 교회를 물려주는 것은, 예수 그리스도의 이름으로 교회를 세우고 의지하고 섬기는 모든 신심 행위와 교회의 중심인 교우들이 단지 수단에 불과하다는 것을 나타낸다.

오늘 복음 말씀은 이처럼 교회 권력을 독점하고 세습하며 자기들끼리만 해먹는 종파적 태도에 대한 경고 말씀이다. 제자 요한이 예수께 자랑스레 떠벌렸다. "선생님, 어떤 사람이 선생님의 이름으로 귀신들을 쫓아내는 것을 우리가 보았습니다. 그런데 그 사람은 우리를 따르는 사람이 아니므로, 우리는 그가 그런 일을 하지 못하게 막았습니다."

요한의 말에서 문제가 보이는가? 따름의 객체는 항상 예수다. 그런데 제자들은 따름의 객체에 예수 대신 자신들을 넣었다. 예수의 가르침과 행위에 대한 독점권이 자신들에게 있다는 특권 의식이 물씬 담겨 있다. 앞 절(9:18)에서 보면, 제자들은 아이에게 붙어 있는 귀신을 쫓아내지 못했다. 그런데 이 사람은 예수의 이름으로 귀신을 쫓아냈다! 그러면 예수 운동이 널리 퍼지는 것을 환영하고 연대해야 할 텐데, 자기 영역이 줄어들까 봐 그 사람 활동을 막는다. 바로 이런 종파적 태도가 운동을 훼방하고 민중을 배신하는 현실을 낳고 만다.

2012년 4·11 총선 때 민주당이 보여준 행태가 꼭 이랬다. 종파적 태도로 공천권을 행사했다. 정권 교체를 반드시 이루어서 민주공화국을 고

양해야 할 시대적 사명을 앞에 두고 벌인 작태라니! 함세웅 신부는 '장사꾼들', '486', '5인방' 등의 격한 단어를 쓰며 권력만 탐하고 총선을 망친 그 종파 세력을 규탄했다.(팟캐스트 '이슈 털어주는 남자', 2012년 10월 2일 방송) 심지어 재벌 귀신을 확실하게 쫓아낼 역량을 가진 유종일을 온갖 거짓말로 낙마시킨, 민주당 종파 세력들 역시 재벌의 후예라고 맹공을 가했다.

9장 41절에서 물 한 잔이라도 주는 사람은 절대로 상을 잃지 않을 것이라는 말씀은 어떤 의미인가? 물 한 잔이라고 가볍게 보지 말라. 물이 귀한 팔레스타인 지형에서, 게다가 사막이라면 물 한 잔은 생명수다. 대접할 수 있는 게 딱 물 한 잔이라면 누구에게 이 물이 가야 하는가? 지금 그 물이 절대적으로 필요한 사람이다. 지배세력의 강고한 억압에 숨을 헐떡거리는 민중이다. 그런데 종파 세력들은 그 물을 민중에게 쓰지 않고 저희들끼리 독점한다. 그래서 예수께서 물 한 잔의 상을 말씀하신 거다.

임박한 대선을 앞두고 권력과 재벌, 수구 언론은 여태껏 누려온 독점 질서를 유지하기 위하여 온갖 악마적 수단을 발휘할 것이다. 우리는 어찌해야 하겠는가? 종파를 극복하고 대동단결해야 한다. 그래야 민중에게 제대로 물 한 잔 대접할 수 있다.

9장 42절 말씀은 섬뜩하다. 작은 사람을 죄짓게 하는 사람은 차라리 그 목에 큰 맷돌을 달고 바다에 빠지는 편이 낫다니! 바다에 빠져 죽는 일은 장사도 지낼 수 없는 최악의 죽음을 말한다. 심지어 죽은 사람의 영혼도 떠나지 못하고 물 위에서 영원히 떠돈다고 여길 정도로 무시무시한 벌의 상징이다. 어떤 의미인가? 작은 사람을 죄짓게 하는 일은 무엇인가?

보잘것없는 사람들은 예수의 하나님 나라에서 구원을 얻었다. 그 나라가 평등 사회라는 복음을 행복해하며 받아들였다. 왜? 자신들이 땅 위에서 지겹도록 겪었던 차별과 설움을 다시는 겪지 않아도 된다는 희망 때문이다. 그런데 그 복음을 전한 사람들이 오히려 하나님 나라를 독점하고 권력화하고 특권층이 되는 것을 본다면, 그들의 소망은 완전히 깨지고 만다. "헛 믿었구나" 하는 탄식과 더불어 평등 세상에 대한 신심을 버리고 다시 권력 지배 질서에 예속돼서 '케쎄라 쎄라'로 살아간다면, 그 책임은 누가 질 것인가? 죄를 지은 사람이든 죄짓게 한 사람이든, 누구든 간에 최악의 죽음을 겪고 말 것이라는 경종이다.

예를 들자면, 하나님 나라의 전위대인 교회를 왜곡하고, 독점 세습하고, 자신의 부와 권력의 기반으로 삼아버린 사람을 보면서, 여태껏 신심으로 교회에 바친 충성이 오히려 권력자의 불의의 밑천이 돼버렸다면, 그 사람 심정은 어떻겠는가? 오늘날 물적 토대가 큰 교회에서 일어나는 뉴스들은 사람들을 교회에서 더욱 멀어지게 하는 사례들로 차고 넘친다.

경종의 말씀은 계속 이어진다. "손이 죄짓게 하거든, 발이 죄짓게 하거든, 눈이 죄짓게 하거든, 그것을 찍어버려라. 성한 몸으로 지옥에 들어가는 것보다 차라리 불구로 하나님 나라에 들어가는 것이 낫다." 큰 맷돌을 달고 바다에 빠져 죽으라는 말씀 못지않게 자신의 신체를 절단하라는 이 무시무시한 말씀은 또 뭔가?

하나님 나라에 충실하기 위해서는 자기 자신의 신체 일부를 절단하는, 죽음과도 같은 고통스런 요구를 감당할 각오를 가져야 한다는 말이다. 그럼, 어떻게 자기 신체를 절단하란 말인가?

오늘날 교회에 적용하자면 이렇다. 신체를 절단할 것까지는 없고, 한시라도 빨리 그 세계에서 탈출하는 게 사는 길이다. 사람들의 신심을 왜

곡해서 권력자가 사유화의 수단으로 삼는 교회라면, 그 물적 토대를 당장 끊는 것이 서로 살 길이다. 그들이 교회를 사유화하는 유일한 이유는 교회의 물적 토대가 너무도 탐스럽기 때문이다. 그런데 유감스럽게도 무슨 미련이 있는지, 아니면 교회의 인적 네트워크, 커넥션, 카르텔에 엮여서인지는 몰라도 당최 그 세계에서 탈출할 엄두를 내지 못한다.

그래서 온건한 선지자인 예레미야조차 이렇게 말한다. "이 땅에 기괴하고 놀라운 일이 있도다. 선지자들은 거짓을 예언하며 제사장들은 자기 권력으로 다스리며 내 백성은 그것을 좋게 여기니 그 결국에는 너희가 어찌 하려느냐."(「예레미야」 5:30-31)

결국, 어떻게 되겠는가? 같이 망하고 만다. 그러므로 타락한 교회에 묻혀 있다가 같이 망하느니, 비록 관계망에서 소외돼서 거친 벌판에 홀로 서 있게 되더라도 진정 자기 영혼을 구하겠다면 그렇게 해야 한다.

결론으로 다시 말한다. "네 눈이 너를 죄짓게 하거든, 그것을 빼어버려라. 네가 두 눈을 가지고 지옥에 들어가는 것보다, 차라리 한 눈으로 하나님의 나라에 들어가는 것이 낫다."

길을 떠나려면

「마가복음」 10:17-25

17 예수께서 길을 떠나시는데, 한 사람이 달려와서, 그 앞에 무릎을 꿇고 그에게 물었다. "선하신 선생님, 내가 영원한 생명을 얻으려면, 무엇을 해야 합니까?" 18 예수께서 그에게 말씀하셨다. "어찌하여 너는 나를 선하다고 하느냐? 하나님 한 분밖에는 선한 분이 없다. 19 너는 계명을 알고 있을 것이다. '살인하지 말아라, 간음하지 말아라, 도둑질하지 말아라, 거짓으로 증언하지 말아라, 속여서 빼앗지 말아라, 네 부모를 공경하여라' 하지 않았느냐?" 20 그가 예수께 말하였다. "선생님, 나는 이 모든 것을 어려서부터 다 지켰습니다." 21 예수께서 그를 눈여겨보시고, 사랑스럽게 여기셨다. 그리고 그에게 말씀하셨다. "너에게는 한 가지 부족한 것이 있다. 가서, 네가 가진 것을 다 팔아서, 가난한 사람들에게 주어라. 그리하면, 네가 하늘에서 보화를 차지하게 될 것이다. 그리고, 와서, 나를 따라라." 22 그러나 그는 이 말씀 때문에, 울상을 짓고, 근심하면서 떠나갔다. 그에게는 재산이 많았기 때문이다. 23 예수께서 둘러보시고, 제자들에게 말씀하셨다. "재산을 가진 사람은, 하나님의 나라에 들어가기가 참으로 어렵다." 24 제자들은 그의 말씀에 놀랐다. 예수께서 다시 그들에게 말씀하셨다. "이 사람들아, 하나님의 나라에 들어가기는 참으로 어렵다. 25 부자가 하나님의 나라에 들어가는 것보다 낙타가 바늘귀로 지나가는 것이 더 쉽다."

지난 여름, 강정평화대행진 때 일이다. 밤새 얼려 놓았던 생수병이 한 시간도 안 돼 다 녹아버릴 만큼 날씨가 뜨거웠다. 제주도를 일주하면서 해군기지건설 반대와 백지화, 전면 재검토를 널리 알리자는 취지가 아니라면 모두들 길을 나설 엄두가 나지 않았을 것이다. 오랜만에 하루 종일 걷다 보니 나중에는 걷는 것만도 힘에 부쳤다. '해군기지 결사반대' 노란 깃발을 들었는데, 그것도 다른 이에게 넘겨줬다. 그때 절감했다. 길을 걸을 때는 자신을 최대한 비워야 한다는 것을.

강정평화대행진의 경험을 살려서 지금은 '2012 생명평화대행진' 이름하에 전국 주요도시를 순례하고 있다. 순례단은 10월 5일 제주도청에서 출정식을 갖고 11월 3일 서울광장이 마지막 일정인데, 마침 10월 16일에 대구를 들렀다.

예수는 제자들을 파송할 때 명하셨다. "길을 떠날 때에는 지팡이 하나밖에는 아무것도 가지고 가지 말고, 빵이나 자루도 지니지 말고, 전대에 동전도 넣어 가지 말고, 옷도 두 벌 가지지 말라"(「마가」 6:8-9)라고. 이 말씀은 여러 모로 실제적인 교훈이다.

제자도를 수행하려면 세속에 얽매이지 않아야 하고, 최대한 단출해야 한다. 그런 차원에서는 소유하기보다는 빌어먹는 게 가장 좋은 처세다. 수중에 가진 것이 아무것도 없어야 빌어먹을 수 있다. 실제로 낮 기온이 43도를 오르내리는 팔레스타인 더운 기후에 항상 길 위에서 지내려면 거추장스럽게 지닌 것 없이 가벼운 몸이어야 할 것이다.

오늘 복음 말씀의 핵심 개념은 길을 떠나는 데 있다. 본문 이야기의 시작도 "예수께서 길을 떠나시는데" 일어났다. 오늘 말씀 해석의 기조는 '길 떠남의 관점'이다. 이때 한 부자 청년이 달려왔다. 그리고 거창하게 물었다. "선하신 선생님, 내가 영원한 생명을 얻으려면 무엇을 해야 합니까?"

부자 청년의 질문은 길 떠나는 상황과는 전혀 어울리지 않았다. 그래서 예수는 청년을 타박했다. "어찌하여 너는 나를 선하다고 하느냐? 하나님 한 분밖에는 선한 분이 없다." 예수의 속마음은 이렇다. "그런 호칭은 나에게는 적절하지 않다. 그것은 오직 하나님 한 분에게만 해당하는 말이다. 우린 모두 길을 떠나야 할 뿐이다. 나도 길 떠나는 순례자일 뿐이다."

그래서 대답도 형식적으로 한다. 십계명 중 사람 관계 계명을 말씀한다. 그런데 자세히 보면, 순서도 안 맞고 십계명이 아닌 것도 있다. 6, 7, 8, 9계명 다음에 5계명을 말씀한다. "속여서 빼앗지 말라"는 계명이 아니다. 예수는 영생을 얻는 길에 대한 답이라기보다는 그저 사람의 기본 도리에 대해 말씀했다. 그냥 기본에 충실하면 된다. 이 정도 의미이다. 대강 응수했다고 할 수 있다.

그런데 부자 청년이 뜻밖의 대답을 한다. "선생님, 나는 이 모든 것을 어려서부터 다 지켰습니다." 그제야 예수는 이 부자 청년에게 관심이 생겼다. "그를 눈여겨보시고, 사랑스럽게 여기셨다." 부자 청년의 대답이 옳아서가 아니라, 그 열정이 마음에 들었다.

부자 청년의 대답은 뭘 모르고 하는 소리이다. 계명 정신에 비추어 볼 때, 계명을 다 지킨다는 것은 불가능하다. 예수의 산상수훈(「마태」5~7장)을 기준으로 검증해 보자.

예수는 살인 금지 계명을 확장했다. "자기 형제나 자매에게 성내는 사람은 누구나 심판을 받는다, 얼간이라고 말하는 사람은 공의회에 불려간다, 바보라고 말하는 사람은 지옥 불 속에 던져질 것"(「마태」5:21-22)이라고 했다.

또 간음에 대해서도 말씀하기를, "여자를 보고 음욕을 품는 사람은 이미 마음으로 그 여자를 범하였다"(「마태」 5:28)라고 했다. 도둑질에 대해서도 마찬가지이다. 부자는 훨씬 더 우아하고 교묘하게 남의 물건을 획득한다. 사회제도와 법이, 공권력이, 기득권이 재산이 늘도록 도와준다. 부자가 굳이 자기 손으로 남의 물건을 훔칠 필요는 없다.

예수의 율법 해석은, 자구에 매여서 율법 정신을 엉뚱하게 적용하는 유대인들에게, 너희는 율법 규정대로 하더라도 자력으로 구원 얻기란 불가능하다는 것을 깨우친다. 또한 세상 물리가 어떻게 돌아가는가를 조금이라도 깊게 생각한다면 감히 계명을 지켰다고 말하기가 힘들 것이다.

그래도 예수는 이 부자 청년에게 애정이 생겼다. 무릎을 꿇는 겸손한 태도, 마음을 열고 답하는 열정이 갸륵했다. 그래서 그에게 꼭 필요한 처방을 한다. "너에게는 한 가지 부족한 것이 있다. 가서, 네가 가진 것을 다 팔아서, 가난한 사람들에게 주어라. 그리하면, 네가 하늘에서 보화를 차지하게 될 것이다. 그리고, 와서, 나를 따라라."

기왕에 부자 청년이 영생 얻는 길에 대해 물어봤으니, 예수도 진심으로 답을 줬다. 재산을 버리고 따르라는 말씀을. 예수는 상황을 생각지도 않고 누구에게나 해당하는 진리로 말씀하는 게 아니다. 십계명의 피상성으로는 닿지 못하는 생활의 실제 부분으로 파고들어감으로써 부자 청년이 생각하는 유대교의 법 지배에 구멍을 뚫은 것이다.

"우리는 지금 길을 떠나려 한다. 너 영생에 대해 물었지? 그럼 너도 길을 떠나면 돼. 그런데 길을 떠나면 네가 가지고 있는 재산 다 필요 없잖니? 그러니 그 재산은 팔아서 가난한 사람에게 주면 어떻겠니? 그럼, 네가 진짜 영생을 얻게 돼(하늘에서 보화를 차지하게 될 것이야)." 하지만 부자 청년은 이 말씀 때문에 울상을 짓고, 근심하면서 떠나갔다고 했다.

이 부자 청년을 보면서 떠오르는 일이 있다. 왕성교회 길자연 씨가 당회에서 세습 결정을 한 후에 인터넷신문 『뉴스앤조이』가 그 교회를 20년 다녔다는 집사와 인터뷰를 했다. 요지는 "세습을 반대한다"이다. 기자가 마지막으로 물었다. 세습이 확정되면 어떻게 할 생각인가? 답하기를, "아직 생각해보지 않았다. 하지만 같이 신앙 생활하는 동료들이 있기 때문에 교회를 떠나지는 못할 것 같다"라고 했다. 세습을 단절시키려면 교회의 물적 토대를 끊어야 하고, 그러려면 세습하는 교회냐 천국이냐를 과감하게 선택해야 한다. 그런데 놀랍게도 사람들은 천국 대신에 세습교회를 선택한다. 부자 청년이 진정 길을 떠나려면(영생을 얻으려면), 자신이 소유하고 있는 물적 토대를 끊어야 함에도 불구하고 미련이 남아서 끊지 못한 것처럼, 이 집사도 똑같은 태도로 왕성교회의 불의한 구조에 힘을 보태고 있다.

부자 청년이 돌아간 후 예수 심정이 어땠을까? 허탈감이 몰려왔다. "괜히 말했다. 헛심 썼다." 어떻게 아냐구? 부자가 하나님 나라에 들어가기는 참으로 어렵다, 참으로 어렵다, 이 말씀을 두 번이나 한다. 23절, 24절, 연거푸.

25절에 나오는 낙타가 바늘귀 통과하는 비유는 불가능한 일을 하는 것에 대한 유대식 비유법이다. 여기서도 예수의 자책이 물씬 풍긴다. "부자가 하나님 나라에 들어가기를 기대하다니! 그게 된다면 낙타가 바늘귀로 지나가겠지!"

나도 이런 경험이 많다. 근본주의 교회에서 안주하고 있는 청년들을 좀 구출해보려고 심혈을 기울여 말해 보지만, 그때뿐이다. 부질없는 짓

했다는 허탈감이 뒤따른다. 그들은 진리를 향해 허허벌판에 서는 것보다 그들 간의 인적 네트워크가 더 좋은가 보다.

기독교에서는 신자를 영원한 본향이 따로 있는 나그네라고 말한다. 바울은 말하기를 "우리의 시민권은 하늘에 있습니다"(「빌립보서」 3:20)라고 했다. 기독교인은 인생 자체가 길을 떠남에 있다. 먼 길을 가기 위해 자기를 비워야 한다. 물론 지금 이 말씀들은 모두 박물관에 처박혀버렸다. 교회가 이 땅에서 어찌나 번영을 사모하는지는 누누이 말했다. 그런데 계속 예수도(道)를 궁리하면서 거듭 확인하는 것은 기독교도이든 일반인이든 자유로운 영혼, 독립적인 인생이 되려면 세속의 질긴 연을 끊고 길을 떠날 때 서광이 비친다. 그 길 끝에는 진실로 구원과 영생이 있다. 알아보는 사람에게 복이 있으리라.

뜻밖의 사람, 바디매오

「마가복음」 10:46-52

46 그들은 여리고에 갔다. 예수께서 제자들과 큰 무리와 함께 여리고를 떠나실 때에, 디매오의 아들 바디매오라는 눈먼 거지가 길가에 앉아 있다가 47 나사렛 사람 예수가 지나가신다는 말을 듣고 "다윗의 자손 예수님, 나를 불쌍히 여겨주십시오" 하고 외치며 말하기 시작하였다. 48 그래서 많은 사람이 조용히 하라고 그를 꾸짖었으나, 그는 더욱더 큰 소리로 외쳤다. "다윗의 자손님, 나를 불쌍히 여겨주십시오." 49 예수께서 걸음을 멈추시고, 그를 불러오라고 말씀하셨다. 그리하여 그들은 그 눈먼 사람을 불러서 그에게 말하였다. "용기를 내어 일어나시오. 예수께서 당신을 부르시오." 50 그는 자기의 겉옷을 벗어 던지고, 벌떡 일어나서 예수께로 왔다. 51 예수께서 그에게 말씀하셨다. "내가 너에게 무엇을 하여 주기를 바라느냐?" 그 눈먼 사람이 예수께 말하였다. "선생님, 내가 다시 볼 수 있게 하여 주십시오." 52 예수께서 그에게 말씀하셨다. "가거라. 네 믿음이 너를 구원하였다." 그러자 그 눈먼 사람은 곧 다시 보게 되었다. 그리고 그는 예수가 가시는 길을 따라 나섰다.

바로 본론으로 들어가겠다. 오늘 복음 말씀은 무엇을 말하려는 것인가? 내용은 예수님이 소경 바디매오의 눈을 뜨게 하는 치유 이적 이야기이다. 그런데 좀 새삼스럽다. 왜냐하면,「마가복음」에서 치유 이적 이야기는 앞부분 1~3장에 모아 놓았기 때문이다. 또「마가복음」8장 22~26절을 보면, 벳새다에서 눈먼 사람을 치유하는 이적 이야기가 있다. 그렇다면 다시 치유 이적 이야기를 소개하거나, 소경 치유를 중복해서 말할 필요는 없다. 그럼 무엇인가?

오늘 이적 이야기의 특징이 있다. 고침 받은 사람의 이름이 나온다. 디매오의 아들 바디매오라고. 예수의 치유 이적을 경험한 사람 중에, 이름이 나오는 경우는 없었다. 보통 악한 귀신이 들린 사람, 나병 환자, 중풍병 환자, 한쪽 손 오그라든 사람, 귀먹고 말 더듬는 사람, 벳새다의 눈먼 사람…… 모두 이름 없는 사람으로 나왔다. 그런데 오늘 복음에서만 특별히 고침 받은 소경의 이름이 바디매오라고 소개한다. 이것은 복음 저자가 바디매오라는 사람을 조명하겠다는 뜻이다. 왜 저자는 이 사람을 주목하고 조명하려는 것인가? 더군다나 눈먼 거지를.

바디매오 이야기가 나오기 전 예수가 겪은 일들은 실망의 연속이었다. 세 번의 수난 예고 때마다 제자들이 보여준 모습—그들은 논공행상을 다투고, 김칫국부터 마셨다. 또 잔뜩 기대했지만 실망을 안겨준 부자 청년, 마지막으로 노골적으로 자리를 요구하는 야고보와 요한 등 하나같이 예수님 뜻과는 반대되는 사람들뿐이었다. 그러다가 어느덧 여리고까지 왔다. 이제 예루살렘은 코앞에 다가왔다. 이대로, 이런 진용으로 예루살렘에 들어가면 하나님 나라 운동은 어떻게 될까?

예수는 매우 심란했다. 예수께도 새로운 활력소가 절실한 시점이었다. 이때, 바디매오가 등장한다. 예수가 제자들과 큰 무리와 함께 여리고를 떠나려고 하는데, 바디매오가 예수의 소식을 들었다. 바디매오는 즉시 무조건 외쳤다. "다윗의 자손 예수님, 나를 불쌍히 여겨주십시오." 바디매오는 사람들이 예수에 대해 하는 소리를 하나도 놓치지 않고 귀담아들은 게 분명하다. '다윗의 자손'이 그것을 말해준다. 메시아 기대를 불러일으키는 다윗의 자손이 등장했다는 사람들의 말을 단단히 붙잡은 거다. 바디매오는 이때부터 이미 예수에 대한 믿음이 작동했다. 그래서 있는 힘을 다해 외쳤다. 바디매오의 외침은 큰 무리의 소음을 넘었다. 사람들은 소경의 소리에 짜증을 내고 윽박질렀다. 조용히 하라고!

무리가 바디매오를 꾸짖은 이유는 무엇인가? 하나님 나라를 세우는 일이 급한데, 그래서 예루살렘으로 바로 가야 하는데, 이 소경이 행보를 방해한다는 거다. 그러나 본질적으로 하나님 나라는 따로 있는 게 아니다. 이 소경 거지를 위해 멈추는 일이 예수가 추구하는 나라이다. 하나님 나라는 목적뿐 아니라 과정에서 약자들이 소외당하지 않는 게 또 다른 목적이다.

사람들이 윽박지르지만, 용케도 바디매오는 주눅들지 않고 더욱더 큰 소리로 외쳤다. "다윗의 자손님, 나를 불쌍히 여겨주십시오." 토씨 하나 바꾸지 않고 첫 번 외침과 똑같이. 즉 소원의 내용이 분명하다는 것이다.

천만다행으로 예수는 바디매오의 소리를 들었다. 그리고 걸음을 멈추었다. 우리가 예수를 신뢰하는 이유는 바로 이런 대목이다. 약한 자의 소리를 외면하지 않고 가던 길을 멈추고 그 소리에 반응하는 점이다. 이것이 이 땅 정치인이나 집권자와 다른 점이다. 정치인은 표가 되지 않는 곳에는 절대 반응하지 않는다. 강정 현장은 매일매일 아수라장인데 그 누구도 이 고질적인 문제를 해결하려고 하지 않는다. 거짓 선전만 일삼는다. 분단, 안보, 기득권 사슬에 매여서 참 해방을 위한 일을 하지 않는다. 김범일 대구시장은 대구시 잘못으로 생긴 그 숱한 분쟁에서 한 번도 약자들의 원성에 귀 기울이지 않았다. 오직 공권력으로 차단하는 게 능사이다. 예수가 좋은 이유는 권력이 설정해 놓은 경계·규정·제한을 기탄없이 뛰어넘는 데 있다. 예수는 가던 길을 멈추고 소리친 사람을 불러오라고 했다.

이제 예수의 호출을 받은 바디매오의 행동에 주목해 보자.

첫째로, 바디매오는 겉옷을 벗어 던졌다. 이스라엘 사람에게 겉옷은 여러 기능을 한다. 낮에는 옷이고, 밤에는 이불이다. 가난한 사람에게 겉옷은 마지막 보루이다. 「신명기」 24장 12~13절 말씀에 따르면, 채권자라 해도 가난한 채무자의 겉옷은 가져가지 못한다. 그런데 이 옷을 벗어 던졌다는 것은, 바디매오가 인생 전환을 선언하는 거다. 지금까지 인생을 떨쳐버리고 앞으로 펼쳐질 미지의 미래에 전적으로 자기 몸을 던지겠다는 의미이다. 무엇을 믿고 이리 무모한 결단을 하는 걸까? 바로 다윗의 자손 예수 이름이다. 바디매오는 예수 이름에 자기 전부를 걸었다.

둘째로, 바디매오가 취한 행동은 "벌떡 일어났다"는 것이다. 조금도 미적대거나 주저하는 기색이 없다. 벌떡 일어나서 자리를 비우면 빌어먹기에 좋은 그 자리는 남이 차지할지도 모른다. 장사하든 빌어먹든 자리가 얼마나 중요한가는 모두 잘 알 것이다. 그러나 바디매오는 자기 자리에 조금의 미련도 보이지 않았다. 다시는 그 자리에 돌아와서 앉지 않겠다는 기세로 벌떡 일어났다. 새로운 길을 나설 때 뒤돌아보지 않고, 과감히 앞만 보고 가는 자세는 참으로 중요하다.

셋째로, 바디매오 행동에서 주목할 점은 예수님이 소원을 말해 보라고 했을 때, 일 초도 주저하지 않고, "선생님, 내가 다시 볼 수 있게 하여 주십시오"라고 청한 것이다. 여기서 바디매오의 정신 세계를 조금 분석

해보자.

소경이었으므로 보는 것을 구하는 것은 당연한 것 아닌가 하고 반문할 수도 있다. 과연 그런가? 불법적이고 불의한 상황도 세월이 오래 흐르면 사람들 마음이 화석이 된다. 민주공화국 시대에 독재가 통하는 이유는 폭력적 지배에 겁을 먹은 탓도 있지만, 오랜 세월 독재에 순응하는 세상만 살아서 뭐가 문제인지 모르는 경우가 더 많다. 한 예로, 유신 시절에 택시 기사가 승객이 체제 비판적인 말을 하면 곧바로 경찰서로 달려갔다고 하지 않는가! 그러면 개인면허를 줬다나……. 코앞의 이익에 눈먼 사람들은 유신 독재든 자기가 신고한 사람이 어떻게 되든 상관하지 않고 그 지배 방식에 장단을 맞춘다.

만약에 오랜 세월 상황에 굳어버린 눈먼 거지라면 이렇게 말할지도 모른다. "뭐, 이렇게 오래 살았는걸요, 그저 지금 이대로 좋은 자리에서 적선을 받아서 살다 죽으면 그만이지요. 내 가족이나마 부양할 수 있어서 다행이에요"라고. 얼마든지.

바디매오가 다시 볼 수 있게 해 달라고 구한 것은 남다른 요구였다. 자기 처지에서 가장 정확하고 분명한 소원이었다. 그동안 무수한 사람의 적선으로 살아왔지만, 눈을 볼 수만 있다면 다른 세상을 살겠다는, 무엇보다도 세상에 유익을 끼치는 그 무엇을 하겠다는 다짐과 결의가 온전히 담긴 탁월한 요청이었다.

마지막으로 바디매오의 행동에서 주목할 것은 그가 예수를 따라나선 것이다. 예수는 바디매오를 부르지 않았다. "가거라" 했다. 그러나 바디매오는 자발적으로 예수의 뒤를 따라나섰다. 세상에서 제일 귀한 사람은 자발적으로 의를 위해 사는 사람이다. 바디매오의 추종으로 예수는 제자들에게서 겪은 실망, 또 부자 청년에게서 겪은 상실감을 한꺼번에 상쇄했다. 예루살렘 상경 길을 모두가 두려워하는 중에(「마가」 10:32) 너무도 귀한 동반자를 얻었다.

결론이다. 이름값 하는 사람들이 모두 예수에게 실망만 안겨주는 상황에서 전직 눈먼 거지가 운동의 든든한 일꾼이 됐다. 이처럼 가치의 전복이 일어나는 곳이 하나님 나라 운동이다. 오늘날도 운동은 늘 고비에 직면해 있다. 이때 혜성같이 등장하는 뜻밖의 사람이 있다면 얼마나 좋을까. 정직하게 묵묵히 길을 걷다 보면, 그 기운에 하늘이 감복하고, 뜻밖의 동지도 만나게 되고, 그리다 보면 목적하는 곳에 당도할 것이다.

하나님 나라가 멀지 않다

「마가복음」 12:28-34

28 율법학자들 가운데 한 사람이 다가와서, 그들이 변론하는 것을 들었다. 그는 예수가 그들에게 대답을 잘 하시는 것을 보고서, 예수께 물었다. "모든 계명 가운데서 가장 으뜸되는 것은 어느 것입니까?" 29 예수께서 대답하셨다. "첫째는 이것이다. '이스라엘아, 들어라. 우리 하나님이신 주님은 오직 한 분이신 주님이시다. 30 네 마음을 다하고, 네 목숨을 다하고, 네 뜻을 다하고, 네 힘을 다하여, 너의 하나님이신 주님을 사랑하여라.' 31 둘째는 이것이다. '네 이웃을 네 몸같이 사랑하여라.' 이 계명보다 더 큰 계명은 없다." 32 그러자 율법학자가 예수께 말하였다. "선생님, 옳은 말씀입니다. 하나님은 한 분이시요, 그 밖에 다른 이는 없다고 하신 그 말씀은 옳습니다. 33 또 마음을 다하고 지혜를 다하고 힘을 다하여 하나님을 사랑하는 것과, 이웃을 자기 몸같이 사랑하는 것이, 모든 번제와 희생제보다 더 낫습니다." 34 예수께서는, 그가 슬기롭게 대답하는 것을 보시고, 그에게 말씀하셨다. "너는 하나님의 나라에서 멀리 있지 않다." 그 뒤에는 감히 예수께 더 묻는 사람이 없었다.

예수와 율법학자는 늘 앙숙이었다. 율법학자들은 대표적인 적대 세력이다. 그들은 예수의 존재 자체를 인정하기 싫었다. 「마가복음」 11장 27절을 보면, 예수가 예루살렘 성전을 거닐고 있는데, 율법학자들이 대제사장과 장로들과 떼를 지어 시비를 건다. "당신은 무슨 권한으로 이런 일을 합니까?"

성경은 예수를 하나님의 아들로 높이고자 다른 이들이 예수께 경어를 쓰는 것으로 표현했지만, 실제 그랬겠는가? "야, 너 어디서 굴러먹던 놈이야? 민중을 홀려먹는 기술은 어디서 배운 거야?"라고 했을 것이다. 그들이 예수를 극도로 경계하는 까닭은 무엇인가? 기득권 세력이 극히 민감해 하는 부분은 자기들의 밥그릇을 빼앗아 가는 것이다. 예수는 지배세력에게 신임하는 민중들을 빼앗아 갔다. 그러니 질색할 밖에.

예수 입장에서는 기득권 적대 세력 중 가장 사악한 집단이 율법학자였다. 그들은 율법을 활용하여 민중을 발가벗기는 대표적인 탐욕 집단이었다. 그래서 「마가복음」 12장 38절을 보면, 예수는 수많은 적대 세력이 있음에도 불구하고 일부러 따로 말씀한다. "율법학자들을 조심하여라"라고.

그런데 뜻밖에도 오늘 복음 말씀은 예수께서 그 적대 세력의 한 멤버와 우호적인 대화를 나누는 장면이다. 두 사람은 주거니 받거니 화기애애하게 상대방을 추켜세운다. 율법학자는 예수가 대답을 잘 하시는 것을 보았다고 했고, 예수께서는 율법학자가 슬기롭게 대답하는 것을 보았다고 했다.

사면이 적대 세력으로 둘러싸인 어둠의 현장이더라도, 어디에서나 늘 한줄기 빛은 있기 마련이다. 완전히 삼성과 대림의 용역으로 전락해 버린 제주강정해군기지 공사 현장의 경찰놈들 중에도 양심의 가책을 겪는 이들이 있다. 어떻게 아느냐고? 눈을 보면 안다.

오늘 복음 말씀 핵심은 예수께서 율법학자의 질문에 대답한 말씀이다. 율법학자는 물었다. "모든 계명 가운데서 가장 으뜸인 것은 어느 것입니까?" 예수께서 대답하셨다. "첫째는 이것이다. '이스라엘아, 들어라. 우리 하나님이신 주님은 오직 한 분이신 주님이시다. 네 마음을 다하고, 네 힘을 다하여, 너의 하나님이신 주님을 사랑하여라.' 둘째는 이것이다. '네 이웃을 네 몸같이 사랑하여라.' 이 계명보다 더 큰 계명은 없다'라고.

이 말씀은 예수의 고유 말씀이 아니다. 첫째는 「신명기」쉐마(「신명기」 6:4, 5, '너희는 들으라'는 뜻) 말씀이고, 둘째는 「레위기」 19장 18절 말씀을 인용한 거다. 기독교에서는 예수께서 답한 말씀을 '사랑의 이중 계명'이라고 부른다. 말하자면, 이스라엘 율법 규정이 613개인데, 그것을 압축하면 십계명이고, 또 압축하면 이 두 개의 계명이 된다고 해서 '사랑의 이중 계명'이라는 명칭이 붙었다.

설교자들이 등한시하는 부분이 있다. 하나님 말씀이 나온 배경과 그 말씀의 맥락을 떠나 그저 막연히 좋은 말씀, 공중에 떠 있는 말씀으로 나팔 분다는 것이다. 단언컨대, 어떤 하나님 말씀도 시대 배경, 상황, 문제의식 없이 나온 말씀은 없다. 설교자들은 그것을 밝혀내야 한다. 그래서 힘든 거다. 그러니 불의한 현실 상황에 도통 관심 없는 이들이 그저 듣기 좋은 말, 교회 대중에게 영합하는 말로 대강 우려먹는 거다.

그럼, 소위 '사랑의 이중 계명'이 나온 배경, 맥락은 무엇인가?

우선 으뜸 계명은 이것만 있는 게 아니다. 예수 당신이 하신 말씀도 있다. "그러므로 너희는 무엇이든지, 남에게 대접을 받고자 하는 대로, 너희도 남을 대접하여라. 이것이 율법과 예언서의 본뜻이다." (「마태」 7:12) 율법과 예언서를 한 계명으로 줄이라면 이 말씀이라는 뜻이다. 주옥 같은 말씀이 여럿 있지만, 이것만 인용했다. 예수는 어째서 당신의 고유한 말씀으로 대답하지 않고 「신명기」 쉐마와 「레위기」 말씀을 인용한 것일까?

이해를 돕기 위해 짧은 신학 강연을 하겠다. 「신명기」는 기원전 587년 이스라엘이 바빌론에게 망한 후, 포로기 시절에 쓰였다(오경이 다 그렇다). 나라도 망했고, 야웨 신앙도 뿌리째 흔들리는 정신적·신앙적 공황기, 신학적 위기에 답하기 위해 나온 책이다.

「신명기」 역사가는 출애굽해서 가나안 진입을 눈앞에 두고 새로운 결단을 하는 히브리 원조의 사례를 통해, 출바빌론 해서 다시 고향 땅 이스라엘로 돌아가고자 하는 포로기 백성의 회개와 열망을 담았다. 예수가 이런 「신명기」의 맥락에서 쉐마 말씀을 인용한 것이라면 제국의 식민지살이를 하는 이스라엘 현재에 딱 맞는 말씀이다.

그들이 반성적으로 회고하는 가장 결정적인 내용은, 우리가 야웨를 제대로 믿지 않았다는 거다. 그래서 「신명기」 역사가는 쉐마 말씀을 절절히 다시 썼다. "이스라엘아 들으라, 주님은 우리의 하나님이시오, 주님은 오직 한 분뿐이십니다." "당신들은 마음을 다하고 뜻을 다하고 힘을 다하여, 주 당신들의 하나님을 사랑하십시오." 평등 세상의 교훈을 팽개치고 기득권의 이익 수단으로 전락해버린 율법을 복원하는 길은 오직 야웨 그분만을 뜨겁게 사랑하는 길뿐임을 다시 강조했다.

그랬을 때 히브리 원조가 출애굽하여 가나안에 들어갔듯이, 왕국시대 이스라엘 조상들이 출바빌론 하여 다시 이스라엘로 돌아왔듯이, 제국의 식민지살이 하는 우리도 다시 출로마 하여 하나님 나라를 누릴 수 있을 것이라는 뜻이다. 예수는 이런 의도에서 「신명기」의 '쉐마 이스라엘'을 율법 전승 대표로 인용하였다.

그럼,「레위기」인용 말씀은 어떤 맥락인가?「신명기」역사가가 강조한 두 개의 전승 전통이 있다. 하나는 앞에서 말한 율법 전승 전통이고, 또 하나는 제사 전승 전통이다.「레위기」는 제사 전승을 집중적으로 담은 책이다. 포로기 백성들은「레위기」를 통해, 제사조차도 형식으로 변질시키고 이익의 도구로 삼켜버린 자신들의 행위를 반성하며 바른 제사야말로 야웨의 은총을 입는 수단임을 재천명하였다. 그런데「레위기」에 담겨 있는 그 숱한 제사 관련 말씀 대신에 이웃 사랑 계명을 인용한 것은, 제사가 형식으로 전락하는 것을 막는 요체는 이웃을 네 몸처럼 사랑하는 길임을 고백하는 것이다.

이스라엘이 망하고 바빌론으로 끌려간 배후에는 내 몸처럼 사랑해야 하는 동포를 지독하게 학대하고 발가벗긴 죄악이 있었다. 같은 식민지 시대 문서인「예레미야」,「에스겔」등을 보면, 그 시대 권력자들이 백성들을 어떻게 짓밟았는가에 대해 잘 나와 있다. 그렇게 같은 동포를 짓밟았으니 나라가 망할 수밖에 없었음을 이들은 뒤늦게 절감했다. 그래서 다시는 겉만 번지르르한 제사를 하지 말고 이웃을 아끼자, 히브리 조상처럼 평등 세상을 경험했던 거룩한 백성이 되자는 다짐과 결단을「레위기」에 담은 거다. 그러므로 예수가 그런 정신이 담겨 있는「레위기」말씀을 으뜸 계명 두 번째로 인용한 것은 너무도 당연하다.

그런데 놀랍게도 예수의 의도를 율법학자가 정확히 파악했다. 그것은 그의 답에서 알 수 있다. 율법학자가 예수께 말하기를, "이웃을 자기 몸같이 사랑하는 것이 모든 번제와 희생제보다 더 낫습니다"라고 했다. 예수는 으뜸 둘째 계명으로「레위기」말씀을 인용할 때, 번제나 희생제 이야기는 하지 않았다. 그러나「신명기」역사가의 관점에서 말하자면,

「레위기」의 정신은 그 어떤 제사보다도 이웃 사랑이 낫다는 말씀으로 요약한다.

율법학자는 예수가 「레위기」를 인용한 의도를 정확히 알아보고, 자기의 생각을 덧붙인 것이다. 그러니 예수가 기뻐할 밖에! 율법학자들은 모두 다 똑같은 놈들로 생각했는데, 이렇게 자기의 말을 알아듣고 맞장구를 치는 사람이 있다니! 그래서 예수는 기쁜 마음에 율법학자에게 격려를 아끼지 않는다. "너는 하나님의 나라에서 멀리 있지 않다"라고.

이것이 예수가 소위 '사랑의 이중 계명'을 인용한 이유에 대해, 내가 해석한 배경과 맥락이다. 오늘도 하늘은 제국의 지배를 정당화하고 사람을 비인간화시키는 이데올로기를 추종하는 기술자, 전문가 대신에 평등 평화 정의 세상을 향하는 사람을 찾는다. 그들 역시 하나님 나라가 멀지 않으리라.

조심하여라

「마가복음」 13:1-8

¹ 예수께서 성전을 떠나가실 때에, 제자들 가운데서 한 사람이 예수께 말하였다. "선생님, 보십시오! 얼마나 굉장한 돌입니까! 얼마나 굉장한 건물들입니까!" ² 예수께서 그에게 말씀하셨다. "너는 이 큰 건물들을 보고 있느냐? 여기에 돌 하나도 돌 위에 남지 않고 다 무너질 것이다." ³ 예수께서 올리브 산에서 성전을 마주 보고 앉아 계실 때에, 베드로와 야고보와 요한과 안드레가 따로 예수께 물었다. ⁴ "우리에게 말씀해 주십시오. 이런 일이 언제 일어나겠습니까? 또 이런 일들이 이루어지려고 할 때에는, 무슨 징조가 있겠습니까?" ⁵ 예수께서 그들에게 말씀하셨다. "누구에게도 속지 않도록 조심하여라. ⁶ 많은 사람이 내 이름으로 와서는 '내가 그리스도다' 하면서, 많은 사람을 속일 것이다. ⁷ 또 너희는 여기저기에서 전쟁이 일어난 소식과 전쟁이 일어날 것이라는 소문을 듣게 되어도, 놀라지 말아라. 이런 일이 반드시 일어나야 한다. 그러나 아직 끝은 아니다. ⁸ 민족과 민족이 맞서 일어나고, 나라와 나라가 맞서 일어날 것이며, 지진이 곳곳에서 일어나고, 기근이 들 것이다. 이런 일들은 진통의 시작이다.

예루살렘 성전은 주후 70년에 로마 군대에 무너진다. 그래서 오늘 복음 말씀인 「마가복음」 13장 1, 2절은 「마가복음」의 집필 연대가 언제냐에 대해 중요한 단서가 담겨 있다. 즉 성전에 대한 예수와 제자의 대화 장면이 장차 닥칠 비극을 예고하는 예언이냐, 아니면 이미 닥친 비극을 서술하는 보도냐에 따라 복음서의 집필 연대가 달라진다. 만일 13장 1, 2절을 예언으로 본다면 아직 성전이 무너지기 전이므로 「마가복음」은 70년 이전에 집필된 것이고, 반대로 보도로 본다면 성전이 무너진 뒤이므로 70년 이후에 집필된 셈이 된다. 예루살렘 성전이 무너지기 전이냐 후이냐를 명확히 할 수 없어서 신학자들은 뭉뚱그려서 「마가복음」 집필 연대를 70년경이라고 해왔다.

하지만 집필 연대가 언제냐를 선택해야 한다. 왜냐하면 그에 따라서 관점과 해석이 달라지기 때문이다. 나는 예루살렘 멸망 이후라고 해석한다. 근거를 대자면, 우선 성경은 앞날을 점치고 들어맞으면 신통히 여기는 점쟁이 책이 아니다. 절체절명 위기 상황에서 해답을 찾기에도 늘 숨가빴다. 무엇을 미리 예고할 만큼 한가하지 않다.

또 하나는 「신명기」 역사가의 관점이다. 「신명기」 역사가는 바빌론 포로 이후 이스라엘이 왜 망했나를 반성·회고하는 마음으로 이스라엘 역사를 재조명했다. 그렇게 나온 책이 오경이고, 「여호수아서」부터 「열왕기서」까지 역사서라 불리는 책들이다. 「마가복음」 역시 「신명기」 역사가의 관점처럼, 예루살렘 성전이 멸망한 후에 반성·회고 형식으로 유대교를 극복한 대안 예수를 조명했다고 본다. 일의 결말이 다 끝나야 정확한 회고와 평가를 할 수 있는 법이기 때문이다.

그럼, 오늘 복음 말씀으로 들어가자.

제자들이 성전을 보면서 자랑한다. "선생님, 보십시오! 얼마나 굉장한 돌입니까! 얼마나 굉장한 건물들입니까!" 그런데 예수는 그 성전을 단칼에 부정한다. "너는 이 큰 건물들을 보고 있느냐? 여기에 돌 하나도 돌 위에 남지 않고 다 무너질 것이다."

「마가복음」에 나오는 제자들은 참 철딱서니가 없다. 앞 절(12:15-19)에서 예수는 성전 전복 사건을 일으켰다. "내 집(성전)은 만민이 기도하는 집이라고 불릴 것이다 하지 않았느냐? 그런데 너희는 그곳을 강도들의 소굴로 만들어버렸다"라면서 장사꾼들을 내쫓고 상을 둘러엎었다. 결정적으로 그 일로 대제사장들과 율법학자들은 예수를 죽일 음모를 꾸미기 시작했다. 자기들 스승이 성전을 강도의 소굴이라고 규탄하면서 성전의 진정성은 만민이 기도하는 집에 있다고 목소리를 높였는데, 금세 잊어버리고 성전 자랑질을 하니 말이다.

그만큼 헤롯시대 예루살렘 성전은 대단했다. 순례자들이 먼 길을 떠나 사막을 넘고 온갖 고생을 하며 예루살렘 근방에 이르렀을 때, 저 멀리서 찬란하게 빛나는 성전 건물의 위용을 보고는 감탄하면서 무릎을 꿇고 하나님께 경배했다고 한다. 그런데 역설적이게도 백성들의 신심을 유발하는 성전을 지은 사람은 헤롯대왕이다. 헤롯은 오직 폭력으로 백성을 지배했다. 우리나라에 비유하자면 꼭 박정희 유신 때와 같다. 비판은커녕 불평만 해도 잡혀가는 시대였다.

차지철이 "각하, 캄보디아에서는 삼백만 명도 죽였는데, 우리도 탱크를 밀어붙여서 한 백만 명 죽여버리면 됩니다" 하니까 박정희가 동조했다지 않는가! 인혁당 열사들과 무수한 긴급조치 위반자들은 그런 공포정치의 희생양이었다. 우리가 그런 야만의 시대를 살았다. 헤롯도 그렇게 백성들을 살육하며 공포 통치를 했다.

한편, 권력의 화신 헤롯은 백성의 환심을 사려고 대형 공사를 많이 벌였고, 그 중에서도 예루살렘 성전은 가장 공을 많이 들인 공사였다. 크기는 솔로몬 성전의 두 배였다. 모두 하얀 대리석으로 쌓아 올렸고, 건물

외벽을 황금으로 발랐다. 벌써 싹이 노랗지 않은가! 최악의 권력자가 최고의 성전을 지었다는 이 지독한 역설 말이다.

예수가 성전을 단칼에 부정하니 제자들은 충격을 받았다. 그래서 조용한 자리에서 물었다. "이런 일이 언제 일어나겠습니까? 또 이런 일들이 이루어지려고 할 때에는, 무슨 징조가 있겠습니까?" 제자들뿐만 아니라 보통 사람들의 관심사도 항상 특별한 때와 특별한 징조를 궁금해 한다. 하지만 예수는 동문서답식으로 답한다. "누구에게도 속지 않도록 조심하여라." 특별한 때와 징조는 따로 없고, 문제는 일상에서 어떻게 사느냐이다.

예수는 조심해야 할 대상으로 두 가지를 말했다. 하나는 "많은 사람이 내 이름으로 와서는 '내가 그리스도다' 하면서, 많은 사람을 속일 것이다"라고. 즉 가짜 메시아에 속지 말라고 했다. 다른 하나는 "또 너희는 여기저기에서 전쟁이 일어난 소식과 전쟁이 일어날 것이라는 소문을 듣게 되어도, 놀라지 말라"이다. 즉 전쟁 소문에 놀라지 말라고 했다.

가짜 메시아의 특징은 무엇인가? 사람들이 현실을 직시하지 못하도록 허황된 약속으로 판단을 흐리게 하고 그러는 사이에 자신의 탐욕만 취한다. 그리고 유감스럽게도 사람들은 그런 감언이설에 넘어간다.

기원전 587년 이스라엘과 예루살렘 성전이 바빌론에 멸망당할 때 꼭 이랬다. 백성들은 전쟁 때에 성전이 이스라엘을 지켜줄 것이라는 잘못된 신념에 빠져버렸다. 희한하게도 그럴 때마다 부추기는 거짓 예언자가 있다. 오늘날 권력과 자본에게 기생하는 무수한 '빨대'들이 있듯이. 그래서 예레미야 선지자는 절규했다. "이것이 '주님의 성전이다, 주님의 성전이다, 주님의 성전이다' 하고 속이는 말을, 너희는 의지하지 말라"라고.

그러나 이렇게 진실을 말하는 예언자는 되레 백성들의 미움을 사서, 붙잡혀서 살해의 위협을 당한다. 오죽했으면 하나님이 예루살렘에서 바르게 일하고 진실하게 살려는 사람을 하나라도 찾는다면, 내가 이 성을 용서하겠다고 했을까!(「예레미야」 5:1) 결과로 말하자면 예루살렘에 옳은 사람 한 명이 없어서 망한 거다.

하나님이 찾는 "바르게 일하고 진실하게 살려는 사람"은 어떤 사람일까? 시대를 지배하는 이데올로기가 아무리 화려하고 우리 귀를 달콤하게 할지라도, 약자를 위하지 않고 오직 기득권 세력에만 붙어서 나팔 부는 소리라면, 게다가 검증해보니 거짓투성이라면, 그것이 아무리 대세라 할지라도 "아니오" 하고 거부하고 양심과 정의의 소리를 따르는 사람이다.

또 사람들을 놀라게 하는 것에는 전쟁만 한 소식이 없다. 독재자에게 전쟁이나 기근 재난은 오히려 호재이다. 백성들을 합당한 명분으로 발가벗기고 억누를 수 있는 기회이기 때문이다.

사회를 움직이는 기득권 세력과 거기에 기생하는 매체들은 진실을 숨기고 거짓 나팔을 열심히 불어대는 데다가, 분별력 없는 백성들은 속수무책으로 속아 넘어가기 때문에, 건전한 상식과 이성으로 판단할 때는 턱도 없는 일이지만, 사람들은 거짓 영에 휩싸여서 집단 광기를 발휘한다. 오늘 우리 현실에서도 보지 않는가! 독재자의 딸이며 역사의식이나 민주적 소양은커녕 약자에 대한 감수성이 전혀 없는 후보가 흔들리지 않는 고정 지지를 받고 있는 것을!

그러므로 성전이 무너지기 전에 이미 사람들 마음이 무너져버렸다. 성전이 무너지는 것은 필연적으로 뒤따르는 현상일 뿐이다. 역사의 교훈도 마다하고, 약자의 처지도 외면하고, 정의는 시궁창에 내다버리고, 가짜 메시아 출현이나 전쟁 소문에 부화뇌동하고 집단 광기나 부리는 사람들에게는 피할 수 없는 운명이다. 예루살렘 성전을 자랑할 것도, 무너진 일을 애통해할 것도 없다. 이미 사람 세계가 망가졌는데, 성전이 대수이랴.

、 대선이 코앞이다. 영남 사람들이 자랑하는 성전은 무엇인가? 역대 대통령들이 영남 출신이라는 것? 참으로 부질없는 자랑이다. 지난 대선 때 분별 못 하는 유권자들은 이명박이 구세주라도 되는 양 '묻지마 투표'를 했다. 그 선택이 나라를 말아먹은 것에 대해 조금이라도 반성을 하는가? 반성은커녕 여전히 같은 선택을 반복하겠다는 집단 광기가 맹렬하다.

그렇다면 아직 끝은 아니다(13:7). 우리에게 닥치는 비극은 진통의 시작일 뿐이다(13:8). 벗어날 길은? "누구에게도 속지 않도록 조심하여라."

2부

그대로 두어라

예수의 제자 가운데 하나이며 장차 예수를 넘겨줄 가룟 유다가 말하였다.
"이 향유를 삼백 데나리온에 팔아서 가난한 사람들에게 주지 않고, 왜 이렇게 낭비하는가?"
(그가 이렇게 말한 것은, 가난한 사람을 생각해서가 아니다.
그는 도둑이어서 돈자루를 맡아 가지고 있으면서, 거기에 든 것을 훔쳐내곤 하였기 때문이다.)
예수께서 말씀하셨다. "그대로 두어라. 그는 나의 장사 날에 쓰려고 간직한 것을 쓴 것이다.
가난한 사람들은 언제나 너희와 함께 있지만, 나는 언제나 너희와 함께 있는 것이 아니다."

「요한 복음」12 : 4-8

새로운 길을 닦아라

「누가복음」 3:1-6

1 디베료 황제가 왕위에 오른 지 열다섯째 해에, 곧 본디오 빌라도가 총독으로 유대를 통치하고, 헤롯이 분봉왕으로 갈릴리를 다스리고, 그의 동생 빌립이 분봉왕으로 이두래와 드라고닛 지방을 다스리고, 루사니아가 분봉왕으로 아빌레네를 다스리고, 2 안나스와 가야바가 대제사장으로 있을 때에, 하나님의 말씀이 광야에 있는 사가랴의 아들 요한에게 내렸다. 3 요한은 요단 강 주변 온 지역을 찾아가서, 죄사함을 받게 하는 회개의 세례를 선포하였다. 4 그것은 이사야의 예언서에 적혀 있는 대로였다. "광야에서 외치는 이의 소리가 있다. 너희는 주님의 길을 예비하고, 그 길을 곧게 하여라. 5 모든 골짜기는 메우고, 모든 산과 언덕은 평평하게 하고, 굽은 것은 곧게 하고, 험한 길은 평탄하게 해야 할 것이니, 6 모든 사람이 하나님의 구원을 보게 될 것이다."

기독교는 12월 2일, 대림절 첫 번째 주일부터 새로운 한 해를 시작한다. 대림절은 예수 그리스도가 오신 기쁨을 기념하며 그분의 다시 오심을 기다리는 계절이다. 대림절 주일이 네 번 지나면 성탄절이 온다. 그러므로 대림절 교회력에서는 예수 그리스도가 세상에 오신 의미에 대해 더욱 특별히 조명한다.

오늘 복음 말씀 중 1, 2절을 소개하겠다. 여기서부터 이야기를 풀기 위해서이다.

디베료 황제가 왕위에 오른 지 열다섯째 해에, 곧 본디오 빌라도가 총독으로 유대를 통치하고, 헤롯이 분봉왕으로 갈릴리를 다스리고, 그의 동생 빌립이 분봉왕으로 이두래와 드라고닛 지방을 다스리고, 루사니아가 분봉왕으로 아빌레네를 다스리고, 안나스와 가야바가 대제사장으로 있을 때에, 하나님의 말씀이 광야에 있는 사가랴의 아들 요한에게 내렸다.

좀 특이한 점이 있다. 황제를 필두로 하여 이스라엘과 팔레스타인을 지배하는 권력자들 이름을 쭉 나열한다. 이유가 뭘까? 객관적인 역사를 알리고자 한다면, 단지 황제만 소개하면 될 터이다. 즉 "디베료 황제가 왕위에 오른 지 열다섯째 해에, (나머지는 모두 황제의 '시다바리'이므로 생략해도 된다) 하나님의 말씀이 광야에 있는 사가랴의 아들 요한에게 내렸다"라고 해도 된다. 그런데 일일이 총독, 분봉왕, 대제사장들까지 나열했다. 왜?

이해를 돕기 위해 오늘날 한국 상황에 맞게 패러디해 보겠다.

미 대통령 오바마가 2012년 재선에 성공한 해에, 주한미군사령관 제임스 서먼은 남한 땅을 지배하고, 굳건한 한미동맹하에 이명박이 다스렸고, 이어서 박근혜가 강력한 차기 집권자로 나라를 다스리려 하고, 그와 동맹군인 친일 독재 재벌세력은 나라 요소 요소에서 백성을 다스리고, 대형교회와 한국기독교총연합회는 권력을 지지하는 나팔을 불고 있을 때에…….

이제 눈치 챘는가? 복음 저자는 객관적인 사실을 나열함으로 역설적으로 이 시대가 얼마나 어두운 시대인가를 증언한다. 실상 객관적인 사실을 넘어서, 주관적인 뜻을 표현할 수도 없다. 최종적인 문제 해결은 폭력으로 결론 나는 공포 시대에, 지배자에 대해 공개적으로 부정적인 의사 표시를 하는 것은 죽기를 각오해야 한다. 그런 현실인지라 복음 저자는 그냥 있는 그대로 사실을 나열할 뿐이다. 그러나 읽은 사람들은 그 행간의 뜻을 대번에 안다. 지금이 어둠의 시대라는 것을, 우리를 덮고 있는 것은 절망뿐임을.

하지만 거대한 반전이 일어났다. "하나님의 말씀이 광야에 있는 요한에게 내렸다." 왜 하나님의 말씀이 거룩한 성전이나 정치경제의 중심인 예루살렘에 내리지 않고 광야에 내렸을까? 온통 권력의 음모만 횡행하는 성전이나 예루살렘에는 하나님의 말씀이 스며들 여지가 없어서이다. 반면에 광야는 권력 지배가 미치지 못하는 순결한 곳, 말하자면 해방구이다. 하나님 말씀을 맞이하기에 최적의 장소다. 그런 까닭에 광야에 하나님 말씀이 내렸다.

오늘날 광야는 어디인가? 시대의 진실을 알리는 현장이다. 대한민국의 실상을 제대로 알리려면 어디로 가야 하나? 지난 5년 동안 원통한 일을 당하고, 신음하는 산하와 사람들이 울부짖는 현장으로 가야 한다. 제주 강정 해군기지 건설 현장, 용산 남일당, 대한문 농성촌, 울산과 평택, 밀양과 청도의 송전탑 현장이다. 파헤쳐진 4대강, 그리고 잘못된 정책으로 소외당한 사각지대 약자들의 현장도 있다. 수백만 마리 돼지를 묻은 삼천리 방방곡곡도 잊을 수가 없다.

권력자들은 현장을 싫어한다. 이명박이 인기 관리를 위해 재래시장은 가지만, 쌍용이나 용산, 강정에 간 적은 없다. 결코 현장에 나타나지 않는다. 왜? 자신들의 악독, 무능, 부패가 고스란히 담겨 있는 곳이므로 그들은 본능적으로 현장을 회피한다. 그들은 깊은 장소에서 오직 지시만 내린다. 그러므로 더더욱 그들은 하나님 말씀인 시대의 진실을 접할 기회가 없다.

그러나 감사하게도 온통 어둠이 지배하는 현실에 하나님의 은총이 내려왔다. 복음이 시작됐다. 쟁쟁한 권력자들과 대조적으로 야인에게 하나님 말씀이 임했다.

하나님의 말씀을 받은 요한은 파격 행보를 한다. 요단강 주변 지역을 다니면서 회개의 세례를 선포한다. 침례 의식은 이방인이 유대교에 입교할 때나 받는 거였다. 유대인들은 혈통적으로, 또 율법 때문에 구원은 따 놓은 당상이고, 그래서 따로 침례를 받을 필요가 없다고 생각했다. 그러나 요한은 이방인이 아닌 유대인들에게 회개하고 그 표시로 침례를 받으라고 외쳤다. 이것은 이스라엘의 전통적인 죄사함 형식을 일거에 허무는 파격이다. 회개가 필요한 유대인들은 성전에 가서 자기 죄를 대신할 짐승을 바쳤다. 그러나 요한은 성전 대신에 요단강에서 회개의 세례를 받으라고 한다.

왜 성전이 아니고 요단강인가? 요단강은 광야 생활을 마친 조상들이 가나안으로 들어갈 때 처음 이적을 경험한 강이다. 구약성서 「여호수아서」 3장을 보면, 제사장이 법궤를 메고 요단강에 들어서자 강물이 멈췄다. 그리고 애굽에서 나올 때처럼 강이 갈라지고 백성들은 맨땅으로 지나갔다. 즉 요한이 요단강에서 회개의 세례를 선포한 이유는 조상들이 요단강을 건너면서 야웨 하나님의 이적을 체험함으로 과거의 때를 벗었

듯이, 우리가 처음으로 돌아가자는 외침이다. 이제 혈통성에 기대어 거짓 안전에 빠지지 말고, 이 썩어빠진 성전 체제 권력자들에게 휘둘리지 말고, 조상들이 요단강에서 겪은 것처럼, 순수하게 하나님을 대면하자는 초대이다.

복음 저자는 요한의 행동을 이사야 예언의 성취라고 하면서 「이사야」 40장 3~5절 말씀을 인용했다. 「이사야」 40장은 제2 이사야의 저작이다. 제2 이사야는 바빌론 포로로 끌려가 있는 이스라엘에게 이제 너희가 본토로 돌아갈 것이라는 위로와 희망의 메시지를 전한 예언자이다. 복음 저자가 제2 이사야의 말씀을 인용한 이유는 자기들 시대 어둠을 반전시켜줄 말씀으로 제2 이사야의 예언이 가장 적절하기 때문이다. 제2 이사야의 예언을 인용한 「누가복음」 3장 4~5절을 요약하면, "골짜기를 메우고, 산과 언덕을 평평하게 하고, 굽은 길을 곧게 하고, 험한 길을 평탄하게 해서 주님의 길을 예비하라"이다. 그런데 이 말은 로마제국 실정을 아는 사람에게는 좀 생뚱맞다. 왜냐하면 "모든 길은 로마로 통한다"는 말이 있듯이, 로마는 이미 모든 속주의 땅까지 평탄한 길을 닦아났기 때문이다. 로마 가도는 '팍스로마나'(로마의 평화)를 유지하는 데 결정적으로 이바지했다.

로마 가도를 모를 리 없는 복음 저자가 새로운 길을 내자는 말을 하는 이유는 무엇인가? 제국의 지배체제에서 벗어나서 다른 길, 다른 대안을 만들자는 선언이다. 그 길은 어떤 길인가? 글 맨 앞에 소개한 「누가복음」 3장 1, 2절에 나오는 권력자들을 보라. 그들은 오직 통치하고 다스리고 다스리고 다스릴 뿐이다. 그들은 다스릴 뿐이고 백성은 다스림을 받을 뿐이다.

그러나 우리의 예수는 섬기는 사람이다. 우리가 바라는 세상은 누가 누구를 다스리는 세상이 아니고 오직 서로 섬기는 세상이다. 그러므로 섬기는 세상을 구하는 사람들이 로마 지배체제를 따라갈 수는 없는 일이다. 요한은 선발대로 앞장서서 이 일을 수행했다. 황제의 소식을 복음으로, 황제의 보호를 구원으로 알고 있었던 사람들에게 섬기는 지도자 예수 그리스도가 새로운 복음이고 구원이라고 선포했다.

나는 섬기는 지도자상이 꼭 교회 울타리에만 필요한 덕목이라고 보지 않는다. 민주주의 시대는 세상 통치자들도 섬기는 지도자가 될 것을 요구한다. 그동안 지배자들이 퍼뜨리는 거짓 선전에 세뇌되어서 국민의 절반은 분별력을 상실해버리고 말았다. 어리석게도 자신들이 계속 노예가 될 것을 모르고, '독재자의 딸'에게 변함없는 지지를 보내고 있다. 한 번도 민주공화국을 살아본 경험이 없어서 생기는 안타까운 현실이다. 그러나 다행히도 자각하고 깨어 있는 민중이 역사의 물꼬를 터나간다. 지배자의 이데올로기에 절어 있는 노예살이를 거부하고, 사람 사는 세상으로 가자고 나선다. 그 덕에 인류가 발전했고 역사의 정의를 세울 수 있었다. 이제 이번 대선에서 또 하나의 이정표를 세울 때이다. 새로운 길을 가자는. 함께 하자.

위대한 상견례

「누가복음」 1:39-55

39 그 무렵에, 마리아가 일어나, 서둘러 유대 산골에 있는 한 동네로 가서, 40 사가랴의 집에 들어가, 엘리사벳에게 문안하였다. 41 엘리사벳이 마리아의 인사말을 들었을 때에, 아이가 그의 뱃속에서 뛰놀았다. 엘리사벳이 성령으로 충만해서, 42 큰 소리로 외쳐 말하였다. "그대는 여자들 가운데서 복을 받았고, 그대의 태중의 아이도 복을 받았습니다. 43 내 주님의 어머니께서 내게 오시다니, 이것이 어찌된 일입니까? 44 보십시오. 그대의 인사말이 내 귀에 들어왔을 때에, 내 태중의 아이가 기뻐서 뛰놀았습니다. 45 주님께서 하신 말씀이 이루어질 줄 믿은 여자는 행복합니다." 46 그리하여 마리아가 말하였다. "내 영혼이 주님을 찬양하며 47 내 마음이 내 구주 하나님을 좋아함은, 48 그가 이 여종의 비천함을 보살펴주셨기 때문입니다. 이제부터는 모든 세대가 나를 행복하다 할 것입니다. 49 힘센 분이 나에게 큰 일을 하셨기 때문입니다. 그의 이름은 거룩하고, 50 그의 자비하심은, 그를 두려워하는 사람들에게 대대로 있을 것입니다. 51 그는 그 팔로 권능을 행하시고 마음이 교만한 사람들을 흩으셨으니, 52 제왕들을 왕좌에서 끌어내리시고 비천한 사람을 높이셨습니다. 53 주린 사람들을 좋은 것으로 배부르게 하시고, 부한 사람들을 빈손으로 떠나보내셨습니다. 54 그는 자비를 기억하셔서, 자기의 종 이스라엘을 도우셨습니다. 55 우리 조상들에게 말씀하신 대로, 그 자비는 아브라함과 그 자손에게 영원토록 있을 것입니다."

18대 대선 결과는 민주시민 모두를 '멘붕'에 빠뜨렸다. 이 시련을 어떻게 극복할까? 당면한 문제의식 또는 위기에 어떻게 대처하느냐, 어떻게 극복하느냐는 사람이냐 노예냐, 주체적인 인생이냐 의존적인 인생이냐에 따라 판단과 결정이 극과 극이다.

성경은 각종 기구한 운명에 처한 사람들이 자신을 덮친 운명을 어떻게 뚫고 나갔는가에 대한 생생한 기록이기도 하다. 특히 신심으로 위기를 극복한 사람들의 사례를 통해 우리 인생을 인도한다.

오늘은 그 중 두 인물, 엘리사벳과 마리아를 조명하겠다. 두 사람은 사회적 관습과 생물학적 환경을 뛰어넘어서 아이를 잉태했다. 엘리사벳은 원래 임신을 하지 못하는 여자였다. 디구나 노파가 돼서 아이를 가질 수도 없었다. 그런데 제사장인 남편 사가랴가 주의 성소에서 천사로부터 주님께서 아들을 낳아줄 것이라는 고지를 받은 후, 말 못하는 사람이 돼 버려서, 경사와 슬픔이 동시에 닥쳤다.

엘리사벳은 아이를 가질 수 있는 나이를 훨씬 지나 잉태한 것이 부끄러워서 다섯 달 동안 숨어 살았다. 늙어서 아이를 갖는 것이 그렇게 부끄러운 일인가. 박정희 모친이 딸의 임신과 같은 시기에 막내 박정희를 임신한 것이 남세스러워서 몇 번이고 아이를 지우려다가 실패했다고 한다. 그런 우여곡절 끝에 태어났는데, 어떤 사람은 세계 변혁을 트는 여명이 되고, 어떤 사람은 독재의 화신이 된 것을 보면, 인생은 정말이지 오묘하다.

마리아는 어떤가? 남자를 알지 못하는 처녀이다. 그런데 졸지에 아이를 잉태했다. 혼인하기 전이고, 약혼자의 아이도 아니다. 그 경위가 어떤 것일까 상상은 할 수 있지만, 구체적인 실체에 대해서는 아무도 모른다.

약혼자 요셉이 마리아의 정체불명 임신에 충격받고 배신감에 빠져서 동네방네 소문내버리면, 마리아는 율법에 따라 꼼짝없이 돌 맞아 죽어도 할 말이 없다. 다행히 요셉은 조용히 지나갔다. 그리고 사회적 관습상 용납 안 되는 이 사건에 대해 성경은 기가 막히게 풀었다. "성령이 그대에게 임하시고, 더없이 높으신 분의 능력이 그대를 감싸줄 것이다."

처녀의 잉태가 생물학적으로는 불가능하고, 그래서 사회적으로 어떤 곡절이 있을 것으로 이해하지만, 그것을 훌쩍 뛰어넘어서 하나님의 영이 잉태시켰다는 초월적인 신앙 고백 언어로 정리했다. 그렇다. 인생을 살면서 사안과 사물을 어떤 관점으로 보느냐에 따라, 자신의 삶과 세계의 방향을 결정한다고 믿는다. 세속의 눈으로 보면, 결코 환영받을 수 없는 잉태를 한 사람들이지만, 놀랍게도 성경은 이 일로 인해 두 여인이 극심하게 불행해졌다는 말이 없다. 오히려 두 여인은 자신의 잉태 사건을 추호도 비극적으로 여기지 않고, 최고의 경의와 신앙으로 고백한다. 온통 기쁨과 은혜가 충만하다.

엘리사벳을 보자. "주님께서 나를 돌아보셔서 사람들에게 당하는 내 부끄러움을 없이 해주시던 날에 나에게 이런 일을 베풀어주셨다."(「누가」 1:25) 남들이 뭐라고 그러든 아이 낳지 못하는 여인이라는 불명예를 씻겨준 일에 대해 하나님께 감사했다.

마리아를 보자. 가브리엘 천사는 처녀가 잉태하여 아들을 낳을 것이라는 놀라운 소식을 전하면서 최고의 찬사를 보낸다.

"기뻐하여라. 은혜를 입은 자야, 주님께서 그대와 함께하신다."
"두려워하지 마라. 그대는 하나님의 은혜를 입었다."

"태어날 아기는 거룩한 분이요, 하나님의 아들이라고 불릴 것이다."

마리아는 기절초풍할 일을 겪었지만, 놀라울 정도로 담담히 순종한다. "나는 주님의 여종입니다. 당신의 말씀대로 이루어지기를 바랍니다." 마리아는 아이의 잉태를 천사가 말한 관점으로 받아들이겠다고 고백한다. 바로 이 점이다. 마리아가 복된 이유는 예수의 어머니여서가 아니라, 어머니가 되리라는 말씀을 믿었기 때문이다.

그리고 오늘 본문 이야기에서 보듯이, 마리아는 엘리사벳을 찾아가서 만난다. 이 만나는 장면을 주목하자. 기구한 운명을 당한 사람들이시만, 신세를 한탄하거나 비탄에 잠겨 있거나 자기 운명을 탓하면서 질질 짜지 않는다. 분위기가 극히 밝다. 숨어 살았던 엘리사벳은 마리아의 방문을 받자 성령으로 충만해져서 큰 소리로 외친다.

성령으로 충만하다는 것은 그 사람 영혼이 최고가 됐다는 뜻이다. 교회는 "성령 충만 받으라"는 인사말을 한다. 그만큼 좋은 말이다. 그리고 큰 소리로 마리아를 축복한다. "그대는 여자들 가운데서 복을 받았다"고. 이스라엘에서 처녀가 애를 가진 일은 돌 맞아 죽는 저주인데, 엘리사벳은 반대로 최고의 축복을 하는 거다. 너무 좋으니까 뱃속의 아이도 기뻐서 뛰놀았다고 한다.

엘리사벳의 환대를 받은 마리아가 답가를 하는데, 열다섯 살 여자의 노래가 맞는가 싶을 정도로 내용이 담대하다. 이 노래가 너무 고귀해서 교회는 '마리아의 찬가'라고 명명하고 기념한다. 변혁적이다 못해 전복적이다. "그(하나님)는 제왕들을 왕좌에서 끌어내리시고 비천한 사람을 높이셨습니다. 주린 사람들을 좋은 것으로 배부르게 하시고, 부한 사람들을 빈손으로 떠나 보내셨습니다."(「누가」1:52-53) 어린 나이이지만 마리아는 이미 권력의 폐단이 민중을 압제하는 현실을 깨우친 게 분명하다. 그런 경험과 각성이 없으면 이런 전복적인 노래를 할 수가 없다.

　두 사람은 비정상적인 상황의 잉태에 대해 비관하지 않고, 하나님을 향한 군건한 믿음으로 돌파했다. 율법이 어떻든, 사람들 시선이 어떻든 잉태한 아이를 온전히 낳기 위해 세상 통념과 정면으로 맞섰다. 어머니의 생명력이 담대한 여인을 만들었다. 바로 이 두 여인이 예수의 어머니 마리아와 세례자 요한의 어머니 엘리사벳이다. 두 어머니의 생명력이 세계를 변혁하는 두 인물을 낳았다. 예수와 요한은 그런 어머니의 정신세계 속에서 자랐기에, 세계에 하나님 나라를 던져서 변혁을 선도하였다.

　사실 마리아의 찬가는 실제 마리아가 읊은 게 아니라 「누가복음」 집필에 앞서 유행한 노래이다. 예루살렘 원시교회가 부르던 노래라고 한다. 왜 예루살렘 원시교회는 이런 전복적인 노래를 불렀을까? 그들은 가난했다. 그래서 사도 바울이 그의 서신 여러 군데에서 예루살렘 교회를 위해 연보捐補를 한다고 말했다. 예루살렘 교회는 정치·사회·경제에서 못난 자들이었지만, 예수 정신은 투철했다.

　마리아의 찬가는 예루살렘 교회의 가난한 이들이 하나님의 구원이 담긴 예수 사건을 기리는 노래 가운데 하나였다. 그들은 예수 사건을 경험한 후, 무엇보다도 하나님께서 잘난 자들 대신 못난 자들을 거두신다는 군은 확신으로 자기 시대를 감당했다. 결코 자신들의 안전을 위해 예수와 신앙을 팔지 않았다. 권력 앞에 쉽게 굴복하지 않았다. 그랬기 때문에 자신들의 체험과 신앙이 녹아든 노래를 예수의 어머니 마리아의 노래로 헌정할 수 있었다. 마리아 역시 자신들과 똑같은 삶, 생각, 신심을 가졌기에.

고난에 처한 사람들이 세상에 휘둘리지 않고 자존감을 지키면서 사는 길이 딱 하나 있다. 서로 연대하는 것이다. 약자들이 강자들에게 먹히지 않고 사람답게 사는 길이 딱 하나 있다. 약자끼리 연대해서 강자가 약탈하지 못하도록 투쟁하는 것이다. 주류에 종속돼서 마름이나 노예로 살지 않고 자유인으로 사는 길이 딱 하나 있다. 주류 세계로 가지 않아도 지장 없도록 그들만의 세상을 만드는 것이다.

자신에게 닥친 기구한 운명에 비관하지 않고 성령으로 위기를 승화시킨 여인들처럼, '멘붕'을 떨치고 다시 일어나자. 할 일을 하자. 지구는 돌고 세상은 바뀐다. 그리고 역사는 발전한다.

땅에서는 평화로다

「누가복음」 2:1-14

1 그때에 아우구스투스 황제가 칙령을 내려 온 세계가 호적 등록을 하게 되었는데, 2 이 첫 번째 호적 등록은 구레뇨가 시리아의 총독으로 있을 때에 시행한 것이다. 3 모든 사람이 호적 등록을 하러 저마다 자기 고향으로 갔다. 4 요셉은 다윗 가문의 자손이므로, 갈릴리의 나사렛 동네에서 유대에 있는 베들레헴이라는 다윗의 동네로, 5 자기의 약혼자인 마리아와 함께 등록하러 올라갔다. 그때에 마리아는 임신 중이었는데, 6 그들이 거기에 머물러 있는 동안에, 마리아가 해산할 날이 되었다. 7 마리아가 첫 아들을 낳아서, 포대기에 싸서 구유에 눕혀 두었다. 여관에는 그들이 들어갈 방이 없었기 때문이다. 8 그 지역에서 목자들이 밤에 들에서 지내며 그들의 양 떼를 지키고 있었다. 9 그런데 주님의 한 천사가 그들에게 나타나고, 주님의 영광이 그들을 두루 비추니, 그들은 몹시 두려워하였다. 10 천사가 그들에게 말하였다. "두려워하지 말아라. 나는 온 백성에게 큰 기쁨이 될 소식을 너희에게 전하여 준다. 11 오늘 다윗의 동네에서 너희에게 구주가 나셨으니, 그는 곧 그리스도 주님이시다. 12 너희는 한 갓난아기가 포대기에 싸여, 구유에 뉘어 있는 것을 볼 터인데, 이것이 너희에게 주는 표징이다." 13 갑자기 그 천사와 더불어 많은 하늘 군대가 나타나서, 하나님을 찬양하여 말하였다. 14 "더없이 높은 곳에서는 하나님께 영광이요, 땅에서는 주님께서 좋아하시는 사람들에게 평화로다."

예수 탄생 이야기는 「마태복음」과 「누가복음」에 나온다. 그런데 같은 인물의 탄생을 말하는데, 두 책의 이야기가 전혀 다르다. 「마태복음」에서는 아기 예수가 태어난 후 헤롯왕이 아기를 찾아서 죽이려고 해서, 요셉 가족은 급히 애굽으로 피신한다. 뒤늦게 속은 것을 안 헤롯은 분노하여, 베들레헴과 그 가까운 온 지역에 사는 두 살짜리로부터 그 아래의 사내아이를 모조리 죽인다.

한마디로 베들레헴과 예루살렘 인근 지경은 자식을 잃은 어미들의 울부짖음이 하늘에 사무쳤다. 또한, 서슬이 퍼런 공포 분위기다. 그런데 「누가복음」을 보면, 예수 부모가 아기 예수를 데리고 예루살렘 성전에 올라가서 율법에 기록한 대로, 장남을 하나님께 바치는 정결 예식을 행한다. 게다가 성전 예언자들이 아기 예수의 탄생을 기뻐하며 마음껏 축복한다.

이상하지 않은가? 「마태복음」 진술에 따르면 예수 부모는 애굽에 있어야 한다. 예루살렘 성전에 올라가는 일은 언감생심이다. 그런데 「누가복음」은 「마태복음」의 공포 분위기를 아는지 모르는지, 한가하고 태평하게 예수 부모가 일상적인 일을 행한다. 어느 게 역사적 사실에 들어맞는가? 알 수 없다. 근본주의자들은 둘의 모순을 일치시키려고 억지춘향식으로 이야기를 꿴다. 그럼으로써 스스로 웃음거리가 된다.

복음서 저자마다 고유한 저술 목적에 따라 예수 이야기를 한다. 우리는 각 복음서의 차이를 분별하며 신학적으로 판단하고 고유한 의미를 발굴하기 위해 애써 노력할 뿐이다. 이것만 보더라도 성경은 역사책이 아니다. 역사적 사실을 말하기보다는 신앙의 진실을 말하기 위해 역사적 소재를 빌린다고 보는 게 정확하다.

조금 다른 얘긴데, 같은 차원에서 성경은 과학책도 아니다. 그런데 창조과학회 사람들은 창세기에서 하나님이 천지를 창조했다고 하는 언술에 근거해서 창조론을 주장한다. 나도 신앙으로 하나님이 이 세계 만물을 지으셨다고 고백한다. 그러나 고백과 과학은 다르다. 천지창조 이야기는 우주 만물의 생성 기원을 말하려는 게 아니라, 포로기 백성의 처지에서 나온 심오한 신학적 배경을 담은 말이다.

하지만 참으로 딱한 일은 아무리 말해도 고집을 꺾지 않고, 창조과학회 사람들은 자기들 주장을 되풀이한다. 근본주의 신학의 문자주의 병폐가 이 사람들을 세뇌시켰다고밖에 달리 할 말이 없다.

복음 말씀이 역사적 소재를 쓰긴 하지만 역사적 사실과 거리가 멀다는 것은 오늘 예수 탄생의 배경으로 나오는 「누가복음」 2장 1~7절의 '호적 등록 이야기'에서도 드러난다. 자고로 통치자가 호적 등록을 하는 이유는 인구 조사와 세금 징수를 위해서이다. 그런데 본문 내용이 역사적 사실과 좀 다르다.

첫째는 옥타비우스 아우구스투스 치하 때 범세계적인 인구 조사가 없었다는 거다. 둘째는 실제로 헤롯대왕의 아들 아켈라오가 지배하던 영토인 유대와 사마리아, 이두매에 대한 인구 조사가 있었는데, 그것은 로마제국이 아켈라오를 추방하고 아켈라오의 땅을 합병한 기원후 6년에 이르러서이다. 시리아 총독 구레뇨가 이때 인구 조사의 책임자였다. 즉, 이 인구 조사는 예수가 태어났을 때가 아닌, 헤롯대왕이 죽은 지 십 년이 지나서 이루어졌다.

그리고 세금 징수를 수월히 하려면 그냥 살던 곳에서 징수하면 된다. 일부러 살던 곳을 떠나 고향으로 가서 호적 등록을 하라는 것은 행정적으로 악몽이다. 어떤 통치자가 그런 멍청한 짓을 할까?

그러므로 「누가복음」 탄생 이야기는 예수의 부모로 하여금 예수 출산을 위해 베들레헴에 있게 만드는 방법을 마련하기 위해 누가 자신의 상상으로 창작한 것이라고 할 수 있다(존 도미니크 크로산, 『예수』, 김기철 옮김, 한국기독교연구소, 2007, 55~56쪽).

창작하면서까지 예수 탄생에 대해 복음 저자가 말하고자 하는 신앙 진실은 무엇인가? 예수는 하나님의 아들이며 다윗 계통의 메시아라는 신앙 고백을 뒷받침하기 위해, 나사렛에서 베들레헴으로 옮겨 가서 예수를 낳은 연유를 설명한 것이다.

그럼, 예수 출생만 말할 일이지, 왜 거창하게 아우구스투스 황제를 등장시켰을까?

아우구스투스는 '팍스로마나'를 수립한 사람이다. 기원전 29년부터 기원후 14년까지 수많은 전쟁을 치르고 경쟁자들을 제압한 후, 더는 전쟁이 필요 없는 로마의 질서를 정착시켰다. 그의 존재가 어느 정도였는지를 말하는 한 비문이 있다. "신께서는 (…) 가장 선하신 분, 아우구스투스로 하여금 우리 삶을 복 주시고 (…) 또 자비를 베푸셔서, 전쟁을 그치고 만물에 평화로운 질서를 허락하실 분(구세주)을 우리와 우리 뒤에 올 사람들에게 허락하셨으니 (…) 그 결과 우리 신의 출생일은 이 세상을 위한 기쁜 소식의 시작을 알리는 것이었기에 (…) 아시아의 그리스인들은 모든 도시에서 9월 23일에 새해가 시작하는 것으로 지킬 것이다."(앞의 책, 29쪽) 비문이 말하듯이 아우구스투스를 구세주로 고백한다.

「누가복음」 저자의 의도는 무엇인가? 폭력으로 세계를 평정한 구세주와 또 다른 구세주의 출현을 비교하고자 함이다. 놀랍게도 또 다른 구세주는 포대기에 싸여서 구유에 누워 있는 아기이다. 구세주의 모습은 가난과 갓난아기의 무력성이다. 아우구스투스와 완벽하게 대비된다.

「누가복음」 저자는 매우 솔직하게 구세주의 탄생을 조금의 과장 없이 있는 그대로 증언한다. 이는 무엇을 말함인가? 그와 같은 여건에 있는 사람들과 같은 처지임을, 예수의 일생과 운명이 누구 편에 서 있을지를 예고하는 것이다.

또 「누가복음」의 예수 탄생 소식은 목자들에게 최초로 전달된다. 유대 사회에서 목자들은 가장 천한 죄인 그룹이었다. 이스라엘 토양의 특성상 풀을 먹이기가 쉽지 않았고, 그래서 부득이하게 남의 풀밭에서 풀을 먹이는 일이 다반사였다. 그런 까닭에 남의 것을 도둑질한다는 누명을 쓰고 살았다. 바로 이런 목자들에게 예수 탄생 소식이 제일 먼저, 또 그들에게만 유일하게 알려졌다. 이는 하나님의 구원이 맨 먼저 누구에게 해당하는지를 확실하게 보여주는 증표이다.

예수 탄생 소식을 전하는 천사들은 합창한다. "더없이 높은 곳에서는 하나님께 영광이요, 땅에서는 주님께서 좋아하시는 사람들에게 평화로다." 기득권 세력도 부르짖을 만큼 평화가 무색무취한 언어가 돼버렸지만, 사실상 평화는 대단히 정치적인 말이다. 로마 군대와 최후의 결전을 앞둔 스코틀랜드 북동부에 있는 저항군의 장군 칼가쿠스가 이렇게 말했다.

"세상의 약탈자들, 동방도 서방도 그들을 만족하게 하지 못했다. 부에 대해서뿐 아니라 가난에 대해서까지도 그렇게 열심히 탐하는 자들은 인류 가운데 오직 그들뿐이다. 약탈하고 살육하고 훔치는 것, 이런 것들을 그들은 제국이라고 부르고, 황폐를 가져다 놓고는 그것을 평화라고 부른다."(앞의 책, 82~83쪽) 팍스로마나의 실체를 꿰뚫는 말이다.

천사가 말하는 평화는 '팍스로마나'에 대응하는 마구간의 평화이다. 성탄 때 숱한 인사로 쓰는 평화라는 말의 원래 뜻은 지배체제가 구축해 놓은 '평화'를 뒤엎겠다는 뜻이다. 다른 말로 성탄의 평화는 제국 체제에 눌린 사람들에게 전하는 자유와 해방, 구원 소식이다. "땅에서는 주님께서 좋아하시는 사람들에게 평화로다" 할 때는 "이제 제국에 눌린 당신은 새로운 구세주 덕분에 해방되었습니다"라는 뜻이다. 로마 황제와 그 체제에는 엄청난 반역 선언이다.

힘이 없어서 전적으로 타자의 손에 의지해야 하는 구세주의 무력성, 그 소식이 가장 비천한 자에게 알려져서 주류 세상의 주목에서 완전히 비켜난 탄생이 예수 탄생의 신앙의 진실이다. 그렇기에 그리스도인들은 용감하게도 이 반체제 선언을 공식화하며 예수를 따랐다. 왜냐하면, 그들 계급이 마구간에 태어난 구세주와 유유상종이기에 거리낄 것이 없었다.

이처럼 예수의 평화 소식이 체제전복적인 성격인 데 비해 오늘날 실상은 어떤가? 원래 복음에서 한참 떨어져 있는 것만은 분명하다. 그것을 되찾아가야 한다. 되찾을 수 있을까? 하늘의 자비를 구할 뿐이다.

간단하게 바꿔버렸다

「요한복음」 2:1-11

¹ 사흘째 되는 날에 갈릴리 가나에 혼인 잔치가 있었다. 예수의 어머니가 거기에 계셨고, ² 예수와 그의 제자들도 그 잔치에 초대를 받았다. ³ 그런데 포도주가 떨어지니, 예수의 어머니가 예수에게 말하기를 "포도주가 떨어졌다" 하였다. ⁴ 예수께서 어머니에게 말씀하셨다. "여자여, 그것이 나와 당신에게 무슨 상관이 있습니까? 아직도 내때가 오지 않았습니다." ⁵ 그 어머니가 일꾼들에게 이르기를 "무엇이든지, 그가 시키는 대로 하세요" 하였다. ⁶ 그런데 유대 사람의 정결 예법을 따라, 거기에는 돌로 만든 물항아리 여섯이 놓여 있었는데, 그것은 물 두세 동이들이 항아리였다. ⁷ 예수께서 일꾼들에게 말씀하셨다. "이 항아리에 물을 채워라." 그래서 그들은 항아리마다 물을 가득 채웠다. ⁸ 예수께서 그들에게 말씀하시기를 "이제는 떠서, 잔치를 맡은 이에게 가져다 주어라" 하시니, 그들이 그대로 하였다. ⁹ 잔치를 맡은 이는, 포도주로 변한 물을 맛보고, 그것이 어디에서 났는지 알지 못하였으나, 물을 떠온 일꾼들은 알았다. 그래서 잔치를 맡은 이는 신랑을 불러서 ¹⁰ 그에게 말하기를 "누구든지 먼저 좋은 포도주를 내놓고, 손님들이 취한 뒤에 덜 좋은 것을 내놓는데, 그대는 이렇게 좋은 포도주를 지금까지 남겨 두었구려!" 하였다. ¹¹ 예수께서 이 첫 번 표징을 갈릴리 가나에서 행하여 자기의 영광을 드러내시니, 그의 제자들이 그를 믿게 되었다.

2013년 1월 기독교 교계는 한 문건 때문에 한바탕 소동이 났다. 'WCC 총회의 성공적 개최를 위한 공동선언문'이라는 제목으로, NCCK(한국기독교교회협의회) 총무 김영주, WCC 총회 한국준비위원회 상임위원장 김삼환, 한기총 회장 홍재철, 길자연 네 명이 연명한 문서 때문이다.

WCC는 'World Council of Churches'의 약자이다. 우리말로 세계교회협의회이다. 7~8년마다 총회를 하는데, 기쁘게도 올해 10월 30일부터 11월 8일까지 부산에서 열린다. WCC는, 총회를 통하여 현재 세계 문제에 대해 신학적인 응답을 하고 교회 일치와 종교 간 대화, 세계 평화를 위해 애쓰는 에큐메니칼교회 구성체이다.

이처럼 중대하고 유의미한 WCC 부산총회를 계기로 해서, NCCK 화해통일위원회는 분단 현실을 돌파하기 위해 정전협정을 평화협정으로 바꾸는 대대적인 캠페인과 더불어 독일 베를린에서 출발해 러시아를 거쳐 북한을 통과하여 부산까지 기차로 이동하는 '평화열차프로젝트'를 준비하고 있다.

문제가 된 공동선언문은 이런 경사스런 일에 똥오줌 못 가리고 끼어든 꼴이다. 기가 막힌 것은 WCC를 용공 집단이라고 줄기차게 매도하고 부산총회 개최를 반대해온 한기총과 합의했다는 점이다. 한기총은 여러 번 말했듯이 기독교를 빙자한 사악한 집단이다. 이미 각종 비리와 부패로 해체에 직면해 있는데, NCCK가 되레 기를 살려줘버렸다. 서명자인 길자연은 대한예수교장로회 합동교단 총회장을 하기 위해서 총회장을 뽑는 총대들을 돈으로 매수했고, 얼마 전에는 자신이 경영하는 왕성교회를 아들에게 세습한 사람이다.

선언문의 내용도 입을 벌리게 했다. "종교다원주의를 배격한다. 공산주의, 인본주의, 동성연애 등 복음에 반하는 모든 사상을 반대한다. 개종전도 금지주의에 반대한다. 성경 66권은 하나님의 특별 계시로 무오하다"는 등 한국 보수기독교의 근본주의 신학의 입장만 담긴 일방적인 선언이었다.

아니나 다를까, 17일 열린 NCCK 실행위원회는 이 공동선언문을 집중적으로 성토하는 자리가 됐다. 인터넷신문 『뉴스앤조이』는 실행위에서 이 공동선언문을 쓰레기로 규정했다고 보도했다. 에큐메니칼 단체는 공동선언의 네 가지 조항이 한국 교회 에큐메니칼 진영이 간직해온 신학적 양심과 신앙 고백을 송두리째 부정하는 것이라는 성명을 냈다. 김영주 총무도 책임을 통감한다며 깊이 사과했다. 이 문건 처리는 NCCK 회장에게 위임했는데 쓰레기통에 처박는 절차를 진행할 것으로 예상한다.

이 합의문에서 드러난 것처럼, 근본주의 교회들을 기반으로 하는 한기총과 수구 기독교 세력들은 시대가 바뀐 것을 모르고, 자기들 안에서만 통하는 구식 담론을 사수하는 것을 신앙의 척도로 삼는다. 이런 것을 "죽은 자식 불알 만진다"고 한다.

내가 이 '쓰레기 공동선언문'을 길게 말한 이유는 오늘 복음 말씀이 이와 매우 유사한 성격이기 때문이다. 우선 오늘 복음 말씀인 「요한복음」을 큰 틀에서 개괄하겠다.

대형교회가 한국 교회 주류를 차지하여 말아먹고 있는 현실에서 예수 정신을 지향하는 소수 기독교 그룹이 고군분투하는 것처럼, 「요한복음」을 쓴 요한공동체도 그 당시 주류인 바리새 집단의 극심한 박해 속에서 생존을 위해 사력을 다했다.

알다시피 「요한복음」은 다른 세 복음서보다 훨씬 후대에 쓰였다. 이 말은 예수가 하나님의 아들, 선재하시는 그리스도라는 신앙 고백이 확고하게 자리 잡은 시점이라는 뜻이다. 「요한복음」은 이 고백을 일곱 가지 표징으로 증언했다. 표징은 「요한복음」에만 쓰이는, 예수의 신성을 보여주는 그리스도론 용어이다. 즉 「요한복음」에는 일곱 가지 표징(이적 기사)이 나오는데, 이는 예수가 어떤 분이며, 그가 이 세상에 무엇을 가지고 오시는지에 대해 각각의 특징을 담아서 말한다.

오늘 복음 말씀은 그 중, 첫 번째 표징이다. 바로 가나라는 동네 혼인 잔치에서 예수가 물을 포도주로 바꾼 사건이다. 흔히 회자하는 대로 예수의 첫 이적이 물을 술로 바꾸어 술 마시기를 장려했다는 우스갯소리를 넘어서, 이 사건에는 심오한 의미가 담겨 있다. 어떤 진실이 담겨 있는지 두 가지로 말하겠다.

첫째, 이 표징은 의도하지 않은 사건이었다. 제목을 달자면, '예기치 않은 상황 발생에 대한 반응'이다. 예수는 표징을 행할 의사가 없었다. 모친 마리아가 "포도주가 떨어졌다"고 하자, 예수는 말하기를 "여자여, 그것이 나와 당신에게 무슨 상관이 있습니까? 아직도 내 때가 오지 않았습니다"라고 했다. 어머니한테 '여자여'라니, 하고 의아해 하지 마라. 셈족 언어 표현방식으로, 어떤 거리감을 두는 표현 정도로 이해하면 된다.

그러나 예수는 잔칫집에 술이 떨어졌다는 현실 상황과 자신이 냉정하게 거절했음에도 불구하고 일꾼들에게 자신을 끌어들여서 "무엇이든지, 그가 시키는 대로 하세요"라고 지시하는 어머니의 모습을 보고 모른 체할 수가 없었다.

잔치에서 술이 떨어지면 어떻겠는가? 흥이 깨지는 것은 물론이고, 혼주는 두고두고 말을 들을 것이다. 게다가 모친은 이미 일꾼들에게 예수가 무언가를 할 것임을 알렸다. 예수는 기본적으로 이런 딱한 상황과 어머니의 위신을 모른 체하지 않았다. 인간애가 뜨거운 사람이다. 나는 예수의 인성이 이토록 빛나고 충만하기에 그것이 신성으로 승화하였다고 믿는다.

둘째는 표징이 일어난 도구이다. 혼인집에는 유대 사람의 정결 예법을 따라 물항아리 여섯이 놓여 있었다. 유대 사람의 정결 예법은 이렇다. "바리새인들과 모든 유대인이 장로들의 유전을 지키어 손을 부지런히 씻지 않으면 먹지 아니하며, 또 시장에서 돌아와서는 물을 뿌리지 않으면 먹지 아니하며 그 외에도 여러 가지를 지키어 오는 것이 있으니 잔과 주발과 놋그릇을 씻음이어라."(「마가」 7:3) 유대 사람들은 손을 씻는다든지, 몸에 물을 뿌린다든지, 그릇을 씻는 등 정결 의식을 위해 늘 물이 필요했다. 예수의 표징이 일어난 통은 포도주 통이 아니라 정결 예법을 위해 항상 있는 항아리 물통이다. 예수는 일꾼들에게 지시하기를, 항아리에 물을 가득 채우라고 했고, 일꾼들은 항아리마다 물을 가득 채웠다.

이어서 예수는 "이제는 떠서, 잔치 맡은 이에게 가져다주라"고 했고, 일꾼들은 그대로 했다. 잔치 맡은 이는, 포도주로 변한 물을 맛보았고, 그것이 어디에서 났는지 알지 못하였으나, 물을 떠 온 일꾼들은 알았다고 했다. 그래서 잔치 맡은 이는 신랑을 불러서 칭찬했다. "누구든지 먼저 좋은 포도주를 내놓고, 손님들이 취한 뒤에 덜 좋은 것을 내놓는데, 그대는 이렇게 좋은 포도주를 지금까지 남겨 두었구려!"라고. 혼인잔치는 좋은 포도주 덕분에 끝까지 성대하게 유지됐다.

어떻게 이런 일이 일어날 수 있을까? 이 사건은 무엇을 의미하나?

「요한복음」 1장 17절에 "율법은 모세를 통하여 받았고, 은혜와 진리는 예수 그리스도로 말미암아 생겨났다"라고 했다. 즉 정결 예법을 수행하는 물이 포도주로 바뀐 것은 완전히 다른 질, 새로운 세계가 유대교의 중심인 율법을 접수했음을 상징한다. 유대교는 정결 규정을 수도 없이 만들어서 사람들을 속박했다. 그 일을 위해 물이 필요했지만, 예수는 물을 술로 간단하게 바꾸어 놓았다. 즉 613개나 되는 율법 조항을 무력화시키고, 예수 그리스도가 선사한 은혜와 진리로 새 질서를 연 것이다. 그것은 혼인잔치 지속으로 상징화됐다.

묵묵히 예수의 지시를 따른 일꾼들은 뜻하지 않은 횡재를 했다. 그리스도의 현존을 경험한 것이다. 이 일꾼들은 남들이 전혀 모르는, 새로운 세상을 경험한 생생한 체험자가 됐다. 단언컨대 이들은 이전과 전혀 다른 현실을 살았을 것이다. 경험한 이상 과거로 돌아갈 수는 없다. 요한 공동체가 바리새에게 극심한 박해를 받았지만 결코 굴복하지 않은 이유는 영혼을 개벽시킨 신앙 고백 외에도 예수 그리스도의 세계가 너무나 새롭고 충만해서 바리새가 지배하는 옛 세계로는 결코 돌아갈 수 없었던 체험적 이유도 있다. 내가 근본주의와 결별한 후, 뒤도 돌아보지 않는 것처럼.

그렇다면 답이 나온다. 21세기 대명천지에도 여전히 자본과 권력에 예속되고, 영혼 없는 노예로 살기를 자처하는 민중들을 어떻게 이해해야 하나? 아직 한 번도 사람다운 세상이 있음을 깨치지 못한 탓이다. 그럼 어찌해야 하나? 신심으로 깨친 사람이 먼저 보여주는 수밖에. 그것을 전도라고 쓰고 투쟁이라고 부른다. 민주 독자들이여, 사람답게 사는 새 세상이 있음을 투쟁으로 전도하자.

자기의 갈 길을 가다

「누가복음」 4:21-30

21 예수께서 그들에게 말씀하셨다. "이 성경 말씀이 너희가 듣는 가운데서 오늘 이루어졌다." 22 사람들은 모두 감탄하고, 그의 입에서 나오는 그 은혜로운 말씀에 놀라서 "이 사람은 요셉의 아들이 아닌가?" 하고 말하였다. 23 그래서 예수께서 그들에게 말씀하셨다. "너희는 틀림없이 '의사야, 네 병이나 고쳐라' 하는 속담을 내게다 끌어대면서, '우리가 들은 대로 당신이 가버나움에서 했다는 모든 일을, 여기 당신의 고향에서도 해보시오' 하고 말하려고 한다." 24 예수께서 또 말씀하셨다. "내가 진정으로 너희에게 말한다. 아무 예언자도 자기 고향에서는 환영을 받지 못한다. 25 내가 진정으로 너희에게 말한다. 엘리야 시대에 삼 년 육 개월 동안 하늘이 닫혀서 온 땅에 기근이 심했을 때에, 이스라엘에 과부들이 많이 있었지만, 26 하나님이 엘리야를 그 많은 과부 가운데서 다른 아무에게도 보내지 않으시고, 오직 시돈에 있는 사렙다 마을의 한 과부에게만 보내셨다. 27 또 예언자 엘리사 시대에 이스라엘에 나병 환자가 많이 있었지만, 그들 가운데서 아무도 고침을 받지 못하고, 오직 시리아 사람 나아만만이 고침을 받았다." 28 회당에 모인 사람들은 이 말씀을 듣고서, 모두 화가 잔뜩 났다. 29 그래서 그들은 들고일어나 예수를 동네 밖으로 내쫓았다. 그들의 동네가 산 위에 있으므로, 그들은 예수를 산 벼랑까지 끌고 가서, 거기에서 밀쳐 떨어뜨리려고 하였다. 30 그러나 예수께서는 그들의 한가운데를 지나서 떠나가셨다.

오늘 복음 말씀 줄거리 요약부터. 예수가 고향 나사렛에 갔다. 안식일에 회당에서 「이사야」 61장 1~2절 말씀을 낭독하고, 이 말씀이 오늘날 당신들에게 이루어졌다고 선포했다. 가난하고 불쌍하고 비참하고 주변으로 밀려난 사람들에게 은혜의 해(희년)가 선포됐다는 말씀이다. 희년은 「레위기」 25장에 있는 말씀으로, 이스라엘에서 50년마다 모든 노예를 풀어주고 모든 토지를 원소유자에게 되돌려주는 해이다. 예수가 낭독한 말씀은 메시아 시대에 성취될 말씀으로, 진실로 민중들이 오매불망 고대하는 소식이다.

예수께서 나름 고향 사람들에게 최고로 애정 표시를 한 거다. 그런데 뜻밖의 일이 일어났다. 고향 사람들이 예수의 메시지를 거부한다. "이 사람은 요셉의 아들이 아닌가?"라는 말투에 묻어 있듯이, 예수가 별 볼일 없는 집안이라는 핑계를 대고, 게다가 한 발 더 나아가서 예수가 고향 사람들의 행태를 꼬집자 죽이려고까지 한다. 그날이 안식일임에도 극도의 증오심으로 산 벼랑까지 끌고 가서 밀쳐 떨어뜨리려고 했다. 그러나 예수는 그들 한가운데를 지나서 떠나셨다. 오늘 복음 이야기 경과는 여기까지다.

쟁점은 두 가지다. 첫째, 어째서 나사렛 사람들은 예수의 말씀에 흔쾌히 동조하지 않았는가이다. 둘째, 어째서 그들은 예수를 죽이려고까지 할 정도로 증오에 찼는가 하는 점이다.

나사렛 사람들의 행태를 이해 못할 바는 아니다. 주후 6년에 나사렛에서 6킬로미터 떨어진, 갈릴리의 수도였던 세포리스에서 메시아 이름의 폭동이 있었다. 로마 지배하에 팔레스타인에는 예수 말고도 많은 메시아가 등장했고 그를 앞세운 봉기가 늘 있었다. 그때 나사렛 사람들은 로마가 세포리스를 어떻게 파괴했는지를 똑똑히 목격했다. 그것은 공포 그 자체였다. 그 뒤 나사렛은 메시아 관련 소리가 나면 들뜨기보다는 극도로 몸을 움츠리게 됐다.

나사렛 형편이 꼭 대구 같지 않은가. 1946년 10월항쟁은 해방 이후 첫 민중항쟁이다. 그 진원지가 바로 대구이다. 미군정의 정책이 일제 때보다 더 나빠졌고, 식량난에 처한 대구 민중이 들고일어난 게 기폭제가 돼서 전국으로 항쟁이 번져갔다. 그런 전통에 힘입어 해방 이후 대구는 야당 도시로 유명했다. 그러나 저항 정신이 충만했던 대구는 1974년 인혁당 사건으로 결정적으로 바뀌어버린다. 인혁당 재판으로 여덟 명이 다음날 바로 사형집행 당하면서 대구의 민주시민들과 활동가들은 급속도로 위축되고 말았다.

2012년 11월 경북대에서 있었던, 아이쿱이 주최한 이야기 자리에서 서해성과 한홍구의 말로는, 박정희가 한 다리 건너면 다 아는 고향 사람들을 희생의 제물로 삼아서, 자신을 반대하는 사람들에게 경고의 본보기를 보였다고 했다. 그 뒤 박정희, 전두환, 노태우, 김영삼까지 정치권력이 영남을 기반으로 흘러오고, 경제·정치·법조·관료·학계 등을 망라하여 한국 사회 주류들이 구축해 놓은 카르텔에 대구·경북 사람들이 가장 많이 연관되면서, 대구는 저항의 도시에서 권력이 무엇을 해도 순응하는 퇴행 도시로 변질하고 말았다.

이런 기류가 수십 년 흐르면서 유독 대구만의 정서가 만들어졌다. 첫째는 중앙 진출에 대한 강한 열망이다. 대구 학부모들의 교육열도 서울 강남 못지않다. 지역과 인맥으로 구축한 카르텔에 들어가기 위해서는 어쨌든 일단 학벌이 뒷받침해줘야 하므로 그야말로 인생을 걸고 돌진한다.

둘째는 권력에 대한 동경이다. 대구·경북이 오랫동안 정치권력을 장악해왔기 때문에 그 영향이 대구 민중들에게도 스며들었다. 그래서 선거만 하면 어떡하든 권력을 계속 고수해야 한다는 강한 집단정서가 작용한다. 절대적으로 유리한 선거제도, 호남보다 압도적인 인구와 선거구 덕분에 조금만 결집하면 과반을 넘기는 것은 땅 짚고 헤엄치기가 됐다. 그런데 이 과정에서 대구 민중이 단단히 착각하는 것이 있다. 주류가 심어 놓은 선전에 고스란히 세뇌돼서, 자신의 계급과 관계없이 권력과 자신이 한편이라는 동질감이 뼛속 깊이 스며들었다. 주류 카르텔에 속한 엘리트들은 무한 혜택을 받았지만 대구 민중이 잘 된 것은 결코 아님에도, 자신들도 엘리트들과 한편인 것처럼 속으며 사는 거다. 이렇게 대구 민중들은 주류 엘리트들에게 철저히 대상화돼 버렸다. 실로 대구의 불행이다.

나사렛 회당일은 어떻게 되어가는지 보자. 예수는 본질을 던졌다. 어둠의 세계에 하나님 나라가 도래했다는 복음이 그 실체이다. 이적은 그 상징일 뿐이다. 그러나 전혀 엉뚱하게도, 나사렛 사람들은 본질에는 관심이 없고, 고작 이적이나 보여 달라고 한다. 가버나움에서 했던 것처럼 여기 나사렛에서도 해보라고. 아, 인간들의 이 말초적인 호기심이여! 복음을 눈요깃감으로 치부해 버리다니! 여기서 그 유명한 말씀이 나온다. "아무 예언자도 자기 고향에서는 환영을 받지 못한다"라는.

긴장도가 높아지면서 예수는 이스라엘 사람들이 전설적 존재로 흠모하는 두 예언자 엘리야와 엘리사 이야기를 꺼냈다. 출처는 「열왕기상」 17장과 「열왕기하」 5장이다. 직접 열어보라. 엘리야는 극심한 흉년 중에 사렙다 마을의 과부를 먹여 살렸고, 엘리사는 아람나라 장군 나아만의 나병을 고쳐주었다는 단순한 이야기만 나온다. 그런데 예수는 이 두 사건에 의미를 부여했다. 해석의 내용인즉 엘리야는 이스라엘에 많은 과부가 있었지만 모두 지나치고 오직 이방인 과부만 살 길을 얻었다고. 엘리사도 마찬가지로 이스라엘에 나병 환자가 많이 있었지만 그들 모두를 지나치고 오직 이방인 나아만만 고침받았다고. 무슨 말인가? 예수는 엘리야와 엘리사의 이적 행위 이면에는 이스라엘 본토인을 배제하고 이방인을 우대하는 하나님의 뜻이 담겼다고 말했다. 그러므로 나사렛 고향 사람들이 나를 박대하고 적대적으로 대하는 것은 너무나 당연한 일이라고, 그래서 어차피 너희는 하나님의 자비를 얻지 못하고 이렇게 지지리 궁상으로 살 수밖에 없는 거라고, 냉정하게 꼬집은 것이다.

자기들 장단에 맞춰주지 않고 되레 나쁜 말을 하는 예수를 곱게 볼 대중은 없다. 결코. 예를 들어 내가 어버이연합 같은 곳에 가서 설교하면 그들은 내 말을 다 듣기도 전에 온갖 쌍욕을 하고, 심지어 테러까지 자행할 것이다. 내가 예의는 차리겠지만, 그들더러 "잘 하고 있다. 계속 그렇게 하라"고 말할 수는 없는 노릇 아닌가. 그들의 무지와 맹목과 이용당하고 있음을 신랄하게 말할지언정.

그래서 그들은 병 고치는 일도 삼가는 거룩한 안식일에 조금의 주저함 없이 극도의 증오심으로 예수를 죽이려고 설쳤다. 그러나 예수는 그들의 한가운데를 지나서 자기의 갈 길을 가셨다. 어떻게 이런 일이? 구구절절 말할 수는 없으나, 투쟁의 현장에서 갈 길이 안 보일 때, 또는 막다른 골목으로 몰린 인생에서도, 얼마든지 이런 일이 일어난다. 그러니까 절망 속에서도 다시 사는 거다.

어느 시대나 하늘의 소리에는 귀를 닫은 채 탐욕을 버리지 못하고 오로지 땅의 이해에만 집착하여 사는 사람들이 다수이다. 그리고 다수의 입장은 여론이 되고 시대를 지배하는 이데올로기가 된다. 그래서 정의·평화·진실·공동선을 추구하는 사람들은 늘 소수자 입장에 머물 수밖에 없다. 복음에 나오는 나사렛 사람들이나 오늘날 권력과 밀착해 있는 대구 사회 정서는 그런 시대의 산물이다. 사람을 오직 가문과 배경, 연줄과 인맥으로만 보는 시대에서 다르게 사는 것은 참으로 고달프다. 그러나 성경은 분명히 신언한다. 우리가 누구의 아들이기는 하지만, 또한 하나님의 아들이라고. 예수가 세례를 받을 때, 하늘에서 소리가 났다. "너는 내 사랑하는 아들이요, 나는 너를 좋아한다"(「누가」 3:22)고. 이렇게 하늘의 소리를 들은 사람은 결코 땅의 소리에만 순응할 수 없다. 권력이 쉴 새 없이 떠드는 거짓 나팔 소리에 개의치 않는다. 오직 양심이 지시한 자기 갈 길을 갈 뿐이다.

강정 펜스에 이런 글귀가 적혀 있다. "양심은 본질적으로 개인의 것, 고독하고 두려운 것, 상식이나 다수와는 늘 긴장관계일 수밖에 없는."

대구의 민주시민들에게 요청한다. 어둠의 세계에서 비뚤어진 일들이 오래가면 사람들 생각도 바뀌어버린다. 그래서 오늘날 대구는 '고담 도시'가 돼 버렸다. 그러므로 왜곡된 가치가 사람들을 지배하지 못하도록, 양심에 호소하고 정의를 외치고 정의가 현장에 실현되도록 활동해야 한다. 이것은 오롯이 대구의 깨어 있는 민주시민이 갈 길이다.

그 말이 맞는가?

「누가복음」 4:1-13

1 예수께서 성령으로 가득하여 요단 강에서 돌아오셨다. 그리고 그는 성령에 이끌려 광야로 가셔서, 2 사십 일 동안 악마에게 시험을 받으셨다. 그동안 아무것도 잡수시지 않아서, 그 기간이 다하였을 때에는 시장하셨다. 3 악마가 예수께 말하였다. "네가 하나님의 아들이거든, 이 돌더러 빵이 되라고 말해 보아라." 4 예수께서 악마에게 대답하셨다. "성경에 기록하기를 '사람은 빵만 먹고 사는 것이 아니다' 하였다." 5 그랬더니 악마는 예수를 높은 데로 이끌고 가서, 순식간에 세계 모든 나라를 그에게 보여주었다. 6 그리고 나서 악마는 그에게 말하였다. "내가 이 모든 권세와 그 영광을 너에게 주겠다. 이것은 나에게 넘어온 것이니, 내가 주고 싶은 사람에게 준다. 7 그러므로 네가 내 앞에 엎드려 절하면, 이 모든 것을 너에게 주겠다." 8 예수께서 악마에게 대답하셨다. "성경에 기록하기를 '주 너의 하나님께 경배하고, 그분만을 섬겨라' 하였다." 9 그래서 악마는 예수를 예루살렘으로 이끌고 가서, 성전 꼭대기에 세우고, 그에게 말하였다. "네가 하나님의 아들이거든, 여기에서 뛰어내려 보아라. 10 성경에 기록하기를 '하나님이 너를 위하여 자기 천사들에게 명해서, 너를 지키게 하실 것이다' 하였고 11 또한 '그들이 손으로 너를 떠받쳐서, 너의 발이 돌에 부딪히지 않게 할 것이다' 하였다." 12 예수께서 악마에게 대답하셨다. "성경에 기록하기를 '주 너의 하나님을 시험하지 말아라' 하였다." 13 악마는 모든 시험을 끝마치고 물러가서, 어느 때가 되기까지 예수에게서 떠나 있었다.

신상에 관한 이야기 좀 하겠다. 이를 교회에서는 간증이라고 한다. 독자들은 인생살이에서 달콤한, 또는 격심한 유혹을 받은 적이 있나? 나는 있다. 신학을 다시 하기 전, 세어보니 17년 전 일이다.

직장일로 동료와 함께 지방에 갔다. 그런데 동료가 다른 사람을 대동했다. 동료와 같은 종교를 믿는 사람인데 꽤 높은 직책이었다. 동료는 일 도움도 받고, 포교도 할 목적으로 그 사람을 데려온 것이다. 나에게는 가는 길, 오는 길이 고행이었다. 비록 세파에 시달리며 변변한 신앙인은 못 돼도 기독교 정체성만은 확고한 사람에게 다른 종교를 믿으라는 게 될 법한가.

이 사람들은 지방에 내려가는 길에는 신사적으로 접근하더니만 의도가 통하지 않자, 올라올 때는 노골적·공격적으로 바뀌었다. "우리 종교에 들어오면 인맥도 많으니까 사업도 훨씬 잘 될 것이다"라는 등 여러 말로 졸라대는지라, 일도 잘 안 되는데 차라리 그 덕 좀 볼까 하는 마음도 살짝 들었다.

그들이 마지막으로 제시한 유혹이 있었다. 입회서에 이름만 써 달라는 것이다. 신자의 의무, 도리, 아무것도 안 해도 좋으니 그저 이름만 써주면 나는 나대로 한 사람 포교했다는 체면이 서고, 당신도 별로 손해 볼 것 없지 않으냐는 것이다. 운전 중에 너무 시달려서 남은 길이나마 편하게 가고 싶은 심정으로, 삼손이 힘의 비밀을 알려 달라고 애걸복걸하는 들릴라에게 시달리다 못해서 확 말해버린 것처럼(「사사기」 16장), 확 써버리고 싶었다.

그러나 그때 나를 막아준 사람들이 있었다. 바로 비전향장기수 어르신들이다. 이름 석 자를 지키려고 평생 온갖 고난과 역경을 감내한 분들을 알고 있는 사람으로서, 요 몇 시간 시달린다고 내 이름을 팔아서야 하겠는가 하는 단호함으로 거절했다. 그 뒤 목적지에 도달할 때까지 그들은 광분했지만, 묵묵히 견뎠다. 장기수 어르신들이 전향서에 이름 안 써서 영혼을 지켰다고 말씀한 것처럼, 나도 그때 이름 안 쓴 일은 정말 잘했다는 안도감으로 가슴을 쓸어내린다.

오늘 복음 말씀은 예수가 악마에게 유혹당하는 이야기이다. 매우 익숙해서, 교인들은 결론까지 다 알고 있다. 세 가지 유혹은 식욕, 권력욕, 명예욕을 상징한다고. 그러나 알면 뭐하나. 유감스럽게도 예수는 훌륭하게 악마의 유혹을 물리쳤지만, 예수의 후예들은 시험 족족 패배하고 있다. 오늘날 교회의 실상은 이 세 가지 유혹을 이기지 못해서 나타나는 현실이다. 문제는 어디 있는지, 왜 우리는 번번이 시험에서 패배하는지, 그런 문제의식을 염두에 두고 이야기를 풀어가겠다.

우선 던질 질문이 있다. 악마의 말은 맞는가이다. 그리고 이적을 행할 때, 무엇을 위해 그런 일을 하는가이다.

악마가 예수께 던진 첫 번째 유혹은 "네가 하나님의 아들이거든, 이 돌더러 빵이 되라고 말해 보아라"이다. 이때 예수는 사십 일 동안 아무것도 먹지 않아서 몹시 시장하였다. 유혹자가 어떤 유혹을 할 때에는 반드시 그 사람이 지니고 있는 약점을 파고들어 온다. 생뚱맞게 아무거나 미끼를 던지지 않는다. 그러므로 굶주려 있는 예수에게 악마의 유혹은 너무도 솔깃했다. 그런데 진짜로 돌을 빵으로 만들 수 있을까. 악마도 예수도 그 일이 가능하다는 전제하에 이야기를 나누는 것일까. 아니다. 어떤 물질이 자기 성질을 뛰어넘어서 다른 물질이 되는 것은 애당초 불가능하다.

악마는 마술을 부려보라는 이야기이다. 마술은 실체의 변화가 아니다. 잠깐의 눈속임이다. 예를 들자. 어제 한 텔레비전 프로그램에서 본 마술쇼는 이랬다. 새장 안에 새가 있었는데, 마술사가 가림천을 가렸다가 펼치니 새가 아닌 사람이 나타났다. 그럼, 새가 사람으로 바뀐 것인가? 아니다. 우리가 모르는 속임수를 쓴 것이다. 어떤 방법인지는 모른다. 어쨌든 사람들은 자기가 속은 것을 알면서도 즐거워한다. 눈요기로 즐기는 것이다. 악마가 예수께 던진 유혹은 그런 차원이다. 진짜 그렇게 해서 굶주림을 면하라는 요구라기보다는 잠시 쇼를 해서 허기를 잊어보라는 사탕발림이다. 악마는 이렇게 무가치한 허상에 힘을 쓰게 한다.

빵을 얻기 위한 정직한 방법은 봄에 씨를 뿌려서 많은 수고를 한 후에 가을에 곡식을 추수해서 만드는 것이다. 이 방법 외에는 없다. 그런데 악마의 유혹에 넘어간 놈들은 사악하게도 돌에서 빵을 얻으려 한다. 그래서 온갖 거짓 빵이 발생한다. 예수가 대응한 말씀, "성경에 기록하기를, 사람은 빵만 먹고 사는 것이 아니다"라는 말씀을 풀자면, 사람이 빵 없이 살 수 있다는 말이 아니고, 사람은 참된 빵을 먹고 살아야 한다는 말이다.

그런데 악마의 말 중에 검증할 것이 또 있다. "네가 하나님의 아들이거든"이다. 물어보자. 하나님의 아들이면 이렇게 해도 되는가? 장엄하게 자신을 구하는 기적이나 자신을 과시하는 무엇을 해도 되는가? 사기꾼, 장사꾼은 그렇게 한다. 그러나 하나님의 아들은 그렇게 하지 않는다. 자신의 과업을 수행할 때, 재능·기적·권세를 발휘해서 사람들을 강요하는 일을 절대 행하지 않는다. 하나님을 자기 목표를 달성하는 수단으로 쓰지 않는다. 그래서 교회 마케팅 잘 하는 사람을 능력이 있는 종으로 떠받드는 교회 현실이 위험한 거다.

악마의 두 번째 유혹은, 예수를 높은 데로 이끌고 가서 순식간에 세계 모든 나라를 보여주고서 "네가 나에게 엎드려 절하면, 이 모든 권세와 그 영광을 주겠다"이다.

다시 묻자. 악마의 유혹은 맞는가? 이 세상은 악마에게 속해 있지 않다. 이 세상은 보시기에 좋았더라고 감탄한 하나님의 창조물이다. 이런 세계를 악마가 만들 수는 없다. 그러나 악마가 찬탈했다. 악마의 다른 이름은 찬탈자다. 엄밀히 말하면 악마는 인간의 마음만 빼앗을 뿐이다. 그래서 악마도 자기 것이 아닌 줄 알기에 트릭을 썼다.

어떤 트릭인가? 순식간에 세계 모든 나라를 보여줬다고 했다. 항상 가짜들은 속이기 쉽도록 순식간에 처리한다. 가까이 보고, 꼼꼼히 보고, 오래 보면 거짓은 대번 들통이 난다. 그래서 가짜는 잠깐 사이에 얼렁뚱땅 지나간다. 악마는 이런 방식으로 사람을 속여서 노예로 삼는다.

악마의 세 번째 유혹은, 예수를 예루살렘 성전 꼭대기에 세우고 "네가 하나님의 아들이거든, 여기에서 뛰어내려 보아라"이다. 그런데 악마는 유혹하는 말에 하나님의 말씀을 인용했다. 「시편」 91장 11, 12절이다. 골자는 "네가 뛰어내려도 하나님이 천사를 통해서 너를 손으로 떠받치므로 너는 털끝 하나 다치지 않는다"는 말이다. 악마가 하나님 말씀까지 끌어대며 유혹하니 넘어갈 법하다. 여기서 성경에 대해 매우 중요한 지각을 발견한다. 하나님 말씀을 자기 편리한 대로 문맥을 무시하고 인용하는 위험성이다. 내가 근본주의 신학과 이를 신봉하는 교회를 비판하는 이유도 이들이 이런 일을 단골로 범하기 때문이다.

이런 유혹에 넘어가지 않으려면 세심한 분별력이 필요하다. 예수가 악마의 말을 액면 그대로 믿고 뛰어내렸으면 어떻게 됐겠는가? 두말할 것도 없이, 두개골은 박살이 나고 끔찍하게 죽었을 것이다. 정말 악마의 말이 유효하다면, 성적을 비관하여 아파트에서 뛰어내리는 불쌍한 어린 학생들을 모두 이렇게 받아주면 참으로 좋겠다.

시편 말씀을 끌어들인 악마의 논리는 무엇이 문제인가? 주권자는 하나님이다. 인간이 아니다. 그런데 인간이 일부러 위험을 자초해서 하나님 말씀이 맞는지 틀리는지를 시험하는 것은 주권 침범이다. 나와바리 침범은 어디든 용납이 안 된다.

예수가 악마에게 대응한 말씀들은 모두 이스라엘 조상이 광야에서 불신앙 사건을 겪고 난 후, 모세가 교훈으로 준 「신명기」(오경 중 다섯 번째 책) 말씀들이다. 먹을 게 없어서, 마실 물이 없어서 하나님을 원망하다가 호되게 심판을 받은 후에 나왔다. 즉 좋은 환경에서 피상적으로 나온 게 아니라 모두 인간의 한계 상황에서 나온 말씀들이다. 그러므로 하나님 말씀은 사람들의 형편을 모두 담을 수 있고, 살아 있고, 힘이 있다. 오늘날도 하나님 말씀은 인생을 구원한다. 가까이 하시기를.

악마는 자기 의중대로 살기를 요구하며 끊임없이 우리를 유혹한다. 그런데 그 유혹의 내용이 모두 속임수이다. 악마의 말에 진정성 있는 말은 하나도 없다. 잠깐 동안 눈을 홀려서 판단을 흐리게 하고 마음을 뺏을 뿐, 모두 거짓이다.

언제 유혹에 넘어갔고 언제 나를 지켰던가? 사심이 가득했을 때와 사심에서 벗어날 때이다. 그러니 악마가 따로 있는 게 아니다. 바로 내 안을 조심해야 한다.

어떻게 살아야 하는가?

「누가복음」 13:1-9

1 바로 그때에 몇몇 사람이 와서, 빌라도가 갈릴리 사람들을 학살해서 그 피를 그들이 바치려던 희생제물에 섞었다는 사실을 예수께 일러드렸다. 2 예수께서 그들에게 대답하셨다. "이 갈릴리 사람들이 이런 변을 당했다고 해서, 다른 모든 갈릴리 사람보다 더 큰 죄인이라고 생각하느냐? 3 그렇지 않다. 내가 너희에게 말한다. 너희도 회개하지 않으면, 모두 그렇게 망할 것이다. 4 또 실로암에 있는 탑이 무너져서 치여 죽은 열여덟 사람은 예루살렘에 사는 다른 모든 사람보다 더 많이 죄를 지은 사람이라고 생각하느냐? 5 그렇지 않다. 내가 너희에게 말한다. 너희도 회개하지 않으면, 모두 그렇게 망할 것이다." 6 예수께서는 이런 비유를 말씀하셨다. "어떤 사람이 자기 포도원에다가 무화과나무를 한 그루 심었는데, 그 나무에서 열매를 얻을까 하고 왔으나, 찾지 못하였다. 7 그래서 그는 포도원지기에게 말하였다. '보아라, 내가 세 해나 이 무화과나무에서 열매를 얻을까 하고 왔으나, 열매를 본 적이 없다. 찍어버려라. 무엇 때문에 땅만 버리게 하겠느냐?' 8 그러자 포도원지기가 그에게 말하였다. '주인님, 올해만 그냥 두십시오. 그동안에 내가 그 둘레를 파고 거름을 주겠습니다. 9 그렇게 하면, 다음 철에 열매를 맺을지도 모릅니다. 그때에 가서도 열매를 맺지 못하면, 찍어버리십시오.'"

2003년 2월 18일. 대구지하철화재 참사가 난 날이다. 무려 192명이 죽고 부상자가 148명이나 발생한 비극적인 날이다. 이날을 기억하고자,

2013년 2월 17일 동성로 대구백화점 앞에서 대구지하철화재 참사 10주기 추모문화제를 열었다.

나는 추모 발언을 맡았다. 그런데 앞 순서에서 현종문 감독의 〈대구 지하철참사와 10년〉 영상을 보고, 2·18 대구지하철참사희생자대책위 윤석기 위원장의 발언을 듣고 생각이 바뀌었다. '추모 발언' 대신 '대구시 성토 발언'을 하기로. 지하철 참사 이전 1995년 4월 28일 상인동 지하철 공사장에서 가스가 폭발해서 101명이 죽고 202명이 부상당한 참사도 있었던지라, 이런 문제제기를 했다. 결코 일어나서는 안 되는 참변이 어째서 대구에서만 연거푸 일어나는 것인가?

우연의 일치인가? 연속적인 돌발 상황인가? 나는 이날 대구 정치권력의 문제라고 지적했다. 추모 발언을 성토 발언으로 바꾼 이유이다. 참변 이후 수습 과정은 엉터리였다. 사고 원인을 밝히는 데 절대적으로 중요한 현장을 보전하지 않고, 다음날 곧바로 청소해버렸다.

동영상을 보니 그때 분노한 시민이 엄청나게 모여서 지하철 운행을 중단하고 진상규명 제대로 하라는 시위를 하며 대구시청으로 몰려갔는데, 대구시는 경찰을 동원해 이들을 막기에 급급했다.

경찰이 시 청사를 둘러싸는 모습은 너무나 익숙한 장면이다. 대구시 잘못으로 발생한 현안 때문에 시청에 항의 집회를 가면, 이놈들은 잘못을 바로잡고 재발 방지와 개선을 하는 게 아니라 시민들을 물리력으로 막는 게 유일한 반응이다. 권력자가 시민을 무시하고 일방적으로 정책을 펴는 대표적인 지역이 대구이다.

유족들이 참사를 잊지 말자는 뜻에서 추모공원을 요구하였고, 중앙정부도 좋다고 하는 것을, 유독 대구시가 소극적이어서 지금도 기형적인 형태로 있다. 이름도 애매한 시민안전테마파크……. 지역 상인과의 갈등도 있고 희생자 유족 모임도 갈라져서 추모식도 따로 한다.

이런 현실은 대구시가 조장한 면이 크다. 더군다나 2014년 개통하는 지하철 3호선은 무인역사, 무인전동차를 운행한다는 계획이다. 이쯤 되면 지하철 참사를 통해 얻은 교훈이 하나도 없다고 할 수밖에 없다. 그래서 그날 거리를 지나는 시민에게 외쳤다. 시민들이여, 깨어나라고. 언제까지 이 무도한 지방 권력을 계속 내버려둘 것이냐고, 언제까지 '묻지마' 투표를 할 것이냐고.

오늘 복음 이야기에는 예루살렘에서 일어난 두 가지 비극적인 사건이 나온다. 앞의 사건은 총독 빌라도가 예루살렘 성전에 예배하러 온 갈릴리 사람들을 집단으로 학살한 사건이다. 빌라도의 포악성, 잔인함을 보여주는 대목이다. 뒤의 사건은 실로암 탑이 무너져서 졸지에 18명이 죽은 사건이다. 앞 사건이 정치적인 학살이라면 뒤의 사건은 사고사이다.

나는 복음 말씀에 나온 두 개의 사건을 보면서 반사적으로 대구에서 일어난 두 사건이 겹쳐서 떠올랐다. 정치적 사건은 1974년에 일어난 인혁당 사건이다. 이듬해인 1975년 4월 8일 대법원에서 확정 판결이 난 바로 다음날 선량한 시민 여덟 명이 사형당했다. 희생자들은 모두 대구·경북 사람들이다. 박정희가 국면 전환을 위해 이들을 희생제물로 삼은 정치적 학살이었다. 또 다른 사건은 서두에 말한 것처럼, 상인동 가스 폭발과 지하철화재 참사이다.

한번 묻자. 정치적 학살이든 사고이든, 죽음을 당한 사람들은 이런 참사에 대해 어떤 인과 관계가 있나? 자신의 결정적인 잘못이나 죄책, 책임이 있나? 다시 말해 죽을 만한 잘못이 있나? 인혁당이나 지하철 희생자나 모두 지극히 평범한 사람들이다. 추모문화제 전시 패널에서, 불이 난 전동차에 갇힌 채 죽어가면서 가족에게 보낸 문자를 읽어보노라면, 눈물 없이는 읽을 수 없는 인간애로 가득 차 있었다.

빌라도에게 학살당한 갈릴리 사람이나 탑이 무너져서 죽은 사람도 마찬가지이다. 오직 이유가 있다면, 악한 자가 지배하는 세상을 산 게 잘못이라면 잘못이다. 지난 5년간 국민이 체감한 정서와 전혀 다른 말을 하는 이명박을 보면서 무슨 말을 할 수 있겠는가? 그런 사람과 같은 시대를 산 게 잘못이라고밖에 달리 무슨 말을 더 하겠는가? 그런데 사람들은 이런 비극적인 사건을 접해도 본질을 잘 보지 못한다.

예수는 두 사건을 언급하면서 이런 말씀을 하셨다. "이런 변을 당했다고 해서, 탑에 치여 죽었다고 해서, 이 사람들이 다른 사람보다 더 큰 죄인이라고 생각하느냐? 더 많이 죄를 지은 사람이라고 생각하느냐?"라고. 예수가 던진 문답에는 배경이 있다. 당대 사람들은 불행이 죄의 결과라는 이데올로기에 잠식돼 있었다. 누가 불행을 겪으면 "이게 누구 죄 때문인가?" 하는 의문을 자동으로 던졌다. 이것을 인과응보 사상이라고 한다. 그러나 예수는 말했다. "그렇지 않다. 너희도 회개하지 않으면, 모두 그렇게 망할 것이다"라고.

불행은 죄의 결과라는 당대 이데올로기는 무엇이 문제인가? 불행의 원인을 자기 죄에서 찾는 인과응보 사상은 어떻게 유포된 것인가?

서두에 대구지하철참사는 우연도, 돌발도 아닌 정치권력의 문제라고 했다. 대구시의 가장 큰 잘못은 희생자만 위로하고 자신들의 잘못을 감추고 아무 일도 없었다는 듯이 덮고 지나가려고 한 데 있다. 그 속을 파헤치면 우발성을 넘어서 구조적으로 개선해야 할 수많은 문제가 잠복해 있었다. 승무원이 부족한 점, 불량자재를 쓴 것, 화재시 불길을 차단한답시고 지하상가 셔터를 내려서 사람들이 갇힌 것 등 이루 말할 수 없다. 그러나 권력은 그러한 이면이 드러나는 것을 좋아하지 않는다. 불행을 개인의 죄에서만 찾는 인과응보는 이런 구조적이고 근원적인 진단에 눈을 감게 한다. 자기가 당하지 않았으면 그만이라는 안이한 생각이 퍼져서 권력자가 무엇을 해도 무사통과인 풍토를 만들었다.

복음 말씀으로 돌아가자면, 빌라도가 갈릴리 사람을 학살한 것이나 실로암 탑이 무너져서 대형참사가 난 것 모두 개인의 잘못이 아니다. 죄라면 권력자를 잘못 만난 죄이다. 실로암 탑 붕괴도 요즘으로 말하면 권력형 건설 비리가 얽혀서 일어난, 사고사처럼 보이는 구조적 범죄라고 할 수 있다.

사람들은 누구에게 나쁜 일이 일어나면 그 사람이 무슨 잘못을 했을까 하는 생각부터 한다. 그렇게 되면 가장 득을 보는 사람은 권력자이다. 자기가 저지른 범죄가 가려지기 때문이다.

예수가 '회개'를 말씀하심은 이런 어두운 시대를 뛰어넘고자 하는 촉구이다. 새로운 역사 건설에 동참하라는 초대이다. 새로운 세계에 뛰어들기 위해 자신이 고집하는 잘못된 관념과 행위들을 버리는 일이다. 구체적으로 어떻게 하라는 말인가?

2013년 3월 1일 청도 각북면 삼평 1리에서 '삼평리에 평화를'이라는 평화콘서트가 열렸다. 한국전력이 시골 사람을 무시하고 아직 완공도 되지 않은 신고리핵발전소의 전기를 공급한답시고 마구잡이로 송전탑을 건설해왔는데, 뜻밖에도 삼평 1리 할머니들이 자기 마을을 관통하는 송전탑 건설을 온몸으로 저지하는 투쟁을 벌이고 있는 바, 할머니 전사들을 지지하고 연대하는 행사를 한 것이다.

그런데 놀라운 일은 마을 사람 대부분이 알량한 보상금을 바라고 송전탑 건설을 묵인하는 현실이다. 자기 마을의 일임에도 남 일처럼 강 건너 불구경을 하고 있다. 이장은 한전과 한통속이 되어서 설레발을 치고 있다.

인간의 탐욕이 이성과 양심을 잡아먹었다. 저만 살겠다고 남의 고통을 외면하는 사람, 국가와 자본이 벌이는 악행을 뻔히 알면서도 내 일이 아니라고 침묵하는 사람, 권력이 자기 입맛대로 가공하고 조작한 선전을 진실인 양 의심 없이 받아들이고 그것대로만 판단하고 행동하는 사람들이 참으로 많다. 그러면서 불행을 당하면 개인에게서 죄책을 찾고, 권력이 저지른 구조적인 악에 대해서는 눈을 감는다. 이런 사람들과 비극적 참사를 겪은 사람들이 다를 게 무엇인가?

우리는 모두 함께 사는 세상이 되지 못하는 현실과 그런 세상을 조장하는 정치권력과 자본에 대해 경각심을 가져야 한다. 나는 어느 편에 서 있는가를 돌아보고, 서 있는 자리가 잘못됐다면 발걸음을 옮겨야 한다. 모두가 함께 사는 세상으로. 그것이 참사람으로 사는 모습이며, 기독교가 말하는 회개이다. 진실로.

그대로 두어라

「요한복음」 12:1-8

1 유월절 엿새 전에, 예수께서 베다니에 가셨다. 그곳은 예수께서 죽은 사람 가운데에 살리신 나사로가 사는 곳이다. 2 거기서 예수를 위하여 잔치를 베풀었는데, 마르다는 시중을 들고 있었고, 나사로는 식탁에서 예수와 함께 음식을 먹고 있는 사람 가운데 끼어 있었다. 3 그때에 마리아가 매우 값진 순 나드 향유 한 근을 가져다가 예수의 발에 붓고, 자기 머리털로 그 발을 닦았다. 온 집 안에 향유 냄새가 가득 찼다. 4 예수의 제자 가운데 하나이며 장차 예수를 넘겨줄 가룟 유다가 말하였다. 5 "이 향유를 삼백 데나리온에 팔아서 가난한 사람들에게 주지 않고, 왜 이렇게 낭비하는가?" 6 (그가 이렇게 말한 것은, 가난한 사람을 생각해서가 아니다. 그는 도둑이어서 돈자루를 맡아 가지고 있으면서, 거기에 든 것을 훔쳐내곤 하였기 때문이다.) 7 예수께서 말씀하셨다. "그대로 두어라. 그는 나의 장사 날에 쓰려고 간직한 것을 쓴 것이다. 8 가난한 사람들은 언제나 너희와 함께 있지만, 나는 언제나 너희와 함께 있는 것이 아니다."

오늘 복음 말씀의 이해를 돕기 위해 짧은 배경 설명을 하겠다. 이스라엘에는 유월절이라는 명절이 있다. 우리나라의 광복절과 같다. 이스라엘 조상이 애굽에서 노예살이를 할 때, 야웨 하나님이 이스라엘을 구출한 날이다. 그때 야웨 하나님은 애굽 땅에 처음 난 것이 모두 죽는 재앙을 내렸다. 이 재앙으로 애굽왕 바로의 맏아들부터 맷돌질하는 몸종의 맏

아들과 모든 짐승의 맏배가 다 죽었다. 이때 이스라엘은 어린 양을 잡아서 그 피를 집의 문설주와 상인방에 바르게 했다. 그날 밤, 야웨 하나님이 애굽의 처음 난 것을 칠 때, 문설주에 피를 바른 집은 재앙을 피하고 넘어갔다. 이날이 바로 유월절의 효시이다(「출애굽기」 12장). 한자로 넘을 유逾, 넘을 월越, 영어로 'passover'이다. 모세는 이날을 영원히 지키라고 명했고, 이스라엘 사람은 지금도 이날을 기념한다.

「요한복음」은 예수를 바로 이 어린 양에 비유했다. "보시오, 세상 죄를 지고 가는 하나님의 어린 양입니다."(「요한」 1:29) 이처럼 「요한복음」에서 유월절 어린 양은 예수와 그의 죽음을 상징한다. 오늘 복음 첫 말씀은 "유월절 엿새 전에, 예수께서 베다니에 가셨다"이다. 즉 유월절 엿새 전에 베다니에서 있었던 일이 예수의 죽음에 어떤 영향을 끼쳤는가를 증언한다.

오늘 복음 사건 요지는 이렇다. 베다니에서 예수를 위하여 잔치를 베풀었다. 베다니는 예수께서 죽은 사람 가운데서 살리신 나사로가 사는 곳이다. 한참 음식을 먹고 있는데, 나사로의 누이 마리아가 매우 값진 순 나드 향유 한 근을 통째로 예수의 발에 붓고, 자기 머리털로 그 발을 닦았다. 마리아의 특별한 행위에서 주목할 쟁점은 두 가지이다.

첫째는 매우 값비싼 향유를 한순간에 쏟아 부은 것이다. 과연 마리아의 행위는 낭비인가? 아니면 또 다른 뜻을 담고 있나?

둘째는 마리아가 향유를 발에 부은 거다. 원래 향유는 머리에 붓는다. 유명한 시편 23편 말씀에도 "주님께서는 내 원수들이 보는 앞에서 내 머리에 기름 부으시어 나를 귀한 손님으로 맞아주시니"라고 했다. 그런데 엉뚱하게도 마리아는 그 값진 향유를 발에 부었다.

하나하나 살펴보자.

첫째, 마리아가 향유를 붓자 옆에서 지켜보던 가롯 유다가 기겁해서 떠들었다. "이 향유를 삼백 데나리온에 팔아서 가난한 사람들에게 주지 않고, 왜 이렇게 낭비하는가"라고. 당시 노동자의 하루 품삯은 한 데나리온이다. 일 년 365일 중, 안식일과 비가 오는 날 빼고 노동한 날이 대략 300일쯤 된다고 하면, 삼백 데나리온은 노동자의 꼬박 일 년 품삯이다. 그런 거액을 마리아는 향유를 사서 한 순간에 쏟아 부은 것이다. 현대 자본의 세례를 받아 매사를 실용적으로 생각하는 우리도 가롯 유다의 비명에 충분히 공감할 수 있을 것이다.

그런데 여기서 주목할 게 있다. 말도 중요하지만 누가 말하느냐는 더 중요하다. 똑같은 말이라도 누가 말하느냐에 따라 말의 가치는 천지 차이이다. 사기꾼의 말과 진실한 사람의 말이 똑같을 수는 없다. 가롯 유다가 "왜 낭비하는가?"라고 하자, 복음 저자는 특별히 괄호를 치고 이런 부연 설명을 했다. "(그가 이렇게 말한 것은, 가난한 사람을 생각해서가 아니다. 그는 도둑이어서 돈자루를 맡아 가지고 있으면서, 거기에 든 것을 훔쳐내곤 하였기 때문이다.)" 유다는 상습적으로 공금을 횡령했다. 그런 자가 가난한 사람들을 염려하는 것은 그저 남에게 자기를 위장하는 말이지, 진정으로 가난한 사람을 위해서 하는 말이 아니다.

유다의 속셈은 이랬을 것이다. "저 돈을 우리한테 기부하지. 그럼, 가난한 사람들에게 조금 쓰고, 내가 횡령한 부분을 채울 텐데……. 어휴, 저 칠푼이 같은 년. 아, 아깝다."

나도 매우 유사한 사례를 겪었다. 국가보안법 혐의로 나를 심문한 보안수사대 공안이 마지막으로 던진 질문이 이랬다. "피의자는 목회 활동보다는 주한미군 철수, 평화협정 체결, 제주해군기지 반대 등을 주장하고 목사 신분을 이용하여 피의자와 '평화와통일을여는사람들'의 주장을 관철하려는 투쟁의식을 버리고 진정 회개하고, 지금이라도 널리 하나님의 말씀을 전하고 사회빈민층 약자의 아픔을 대신하는 참다운 목회자로서의 길을 갈 생각이 없는가요?"

공안이 진짜로 사회빈민층 약자의 아픔을 염려해서 이런 질문을 던졌을까? 그는 그저 형식 논리로 나를 자극하고 사회 약자를 돕는 일과 내가 하는 일을 구분해서 이념적으로 깎아내리려는 속셈일 뿐이다. 공안 말대로 주한미군 철수, 평화협정 체결, 제주해군기지 반대 등은 사회빈민층 약자를 돕는 일과 아무 연관이 없는 일인가? 지면을 많이 쓸 수 없어서 많은 설명을 하지는 못하지만, 한미상호방위조약이니, 주둔군지위협정이니 하는 불평등한 조약으로 대한민국 스타일을 구기는 주한미군을 내보내고, 기득권들이 더러운 먹이사슬을 수십 년 지배할 수 있게 하는 분단 체제를 청산하고 평화협정을 이끌어내어, 불필요한 국방비와 분단비용을 선용한다면, 서민 대중 빈민약자들의 삶의 질은 획기적으로 상승한다. 제주해군기지 문제는 무엇보다도 대한민국이 진짜 민주주의 국가이냐, 무늬만 민주주의 국가이냐를 결정하는 시험대이다. 자고로 민주주의를 제대로 하지 않는 국가치고 민중의 삶이 편안한 나라는 없다.

예수는 가롯 유다의 태클을 제어했다. "그대로 두어라. 그는 나의 장사 날에 쓰려고 간직한 것을 쓴 것이다." 마리아가 쏟아 부은 향유가 장사 날 용도라니?

오늘 복음 말씀 바로 앞 절에 그 전조가 있다. "대제사장들과 바리새파 사람들은 예수를 잡으려고, 누구든지 그가 있는 곳을 알거든 알려 달

158

라는 명령을 내려두었다."(「요한」 11:57) 이스라엘 권력들이 예수께 지명수배를 내렸다. 그렇게 적대자들이 노리고 있는 가운데, 예수는 유월절을 지키려고 예루살렘을 향하여 한 걸음씩 옮기는 중이다. 그 길은 죽음의 길이다. 예수 편에서는 딱 두 사람만이 그 길 끝에 죽음이 있음을 안다. 예수와 마리아이다.

마리아는 어떻게 알았을까? 무엇을 깊이 사랑하고, 자신의 영혼과 에너지가 그 일에 최대한 가까이 있으면, 알 수 있다. 게다가 여성의 섬세한 감각이 작용했다. 예수의 죽음을 직감한 마리아가 할 수 있는 일은 무엇이겠는가? 예루살렘행을 막는 일? 그의 앞길을 가로막을 수는 없다. 그럼, 성 안에서 예수 신변을 경호하는 일? 그녀가 할 수 있는 일은 아니다. 마리아는 예수가 가는 마지막 길을 온 힘을 다해서 기념하기로 했다. 그 결심이 매우 값진 순 나드 향유 한 근으로 나타났다. 나드는 왕들이 사용하는 고급 향유이다. 마리아는 예수의 마지막 길을 위해 아낌없이 바쳤다. 마리아는 낭비한 게 아니라 예수의 길에 최고의 경의를 표한 것이다.

그런데 어째서 향유를 머리가 아닌 발에 부었을까? 예루살렘행 걸음이 죽음의 길임을 아는 이상, 신체 어디에 가장 애정과 경의를 바치고 싶을까? 발이다. 여성의 머리털은 존재감을 나타내는 자랑스러운 신체이다. 마리아는 그 머리털로 예수의 발을 닦았다. 자기 마음을 바치는 최선의 이벤트를 연출한 거다. 자신의 행동으로 남성 중심의 잔치 자리가 썰렁해지든, 성인 남녀가 신체를 접촉하는 스캔들이 나든, 구애받지 않았다. 오직 예수께만 정성을 쏟았다.

덕분에 예수는 뜻밖의 호사를 누렸다. 왕이 쓰는 향유 냄새에 빠져서 편안한 기분을 누렸다. 복음서에서 예수가 사람에게 융숭한 대접을 받는 장면은 이곳이 유일하다(아, 탄생 때 동방박사들이 왕의 예물을 바친 것 빼고). 나머지는 모두 예수가 사람들에게 은총을 베푸는 이야기이다. 그만큼 마리아는 예수 일생에 최고 선물을 했다.

마리아의 행위는 예수께 깊이 새겨졌다. 그래서 예수도 체포 전날, 제자들의 발을 씻겼다. 마리아가 자신의 발을 닦아준 것처럼, 제자들의 발을 정성껏 닦아주었다. 제자들은 예수가 자신들의 발을 닦아 주었을 때, 틀림없이 며칠 전, 마리아가 예수의 발을 닦아준 일을 떠올렸을 것이다. 그처럼 마리아의 행위는 연쇄적으로 영향을 퍼뜨렸다.

유대인들은 어린 양을 잡아서 유월절을 기념하지만, 예수의 후예들은 마리아의 행위를 기억하여, 예수의 죽음을 발과 같이 낮은 자리에서 기념해야 한다는 것을, 가르침과 낮은 자들과 함께하는 것으로 영원히 전했다.

자신을 바꾸든, 세상을 바꾸든, 고귀한 일은 거저 일어나지 않는다. 자신을 바치는 고결한 투신이 일의 밑거름이다. '입 진보'가 많은 우리 시대, 마리아의 전적인 투신 같은 행위가 있기에 그나마 우리 도시 대구가 운동 전통을 유지하고 있다는 판단이다. 마리아 같은 동지들이여, 평안하시라.

첫 소식 전달자

「누가복음」 24:1-12

1 이레의 첫날 이른 새벽에, 여자들은 준비한 향료를 가지고 무덤으로 갔다. 2 그들은 무덤 어귀를 막은 돌이 무덤에서 굴려져 나간 것을 보았다. 3 그들이 안으로 들어가 보니, 주 예수의 시신이 없었다. 4 그래서 그들이 이 일을 어떻게 해야 할지를 몰라서 당황하고 있는데, 눈부신 옷을 입은 두 남자가 갑자기 그들 앞에 나섰다. 5 여자들은 두려워서 얼굴을 아래로 숙이고 있는데, 그 남자들이 그들에게 말하였다. "어찌하여 너희들은 살아 계신 분을 죽은 사람들 가운데서 찾고 있느냐? 6 그분은 여기에 계시 지 않고, 살아나셨다. 갈릴리에 계실 때에, 너희들에게 하신 말씀을 기억해 보아라. 7 '인자는 반드시 죄인의 손에 넘어가서, 십자가에 처형되고, 사흘째 되는 날에 살아나 야 한다'고 하셨다." 8 여자들은 예수의 말씀을 회상하였다. 9 그들은 무덤에서 돌아 와서, 열한 제자와 그 밖의 모든 사람에게 이 모든 일을 알렸다. 10 이 여자들은 막달 라 마리아와 요안나와 야고보의 어머니인 마리아이다. 이 여자들과 함께 있던 다른 여자들도, 이 일을 사도들에게 말하였다. 11 그러나 사도들에게는 이 말이 어처구니없 는 말로 들렸으므로, 그들은 여자들의 말을 믿지 않았다. 12 그러나 베드로는 일어나 서 무덤으로 달려가, 몸을 굽혀서 들여다보았다. 거기에는 시신을 감았던 삼베만 놓여 있었다. 그는 일어난 일을 이상히 여기면서 집으로 돌아갔다.

부활은 기독교 신앙의 핵심이다. 예수의 탄생, 수난, 죽음, 승천이 모두 고귀한 이유는 결정적으로 부활 때문이다. 물론 케리그마(복음 선포)는 죽음과 부활이 꼭 한 쌍으로 선포되어야 기독교 설교로 유효하다고 말하는데, 죽음도 부활 없이 그냥 죽음으로 끝났으면 아무것도 아니었다. 그만큼 예수의 전기와 그리스도 되심을 가장 빛나게 해주는 부분이 부활이다.

그동안 했던 부활주일 설교를 들여다보니, 괜찮은 표현들도 더러 있다. 예를 들면, "부활은 평등, 정의, 평화 세상을 믿음이다"(2009년), "부활의 실체를 과학으로 증명하는 일은 부질없는 일이다. 부활은 신앙의 사건이기 때문이다. 과학으로 증명한다고 해서 믿음이 생기는 것도 아니고, 과학으로 부정한다고 해서 신앙이 사라지는 것도 아니다"(2010년), "뜻밖에도 성서는 부활에 대해 현상계에서 부딪히는 궁금증에 답하지 않는다. 부활 자체가 과학적으로, 이성적으로 도통 이해불가의 현상이다. 읽는 이에게 여러 모양의 궁금증이 있을 테지만, 복음서 저자는 이 부분에 대해서는 일절 모른 체한다"(2011년), "부활은 생물적으로 다시 살아남이 아니라, 죽음으로 표상된 과거 실존방식에서 벗어나서 전혀 다른 삶의 형태로 들어가는 것이다"(2012년) 등의 말을 했다.

하지만 부활에 대해 긍정적이고 찬란한 이야기만 한 것은 아니다. "부활조차도 박제물이 돼서 지배체제의 전시물이 되어버렸다."(2011년) 박제물이라니? 제국의 지배와 더럽게 결탁한 율법 체제에 이중 삼중으로 발가벗겨지는 민중의 처참한 상황에서 더러운 먹이사슬의 구실인 희생제사를 단번에 허물어버리기 위한 예수의 십자가 대속(죽음)과 부활 의미가 민중의 해방과는 무관하게 교리적으로만 남아버린 현실 때문이다.

어째서 지배체제의 전시물이라 하는가? 부활에는 필수적으로 제국의 폭력에 삼킨 바 된, 십자가 죽음이 있다. 그러므로 부활은 제국의 억압을 마침내 뚫고 나갔다는 저항 의지의 되살아남이 있다. 하지만 교리는 이 모든 진실을 파묻어버리는 종교적 세탁물이 되어버린다. 누가 이 세탁을 가장 반길까? 당연히 지배체제의 가해자들이다.

이렇게 머리를 싸매고 부활주일 설교를 매년 하다 보니, 점점 할 말이 떨어져가는 것은 피할 수가 없다. 모든 설교자가 비슷하리라.

「누가복음」 앞에는 이미 「마가복음」과 「마태복음」이 있다. 누가 입장에서 두 복음서에 있는 내용을 다시 반복할 필요는 없다. 그렇지만 자신도 부활 이야기를 해야 한다. 바로 여기에 복음서마다 이야기의 차별성이 있다. 같은 소재를 말하지만, 강조점이나 주목하는 바가 다른 것, 공동체의 상황을 반영하는 저자의 의도와 저술 목적이 담겨 있다.

그리고 본론을 말하기 전에 꼭 설명할 것이 있다. 네 복음서 부활 이야기에 공통으로 들어가는 어구가 있다. 바로 "안식 후 첫날 새벽"이다. 시간상으로는 안식일 다음날이라는 말이지만, 더 큰 함의가 있다. 그동안 사람들을 지배한 율법체제 방식으로 말하자면, 이레의 마지막 날인 안식일이 중요했다. 그러나 그리스도인들은 이제 안식일이 지나고, 이레의 첫날, 지금의 일요일 새벽에 안식일을 뛰어넘는 어떤 일을 벌인다. 이 것을 멋있게 표현하자면, "동 터오는 하나님 나라를 마중 나간다"고 할 수 있다.

이제 누가의 부활 이야기를 하자. 누가는 무엇을 주목하고 강조하였는가? 바로 여인들이다. 먼저 부활 장면을 접하는 여자들의 반응을 보자. 무덤을 막은 돌이 굴려 있고, 무덤에 예수의 시신이 없고, 느닷없이 천사가 그 자리에 있는 것을 대면하는 상황이다. 「마태복음」에서 여자들은 크게 무서워했다. 「마가복음」에서는 여자들이 아예 넋이 나갔다. 그런데

「누가복음」에서는 당황한 정도다. 또 천사가 갑자기 그들 앞에 나타나자, 여자들은 두려워서 얼굴을 아래로 숙였다. 「마가복음」에서는 여자들이 도망쳤는데, 「누가복음」에서는 도망하지 않고 그 자리를 지키고 있다. 훨씬 의연하다.

「누가복음」에서 여자들의 차별성은 천사와의 대화에서 결정적으로 나타난다. 「마가복음」과 「마태복음」, 「누가복음」 모두 천사가 여자들에게 무엇을 말한다. "그분은 여기(무덤) 계시지 않고, 살아나셨다. 갈릴리에서 말씀한 것처럼, 죄인의 손에 넘어가서 십자가에 처형되고 사흘째 되는 날에 살아나야 한다"라고.

그런데 「마태복음」과 「마가복음」에서는 천사가 여자들에게 지시한다. "빨리 가서 제자들에게 전하라", "그대들은 가서, 그의 제자들과 베드로에게 말하시오"라고. 어법에서 확인하듯이, 천사 말의 수령자는 제자들이다. 여자들은 전달자에 불과하다. 그러나 「누가복음」에서는 "제자에게 전하라"는 지시가 없다. 천사는 여자들에게 직접 말하고, 여자들도 당사자 자격으로 듣는다. 그 증거는 "여자들은 예수의 말씀을 회상하였다"라는 말씀에서 알 수 있다. 여자들이 주체적으로 천사의 말을 소화하고 있다는 뜻이다. 제자들에게 알린 것도 천사의 지시가 아니라, 자신들이 주체적으로 판단해서 알렸다.

이상에서 알 수 있듯이, 누가는 부활 이야기 무대에 여자들을 중심에 세움으로써, 그리스도교 예수 운동에 담긴 전복성과 평등성을 전파하고자 한다. 무엇이 전복성이고 평등성인가? "이 필자놈은 걸핏하면 전복·평등을 뇌까리는데 도대체 뭐가 전복성이고 평등성이야?" 하는 반문이 드는가?

「누가복음」 24장 10절에 예수가 살아나셨다는 소식을 전하는 사람들을 소개한다. 막달라 마리아, 요안나, 야고보의 어머니 마리아, 그리고 이름 없는 여자들이다.

막달라 마리아는 일곱 귀신이 붙은 여자였다(「누가」 8:2). 하나도 아닌 일곱 귀신이라 함은 포기할 수밖에 없는, 치유불능 상태였다는 의미이다. 그런데 예수가 고쳐주었다. 마리아에게 예수는 진정한 해방자이시다. 그러나 세속가치는 어디 그런가? 일곱 개의 고급 배경을 가지고 있다면 모를까, 든든한 배경이 있는 사람이 말해야 더 신빙성이 있지 않은가? 그러나 저자는 세속 평판이 어떻든 간에 구애받지 않고, 예수 부활의 최초 소식자 중, 중심 인물이 일곱귀신 들린 여자였다는 것을 담담히 증언한다. 두 번째 여자 요안나는 헤롯의 청지기인 구사의 아내이다(「누가」 8:3). 즉 종이다. 자유인이 아니다. 무엇을 증언하기에는 한참 모자라다. 야고보의 어머니 마리아는 과부일 공산이 크다. 남편이 있다면 자유롭게 예수와 동행할 수 없었다. 과부는 약자의 대명사이다. 절대적인 보호가 필요한 사람이 무엇을 주장한다는 것은 어울리지 않는다. 무엇보다 듣는 사람에게 무게가 없다. 그러거나 말거나 복음서 저자는 그들이 최초 증언자라고 숨김없이 실토한다.

바로 여기에 전복성, 평등성이 있다. 부활 세상은, 즉 해방 세상은, 또 민중이 주인 되는 세상은 바로 이런 사람들이 중심이 돼서 열어갈 것이라는 암시가 이 보잘것없는, 존재감 없는 일련의 여자들을 통해 보여주는 메시지이다.

반면에 이 소식을 받은 사도들, 즉 남자들은 여자들의 말을 어처구니없는 말로 듣고 믿지 않았다. 사도의 수장 베드로는 무덤으로 달려가기는 했지만 그저 이상히 여기면서 집으로 돌아갔다. 남자들의 한심한 모습은 무엇을 말함인가? 남성들로 짜인 교회 지도자들의 무심함, 역동성을 상실한 지도력을 맹타하는 의미가 있다. 부활 소식을 접하는 여자들과 남자들의 대조적인 모습을 통해서, 민중을 갉아먹는다고 예수께서 비판한 이스라엘 기득권 세력들, 인자를 십자가에 못 박은 부류들—장로들, 대제사장들, 율법학자들처럼 되어가고 있는 그리스도교 지도자들에게 각성을 촉구하는 것이다.

이 부활 말씀은 오늘 우리에게도 새로운 세상을 열어가는 동력이 누구냐를 말해준다. 기득권 세력에서 소외된 우리의 동지들이다. 우리는 특권 세력이 누리는 혜택에서 비켜나 있으므로 얼마든지 더 좋은 세상을 만들어갈 수 있는 조건과 자질이 있다. 중요한 것은 내 영혼과 인격이 예수 부활을, 사망을 이기는 생명을 수용하는 것이다. 평등 세상을 구현하는 진리를 간직할 때, 우리도 의연하게 이 자리를 지키고 전위대로 설 수 있다.

동지들이여, 부활 소식을 기꺼이 받아들이시라. 우리가 그토록 원하던 소식 아닌가.

나무에 달아 죽인 예수

「사도행전」 5:17-32

17 대제사장과 그의 지지자들인 사두개파 사람들이 모두 시기심이 가득 차서 들고일어나, 18 사도들을 잡아다가 옥에 가두었다. 19 그런데 밤에 주님의 천사가 감옥 문을 열고, 그들을 데리고 나와서 말하기를, 20 "가서, 성전에 서서, 이 생명의 말씀을 남김없이 백성에게 전하여라!" 하였다. 21 이 말을 듣고, 그들은 새벽에 성전에 들어가서 가르치고 있었다. 그때에 대제사장이 그와 함께 하는 사람들과 더불어 와서, 공의회와 이스라엘의 원로회를 소집하고, 감옥으로 사람을 보내어, 사도들을 데려오게 하였다. 22 경비원들이 감옥에 가서 보니, 사도들이 감옥에 없었다. 그리하여 그들은 돌아와서, 이렇게 보고하였다. 23 "감옥 문은 아주 단단히 잠겨 있고, 문마다 간수가 서 있었는데, 문을 열어 보았더니, 안에는 아무도 없었습니다." 24 성전 경비대장과 대제사장들이 이 말을 듣고서, 대체 이 일이 앞으로 어떻게 될까 하고, 사도들의 일로 당황하였다. 25 그때에 어떤 사람이 와서, 그들에게 일렀다. "보십시오, 여러분이 옥에 가둔 그 사람들이 성전에 서서, 백성들을 가르치고 있습니다." 26 그래서 경비대장이 경비대원들과 함께 가서, 사도들을 데리고 왔다. 그러나 그들은 백성들이 돌로 칠까 봐 두려워서 폭력은 쓰지 않았다. 27 그들이 사도들을 데려다가 공의회 앞에 세우니, 대제사장이 신문하였다. 28 "우리가 그대들에게 그 이름으로 가르치지 말라고 엄중히 명령하였소. 그런데도 그대들은 그대들의 가르침을 온 예루살렘에 퍼뜨렸소. 그대들은 그 사람의 피에 대한 책임을 우리에게 씌우려 하고 있소." 29 베드로와 사도들이 대답하였다. "사람에게 복종하는 것보다, 하나님께 복종하는 것이 마땅합니다. 30 우리 조상들의 하나님은 여러분이 나무에 달아 죽인 예수를 살리셨습니다. 31 하나님께서는 이

분을 높이시어 자기 오른쪽에 앉히시고, 영도자와 구주로 삼으셔서, 이스라엘이 회개를 하고 죄사함을 받게 하셨습니다. [32] 우리는 이 모든 일의 증인이며, 하나님께서 자기에게 복종하는 사람들에게 주신 성령도 그러하십니다.”

신약성서 네 복음서에 나온 부활 이야기를 유심히 살펴보면, 한 가지 공통점이 있다. 네 복음서 모두 부활 자체에 대한 설명이 없다. 오직 결과만 알리는 선언이 있을 뿐이다. “그분은 여기 계시지 않고 살아나셨다.” 부활 소식은 이게 전부이다. ‘어떻게’는 없다. 대중이 정말 궁금해하는 것은 죽은 사람이 어떻게 살아났는가 하는 것인데 말이다.

그러나 복음서는 우리의 궁금증을 아는지 모르는지 ‘어떻게’에 대해서 철저히 침묵한다. 오직 부활을 기정 사실로 하고, 그 다음 이야기만 펼쳐나간다. 부활 이후 그분이 살아나셨다는 소식을 접한 사람들이 어떤 반응을 보이는가에 대해 훨씬 더 많은 지면을 할애한다. 그 까닭은 무엇일까? 부활은 처음부터 끝까지 전적으로 신앙의 문제이기 때문이다.

그러므로 과학이 아무리 발달한 21세기 오늘날도 부활은 여전히 신비의 영역이다. 우리 관심은 부활을 과학적으로 규명하려 들기보다는 예수 부활 소식에 어떤 태도를 보이느냐가 관건이다. 그런 차원에서 오늘은 예수 부활 이후 예수의 제자인 사도들이 어떻게 부활 정신을 구현했는지를 보겠다. 바로 여기에 부활의 생명력이 있다.

이야기 전개는 이렇다. 대사제와 사두개파가 사도들을 잡아다가 옥에 가두었다. 그런데 주님의 천사가 감옥문을 열고 탈출시켜 주는 놀라운 일이 일어난다. 여기서도 호기심 많은 사람들은 “어떻게 그런 일이?” 할 것이다. 한 성경 주석은 “성령의 해방 활동을 주님의 천사로 인격화

168

했다"고 말했다. 그럼 됐지 않은가? 더 자세한 설명이 필요한가?

비슷한 재미있는 사례가 있다. 용산참사 이후 진상 규명과 책임자 처벌을 요구하는 범국민대책위가 있었다. 투쟁은 길어지고 해결이 잘 안 되는 사이에 정권은 공동집행위원장인 박래군, 이종회에게 체포영장을 발부했다. 두 사람은 그만 한남동 순천향병원 영안실에 갇히고 말았다. 활동에 제약을 받게 되자 두 사람은 탈출을 결행했다. 그리고 무사히 탈출해서 명동성당으로 거점을 옮겼다.

탈출 경위가 궁금해서, 서울에 갔을 때 명동성당을 찾아가서 박래군 씨에게 물어봤다. "어떻게 빠져나왔어요?" 자세히 말하지는 않고 다만, 그냥 걸어 나왔다고 했다. 병원 앞에는 경찰이 항상 있었는데 말이다. 신앙의 차원으로 말하자면, 천사가 그들의 눈을 감겼다고 할 수밖에.

천사는 사도들을 풀어주면서 명했다. "가서, 성전에 서서, 이 생명의 말씀을 남김없이 백성에게 전하여라!"라고. 이 말을 들은 사도들은 새벽임에도 집으로 가거나 숨지 않고 천사가 명령한 대로 성전에 들어가서 백성을 가르쳤다. 무슨 정신이 사도들을 이렇게 몸 사리지 않게 하는 것인가? 성전은 지배자들의 땅이지만, 그곳에는 지배세력의 선전에 놀아나는 민중이 있다. 사도들에게는 그들을 깨우치는 일이 무엇보다 급선무였기 때문이다.

한편, 사도들이 빠져나간 사실을 까마득히 모르는 지배세력은 사도들을 신문하기 위해 데려오라 했다. 경비원들이 갔다 와서는 감쪽같이 사라졌다는 보고를 한다. 그들이 당황해 하는 사이에 또 다른 수하가 와서 "그들이 성전에서 백성들을 가르치고 있다"는 보고를 하자, 경비대장이 즉시 달려가서 사도들을 다시 연행해 왔다.

대사제와 사두개파는 사도들을 공의회(산헤드린) 앞에 세워 놓고 신문을 한다. 산헤드린은 로마와 함께 민중을 착취하는 이중 지배구조 중 한 축으로, 로마로부터 허락받은 유다의 최고 권력기구이다. 71명으로 구성됐고, 최고 두목 대사제는 황제에게 뇌물을 처발라서 자리를 얻었다. 그리고 상층귀족인 사두개파가 다수파이고, 평민 대표인 바리새와 지방 장로가 구색을 갖추었다.

여기서 주목할 게 있다. 바로 사두개파의 등장이다. 이들은 뒤에서 사부작사부작 이권만 챙기는 세력이다. 그런데 어째서 앞장서서 사도들을 탄압할까? 이들은 부활이 없다고 주장한다(「누가」 20:27). 그러나 사도들은 기회가 나는 대로 "하나님께서는 그를 죽은 사람들 가운데서 살리셨다"며 예수의 부활 소식을 떠들고 다니니, 방치하다가는 자기들 밥그릇에 악영향을 받을 것 같아서 나선 것이다. 권력자들이 권력을 행사할 때는 무슨 대단한 명분이 있는 것 같지만, 그 속을 파헤치면 시기심 같은 졸렬한 동기가 작동하는 것에 불과하다(「사도행전」 5:17).

지배자들은 사도들을 끌어다 놓고 본격적으로 신문을 벌였다. "우리가 그대들에게 그 이름으로 가르치지 말라고 엄중히 명령하였소. 그런데도 그대들은 그대들의 가르침을 온 예루살렘에 퍼뜨렸소"라고. 지배자들이 이렇게 점잖게 말했다지만, 그들의 속마음은 이랬을 것이다. "야, 베드로. 이 근본 없는 잡것아, 그리고 같은 똘마니들아. 다시는 예수 이름으로 대중을 선동하지 말라고 했지? 그런데 우리 말을 씹어? 죽을래?"

그런데 지배자들이 언제 엄중히 명령했다는 말인가? 사실 사도들은 지금 두 번째 연행을 당한 거다. 적대자들의 겁박은 첫 번째 연행 때 했던 말이다. 사건은 성전 솔로몬 행각에서 일어났다. 베드로와 요한이 성전으로 올라가다가 나면서부터 앉은뱅이인 사람을 대면했다. 앉은뱅이 거지가 적선을 요구하자, 베드로가 담대하게 선언했다. "은과 금은 내게 없으나, 내게 있는 것을 그대에게 주니, 나사렛 예수 그리스도의 이름으로 걸으시오"(「사도행전」 3:6)라고. 이때는 나사렛 예수가 십자가 처형을 당한 지 얼마 안 된 때이다. 즉, 예수 이름은 아직 공개적으로 말해서는 안 되는 금기어이다. 그러나 베드로는 대담하게 이 이름을 외쳤다. 부활이 사람을 어떻게 변화시키는지를 명징하게 보여주는 사례이다. 그때 앉은뱅이가 일어나 걷는 놀라운 이적이 일어났다. 놀란 대중은 벌떼같이 베드로에게 모여들었고, 자연스럽게 즉석 집회가 열렸고, 베드로가 대중 연설을 했다. 그때 사제와 경비대장, 사두개파가 베드로를 일차 연행했다. 하지만 앉은뱅이였던 사람이 멀쩡히 서 있는 생생한 증거가 있으므로 훈방 조치하면서 "절대로 예수의 이름으로 말하지도 말고 가르치지도 말라"고 명령했던 것이다.

즉, 사도들은 두 군데서 명령을 받았다. 하나는 적대자들에게, 또 하나는 천사에게. 그런데 두 명령이 완전히 상반된다. 적대자들은 절대 예수 이름으로 말하지 말라고. 천사(하나님)는 이 생명의 말씀을 남김없이 전하라고. 이때 베드로와 사도들이 대답하기를, "사람에게 복종하는 것보다(너희들 말을 듣는 것보다) 하나님(천사의 말)께 복종하는 것이 마땅합니다"라고 했다.

베드로는 예수가 잡혀 갔을 때, 여종의 다그침에 예수 면전에서 세 번이나 모른다고 할 정도로 비겁하고 겁 많은 사람이었다. 그러나 지금은 이스라엘을 지배하는 권력자들의 말에 주눅이 들거나 두려움 없이 담대하게 그들의 말을 맞받아치고 있다. 정말 놀라운 변화가 아닐 수 없다.

사도들이 이토록 달라진 원동력은 무엇인가? 그들의 말이 보여준다. "우리 조상들의 하나님은 여러분이 나무에 달아 죽인 예수를 살리셨습니다."(5:30) 베드로는 사망을 이긴 생명의 힘에 휩싸였다. 그래서 권력자들 앞에서 그들의 잘못을 지적하기까지 한다. 바로 여러분이 나무에 달아 죽였다고. 십자가 처형을 말한다. 자기를 신문하는 권력자 앞에서 그들의 잘못을 말하는 용기는 누구나 하는 행동이 아니다.

나도 며칠 전 국가보안법 위반 혐의로 검찰 조사를 받았는데, 이 말도 안 되는 시대 악법에 얽힌 것에 분노하면서도 방어적이 되는 것은 어쩔 수 없었다. 그런데 베드로는 굴하지 않고, 그들의 죄를 고발한다. 그래서 본문 다음 절을 보면, 지배자들이 격분하여 사도들을 죽이려고 하였다고 했다.

결론적으로 부활 신앙을 한마디로 말하자면 무엇인가? '두려움 없는 신앙'이다. 베드로와 사도들이 예수 부활 전에는 두려움에 사로잡혀서, 쪽도 못 썼다. 그러나 예수 부활을 전면적으로 자신들과 일치시키자 두려움은 사라지고 예수 운동의 용맹한 일꾼으로 변모했다.

시대마다 사람마다 처한 상황과 형편은 다르다. 하지만 권력이 거짓으로 어둠을 양산하는 현실은 대동소이하다. 거기에 맞서는 길은 무엇인가? 거짓은, 결코 진실을 이기지 못한다는 믿음이다. "하나님이 나무에 달아 죽인 예수를 살리셨습니다." 이 선언이 나의 선언이 되기를 빈다. 그래서 이 암흑 세상을 뚫고 나가는 빛으로 삼자. 이것이 예수 부활의 생명력이다.

수구파가 인정하다

「사도행전」 11:1-18

1 사도들과 유대에 있는 신도들이, 이방 사람들도 하나님의 말씀을 받아들였다는 소식을 들었다. 2 그래서 베드로가 예루살렘에 올라왔을 때에, 할례를 받은 사람들이 3 "당신은 할례를 받지 않은 사람들의 집에 들어가서, 그들과 함께 음식을 먹은 사람이오" 하고 그를 나무랐다. 4 이에 베드로가 그 사이에 일어난 일을 차례대로 그들에게 설명하였다. 5 "내가 욥바 성에서 기도를 하고 있었습니다. 그때에 나는 황홀경 가운데서 환상을 보았는데, 큰 보자기와 같은 그릇이, 네 귀퉁이가 끈에 매달려서 하늘에서 드리워져 내려서 내 앞에까지 왔습니다. 6 그 안을 자세히 들여다보니, 땅 위의 네 발 짐승들과 들짐승들과 기어다니는 것들과 공중의 새들이 있었습니다. 7 그리고 '베드로야, 일어나서 잡아먹어라' 하는 음성이 내게 들려왔습니다. 8 그래서 나는 '주님, 절대로 그럴 수 없습니다. 나는 속된 것이나, 정결하지 않은 것을 먹은 일이 없습니다' 하고 말하였습니다. 9 그랬더니 '하나님께서 깨끗하게 하신 것을 속되다고 하지 말아라' 하는 음성이 두 번째로 하늘에서 들려왔습니다. 10 이런 일이 세 번 일어났습니다. 그리고서 모든 것은 다시 하늘로 들려 올라갔습니다. 11 바로 그때에 사람들 셋이 우리가 묵고 있는 집에 도착하였는데, 그들은 가이사랴에서 내게 보낸 사람들이었습니다. 12 성령이 내게, 의심하지 말고 그들과 함께 가라고 하셨습니다. 그래서 이 여섯 형제도 나와 함께 가서, 우리는 그 사람의 집으로 들어갔습니다. 13 그 사람은, 자기가 천사를 본 이야기를 우리에게 해주었습니다. 곧 천사가 그의 집에 와서 서더니, 그에게 말하기를 '욥바로 사람을 보내어, 베드로라고도 하는 시몬을 불러오너라. 14 그가 네게 너와 네 온 집안이 구원을 받을 말씀을 일러줄 것이다' 하더라는 것입니다.

15 내가 말을 하기 시작하니, 성령이 처음에 우리에게 내리시던 것과 같이, 그들에게 도 내리셨습니다. 16 그때에 나는 '요한은 물로 세례를 주었지만, 너희는 성령으로 세 례를 받을 것이다' 하신 주님의 말씀이 생각났습니다. 17 그러므로 하나님께서는, 우 리가 주 예수 그리스도를 믿을 때에 우리에게 주신 것과 같은 선물을 그들에게 주셨 는데, 내가 누구이기에 감히 하나님을 거역할 수 있겠습니까?" 18 이 말을 듣고 그들 은 잠잠하였다. 그들은 하나님께 영광을 돌리고 "이제 하나님께서는, 이방 사람들에게 도 회개하여 생명에 이르는 길을 열어주셨다" 하고 말하였다.

「사도행전」은 「누가복음」 저자가 연속해서 쓴 책이다. 단지 당시 성경을 기록한 파피루스 두루마리의 길이 제한 때문에, 「누가복음」과 「사도행 전」을 따로따로 쓸 수밖에 없어서 분리했을 뿐이다. 그러므로 오늘날, 신 약성경 목차에서 「누가복음」과 「사도행전」 사이에 「요한복음」이 있는 것 을 보는 원저자는 당혹스러울 것이다. 자기의 저술 의도를 분리해버렸기 때문이다.

「사도행전」을 읽을 때는 「누가복음」의 연속선에서 읽어야 저자의 본 뜻에 가까이 갈 수 있다. 사람이 자기 환경을 벗어나는 일은 매우 어렵 다. 아예 불가능하다. 혈연적 조건, 물리적 환경, 정신 세계에 영향을 끼 친 사회문화적 환경은 그대로 나를 만드는 결정적 조건들이다. 이 원칙 을 개인을 넘어 한국 사회에 적용한다면 어떤 조건이 우리와 깊은 연관 을 맺고 있는가? 무엇보다 분단 체제가 결정적이다. 분단 세월이 오래되 어서 사람들이 잊고 사는지는 몰라도 분단이 우리 삶을 결정적으로 좌우 한다는 것은 부인할 수 없는 현실이다. 한국 사회 이념 논쟁이나 경제 양 극화, 세대 갈등 양상들의 원인을 추적해보면 모두 분단에 맞닿아 있다.

그런데 분단 체제에 대해 다수가 공유하는 정서가 있다. "미국은 선하고 북한은 악하다"이다. 그 말이 옳든 그르든, 그것이 지배세력의 세뇌 공작이든 자발적 의식이든 관계없이 그렇게 돼버렸다. 그래서 다수와 반대되는 소수 목소리는 어디서든 환영받지 못한다. 정권을 잘못 만나면 당장 국가보안법 혐의로 올가미를 쓴다. 민주공화국에서 헌법이 보장하는 기본권에 기반을 둔 행위조차도 하나하나가 감시와 판단의 대상이 되고 만다.

이런 비정상적인 사회 현상을 돌파, 해결하는 길은 무엇인가? 천상 분단을 극복하고 통일로 가는 수밖에 없다. 아니면 우리 민족은 영영 분단체제 사슬하에, 분단의 노예로 살 수밖에 없다.

왜 분단체제 이야기로 서론을 시작하는지 아시는가? 오늘 성경에 나오는 유대인들의 상황이 분단체제에 매여 있는 우리 상황과 매우 유사하기 때문이다. 유대인들의 선민 의식은 대단하다. 하나님이 택한 백성, 아브라함과 다윗의 자손이라는 자각은 나라를 잃고 수천 년 디아스포라가 되어도 민족이 공중분해되지 않고 살아남은 저력이다. 그 선민 의식의 결정적 증표는 할례이다. 할례는 "우리는 너희와 다른 거룩한 족속이다" 라는 집단의식의 신체화이다. 이 할례가 안식일 준수, 정결례 등 여러 율법으로 세칙화되었다. 이 전통과 관습은 너무도 뿌리 깊어서 예수 제자들이 유대인에서 유대그리스도인이 되어서까지 그들을 지배하는 강한 구속력이 되었다.

그 강한 구속력이, 복음 선교가 유대인을 넘어 이방인으로 확장되는 시기에 매우 중요한 장애가 됐다. 오늘 성경 이야기가 「사도행전」 11장인데, 10장의 연속이다. 그래서 10장 이야기를 압축 요약하겠다. 가이사랴에 있는 고넬료라는 매우 경건한 로마 군대 백부장이 기도하다, 환상

가운데 천사를 만난다. 천사는 욥바에 있는 무두장이 시몬의 집에 묵고 있는 베드로를 데려오라고 한다. 지시를 받은 고넬료가 보낸 수하가 욥바에 거의 당도할 즈음에, 베드로도 역시 낮 기도 중 환상을 본다. 보자기같이 생긴 그릇에 온갖 짐승이 담겨서 하늘에서 땅으로 내려오는데, "잡아먹어라" 하는 하나님의 음성이 들린다. 베드로는 단호하게 그 말씀을 거부한다. "주님, 절대로 그럴 수 없습니다. 나는 속되고 부정한 것은 한 번도 먹은 일이 없습니다." 하나님은 "괜찮다. 먹어라" 베드로는 "안 됩니다. 먹을 수 없습니다" 하는 실랑이를 세 번 하고 환상에서 깬다.

이 장면을 보라. 하나님이 말씀하는데도 베드로가 완강히 거부하는 것을 보면, 유대인들에게 율법 관습이 얼마나 뼛속 깊이 내장돼 있는지, 또한 유대그리스도인의 대표인 베드로 역시 유대인 관습에서 한 치도 벗어나 있지 않다는 것을 확인할 수 있다.

베드로가 환상 내용에 대해 궁리하는 중 고넬료의 수하가 도착하고, 동시에 성령이 의심하지 말고 그들과 함께 가라고 지시한다. 그래서 베드로가 가이사랴에 갔더니 고넬료는 온 집안 식구와 친구들을 모아 놓고 대기 중이다. 그리고 한 말씀 청하니 베드로가 설교하는데, 그곳에 있는 모든 사람에게 성령이 내린다. 이방인에게도 성령이 내리는 것을 본 베드로와 일행은 매우 놀라서 "이 사람들도 우리와 마찬가지로 성령을 받았으니, 이들에게 물로 세례를 주는 일을 누가 막을 수 있겠습니까?" 하고, 그들도 세례를 받게 한다. 이상이 「사도행전」 10장 요약이다.

그리고 오늘 말씀, 11장으로 이어진다. 모두가 기뻐하는 매우 경사스런 일일 줄 알았는데 뜻밖의 복병이 출현했다. 예루살렘교회의 할례 받은 사람들이 베드로를 나무라는 것이다. "당신은 할례를 받지 않은 사람들의 집에 들어가서, 그들과 함께 음식을 먹은 사람이오"라고. 이를 볼 때, 유대그리스도인들 의식에도 여전히 복음보다는 율법이 더 큰 작용을 하고 있음을 본다. 또한, 어디에나 새로운 변화를 알아차리거나 받아들이지 못하고 옛것만 고집하는 수구가 있음도 본다. 교회도 예외가 아니다. 약점 많은 사람들이 모였다는 점에서는 진보 세력 내에도 약점이 많은 것과 도찐개찐이다. 그러니 무관심을 넘어서 관용적 태도가 절실하다. 무엇보다 교회의 막대한 물적 역량이 수구 쪽으로만 배분되고, 진보 세력은 골골하는 것을 개선하기 위해서라도.

할례 받은 사람들이 자신을 나무라지만, 베드로는 발끈하거나 무시하거나 무성의로 대하지 않고, 성실하게 설명한다. 그 대답이 「사도행전」 10장 이야기를 거의 그대로 반복한다. 베드로는 세 가지 근거로 변호했다. 첫째는 자신이 천사의 환상을 보았다는 것이고, 둘째는 성령이 그들을 만나라고 지시하셨다는 것이고, 셋째는 이방인 접촉을 혼자 한 게 아니라, 동행한 형제들과 함께 했다고. 즉 임의대로, 마음대로 행동한 게 아니라, 하나님의 지시에 따라 움직였고, 형제들도 충분히 상황을 공유했다는 말이다.

여기서 중요한 것을 본다. 비록 하나님이 이루신 위대한 역사일지라도, 공동체 식구들이 공감하도록 정당한 수단과 절차를 거쳐야 그 역사가 제대로 성립한다는 것이다. 그렇게 민주적으로 동의해야 하나님의 역사도 사람이 받아서 꽃피게 하고 열매를 맺을 수 있다.

그런데 여기서 수구 그리스도인들의 주장을 살펴보자. 그들은 베드로와 그 일행이 할례 받지 않은 사람들 집에 들어가서, 음식 먹은 일을 문제시했다. 하지만 본문 사건에서 확인하듯이, 이방인에게는 더 큰 놀라운 일이 일어났다. 그들도 성령을 받은 일이다. 그들처럼 하나님의 백성이 되었다는 말이다. 그런데 수구 그리스도인들은 그 점에 대해서는 입을 다물고 단지 유대인이 이방인과 접촉한 것만을 문제 삼는다. 이들의 시각이 매우 근시안적이고, 또 자기들의 기준에 싸여서 사물을 판단하는 모습이 꼭 오늘날 수구를 보는 것 같다. 그러나 어쩌랴. 그들도 함께 살아가는 공동체인 것을.

여기서 지혜로운 베드로는 할례자들의 문제 제기를 충분히 해명하면서, 동시에 교회가 중요한 결단을 내리도록 안내한다. "내가 말을 하기 시작하니, 성령이 처음에 우리에게 내리시던 것과 같이, 그들에게도 내리셨습니다."

유대그리스도인들이 착각하는 게 있다. 그들이 할례자여서, 자격이 되기 때문에 성령을 받은 것이 아니다. 그들 역시 자신들의 조건과 관계없이 하나님의 은총(선물)으로 성령을 받았다. 베드로는 바로 이 점을 강조했다. "그러므로 하나님께서는, 우리가 주 예수 그리스도를 믿을 때에 우리에게 주신 것과 같은 선물을 그들에게 주셨는데, 내가 누구이기에 감히 하나님을 거역할 수 있겠습니까?"

베드로는 자신의 대표성, 권위를 내세우지 않고, 하나님께서 하신 일을 조용히 뒤따라갔을 뿐이라고 말한다. 이 말을 듣고 할례자들은 잠잠하였고, 또 하나님께 영광을 돌리고 "이제 하나님께서는, 이방 사람들에게도 회개하여 생명에 이르는 길을 열어주셨다"고 말했다.

복음이 유대그리스도인들을 넘어서 이방인에게 향하는 결정이 일방적이거나 강제적이지 않고, 매우 자연스럽게 이루어졌다. 무엇보다도 수구파 그리스도인들이 자기 입으로 이 결정을 인정하였다. 어떤 일을 할 때, 반대자가 그 일을 인정하도록 결과가 매듭지어지는 것보다 더 좋은 일이 어디 있는가.

　오늘 우리 세상도 답답하긴 마찬가지다. 역사는 발전하는가, 정의는 살아 있는가 하는 회의가 엄습한다. 대중들은 또 얼마나 변화에 둔한지. 그러나 하나님은 차근차근 일한다. 그 일에 내가 얼마나 협력하느냐가 관건이다. 부활 신앙은 포기하지 않고 다시 일어나는 것이다. 부활 뜻 자체가 '일어나다'이다. 하늘을 믿고, 역사 발전을 믿고, 깨어 있는 대중들을 믿고, 거룩한 기운에 의지하여 서로 손잡고 함께 가자. 우리가 협력하는 만큼 세상은 달라질 것이다.

살아서 단결하자

「요한복음」 17:20-26

20 "나는 이 사람들을 위해서만 비는 것이 아니고, 이 사람들의 말을 듣고 나를 믿는 사람들을 위해서도 빕니다. 21 아버지, 아버지께서 내 안에 계시고, 내가 아버지 안에 있는 것과 같이, 그들도 하나가 되어서 우리 안에 있게 하여 주십시오. 그래서 아버지께서 나를 보내셨다는 것을, 세상이 믿게 하여 주십시오. 22 나는 아버지께서 내게 주신 영광을 그들에게 주었습니다. 그것은, 우리가 하나인 것과 같이, 그들도 하나가 되게 하려는 것입니다. 23 내가 그들 안에 있고, 아버지께서 내 안에 계신 것은, 그들이 완전히 하나가 되게 하려는 것입니다. 그것은 또, 아버지께서 나를 보내셨다는 것과, 아버지께서 나를 사랑하신 것과 같이 그들도 사랑하셨다는 것을, 세상이 알게 하려는 것입니다. 24 아버지, 아버지께서 내게 주신 사람들도, 내가 있는 곳에 나와 함께 있게 하여 주시고, 창세 전부터 아버지께서 나를 사랑하셔서 내게 주신 내 영광을, 그들도 보게 하여 주시기를 빕니다. 25 의로우신 아버지, 세상은 아버지를 알지 못하였으나, 나는 아버지를 알았으며, 이 사람들도 아버지께서 나를 보내신 것을 알고 있습니다. 26 나는 이미 그들에게 아버지의 이름을 알렸으며, 앞으로도 알리겠습니다. 그것은, 아버지께서 나를 사랑하신 그 사랑이 그들 안에 있게 하고, 나도 그들 안에 있게 하려는 것입니다."

교회 성서학당에서 있었던 일이다. 교재 끝 부분에 있는 적용 문제로 교회의 병폐에 관한 이야기를 했다. 성경 질문에는 소극적이었던 분들이 평소와는 다르게 여러 느낌을 쏟아냈다. 쌓인 게 많았던지 내가 미처 말할 틈이 없을 정도였다.

그 이야기들을 정리하면, 회사가 고객 관리하듯 교회도 교인을 행정 관리 대상으로만 삼는다는 것이다. 교우 개개인이 교회를 유지하는 많은 대상 중 하나에 불과한 거다. 성경에서 말하는 천하보다 귀한 한 생명과는 거리가 멀다. 사업체이기 때문에 세습도 하고, 교회의 머리이신 예수 그리스도의 뜻보다는 교회에 많은 지분이 있는 사람의 뜻이 더 크게 작용한다. (이런 실례를 일일이 말하자면, 교회에 정나미가 뚝 떨어질 것이다.)

그래서인지 옳지 못함을 인식하지만, 그런 병폐를 개선하기에는 힘이 부치고, 나섰다가는 거기서 발생하는 희생이 워낙 큰지라 대개는 단념한다. 교회를 다니는 최소 목적이 간신히 자기 신앙을 지키는 데 머무르고 만다.

구원과 안식을 얻고자 교회에 왔지만, 영생 진리에 대한 열망은 식어버린 지 오래고, 그냥 사람 관계에서 실질적인 이익을 얻으면 대만족이다. 교회도 사람들의 기호를 만족시킬 각종 프로그램 개발에 많은 에너지를 투입한다. 여기서 또 자연스레, 그렇게 할 수 있는 교회와 역량이 모자라서 못하는 교회 간에 양극화가 발생한다.

이렇게 개인이든 교회든 현실에서 살아남는 데만 급급하므로, 교회가 해야 할 그 이상의 가치는 제대로 하지 못하는 실정이다. 교회가 세상의 소금과 빛으로 선다든가, 사랑의 공동체를 보여준다든가 하는, 불의한 세상을 밝히는 등대의 역할 같은 고유한 기능은 쇠약해진 지 오래다. 이제는 되레 정의로운 활동을 하지 못하는 것을 미안해하기커녕, 민주주의와 사회적 약자와 연대하는 행위를 공격하는, 가치 역전의 시대가 돼버렸다.

하지만 어느 시대를 막론하고, 타락의 흐름 속에서도 신앙 본연의 자세를 회복하고자 주류를 거스르고 떨치고 일어나는 갱신 세력이 항상 있었다. 기원전 6세기, 이스라엘이 망하고 바빌론 포로로 끌려갔을 때 민중 사제들이 오경을 편찬해서 야웨 신앙을 사수하였다든지, 로마의 압제와 유다 괴뢰정권의 이중 삼중 압제 속에서 민중을 구원하고자 등장한 예수라든지, 그 예수 운동을 계속 이어나간 제자들이 그런 경우이다. 오늘날에도 기성 교회의 폐단을 극복하고자 분투하는, 예수를 따라 살려는 대안 교회들이 곳곳에 흩어져서 뚜렷한 존재감을 나타내고 있다.

오늘 「요한복음」 이야기도 똑같은 위기 속에 처한 요한공동체 교회가 어떻게 시련을 극복하고 교회를 교회답게 했는지에 대한 말씀이다. 요한공동체 교회에 당면한 위기는 무엇인가? 결론부터 말하자면, 생존이다. 살아남는 것.

우선 「요한복음」에 대해 기본적으로 확인할 게 있다. 「요한복음」은 기원후 100년도 훨씬 지난 시점에 쓰였다. 최소 백 년이고, 훨씬 후대로 잡기도 한다. 쓰인 시기가 후대라는 뜻은 예수의 원음(원래 말씀과 행적)을 증거하기보다 교회의 상황을 훨씬 더 많이 반영했다는 말이다. 그때까지도 미처 알려지지 않은 예수의 말씀을 추가로 발굴해 증거하기보다, 이미 다 나와 있는 예수의 말씀과 행적을 교회의 상황에 맞추어서 신학화했다.

우리가 어떤 당부의 말을 할 때는 옳은 길을 가자는 강조의 뜻이다. 예를 들어 "노동자 여러분, 단결합시다"라고 할 때는 매우 비상한 상황이 닥쳐서이다. 단결하지 않으면 노동자 조직이 무너지고, 노동자의 권리가 심각하게 침해당할 위기에 처해 있을 때 단결하자고 말한다. 즉, 어떤 말이든 때와 상황에 따른 요구가 있다는 뜻이다.

요한공동체 교회도 바로 그런 현실에 따른 요구와 이에 대한 응답으로서 「요한복음」을 편찬했다. 오늘 복음 이야기도 요한공동체 상황의 구체적인 반영이다.

오늘 복음 말씀은 예수의 기도 형식이다. 예수의 대제사장 기도라고 부른다. 절박한 현실을 타개하기 위하여 요한공동체는 예수의 이름을 빌렸다. 복음 말씀에서 공동체를 향한 책임감 있는 행동을 요구하는 표현이 있다.

"그들도 하나가 되게 하여 주십시오"라는 말씀이다. 이 말씀을 무려 세 절에 걸쳐서 연거푸 강조하고 있다. 17장 21절, 22절, 23절이다. 여기 나온 그들은 미래 공동체이다. 20절 말씀, "나는 이 사람들을 위해서만 비는 것이 아니고, 이 사람들의 말을 듣고 나를 믿는 사람들을 위해서도 빕니다".

현재는 없는, 아직 생겨나지 않았지만, 우리를 통하여 믿게 될, 내일의 공동체를 위해 비는 기도이다. 그런데 복음 저자는 앞부분에서 현재의 공동체에게도 똑같은 기도를 한다. 11절 말씀, "우리가 하나인 것같이, 그들도 하나가 되게 하여 주십시오". 즉, 현재 공동체와 미래 공동체 양쪽 모두를 위한 기도 요지가 "그들이 하나가 되게 해 달라"이다.

왜 이렇게 하나가 되기를 간구하는 것인가?

요한공동체를 덮친 문제가 있었다. 이들은 유대교 회당에서 예수를 추종하는 이단 집단으로 낙인 찍혀 쫓겨났다. 종교가 모든 것을 장악한 고대사회에 종교 공동체에서 출교당하는 것은 모든 사회적 관계가 끊어졌다는 말이다. (「요한복음」에서 유대 주류가 예수 무리를 위협하는 수단으로 출회, 출교가 나온다. 고대 공동체에서 출교는 사회적 죽음을 의미했다.)

이렇게 주류의 배척으로 소수자가 된 그들은 무엇보다 생존해야 했다. 또, 처음에는 같이 있다가 다시 떠난 사람들도 있었다. 한 사람이 아쉬운 소수자 안에서 사람이 떠나는 것만큼 아픈 일도 없다. 그러므로 하나가 되게 해 달라는 기도가 연속되는 것은 그들의 생존을 위해서 너무도 절박했기 때문이다. 그들을 배격하는 적대적인 세상에서 소수자들이 어떻게 목숨을 부지하고 사회적 관계를 이어갈 수 있겠는가? 그들 서로서로가 흩어지지 않고 결속력을 더욱 단단히 유지하는 길뿐이다.

여기서 요한공동체의 낙관적 의지를 본다. 사실 누구나 현재를 위해서 기도하기는 쉽다. 그런데 오늘 복음 말씀처럼 요한공동체는 아직 생겨나지도 않은 미래 공동체를 위해서 기도한다.

지금 당장 죽겠는데, 거기에 파묻히지 않고, 미래 공동체의 일치와 생명을 위해 기도하는 것은 현재에 대한 확신이 있기 때문이다. 지금 공동체가 극심한 위기와 시련 속에 있지만, 절대 꺾이지 않고 탄압을 이겨내고 반드시 내일 미래의 공동체로 이어진다는 강한 믿음이 있기에 가능한 일이다.

이 요한공동체의 낙관적 확신의 근거는 하나님 아버지와 예수 그리스도의 하나됨이다. 그러므로 예수는 계속해서 나와 아버지가 하나인 것처럼, 그들도 하나가 되게 해 달라고 간구한다. 아버지가 내 안에 계시고 내가 아버지 안에 계시듯이, 그들도 우리 안에 있게 해 달라고.

오늘 복음 말씀이 나오는 「요한복음」 17장은 예수가 체포당하기 직전이다. 즉 예수의 기도는 유언이다. 다른 길이 보이지 않는, 매우 엄중

184

한 상황이기에 예수의 유언 형식을 빌려서 반드시, 꼭 그렇게 해야 하는 말씀으로 이 자리에 배치했다.

살아남기 위하여 하나가 되자는 말이 어찌 요한공동체에게만 해당하겠는가? 오늘날 곳곳에서 권력과 자본에 속수무책으로 당하는 민중과 노동자, 약자인 '을'의 처지를 보자면, 이리 봐도 저리 봐도 혼자 객체로 머무는 일은 답이 아니다. 서두에 교회의 병폐를 목도하지만, 어찌할 수 없어서 간신히 자신의 신앙만 지키는 자리에 머무른다고 했다. 그렇지만 그런다고 자신의 신앙이 지켜지는 것은 아니다. 아직 그 폐단의 화살이 자기에게 오지 않았을 뿐이다.

우리 사회 약자 계급의 수많은 대중이 차별과 불의에 둔감하고, 공분을 발휘하지 않는 것은 아직 자신은 살 만하다는 착각, 오판에 불과하다. 언제 그 갑의 횡포가 자신에게 닥칠지 모른다. 그러니 어찌하면 되는가?

첫째, 살아남는 것은 최선의 덕이다. 여하튼 살아남자. 둘째는 소극적 생존을 떨치고, 존재감을 펼치도록 단결해야 한다. 하나님은 먼저 된 사람들의 말을 듣고 정의를 추구할 사람들도 예비해 두었다. 낙관적 의지로 돌파하자.

3부

산 자들의 하나님

저 세상과 죽은 사람들 가운데서 살아나는 부활에 참여할 자격을 얻은 사람은
장가도 가지 않고 시집도 가지 않는다. 그들은 천사와 같아서, 더 이상 죽지도 않는다.
그들은 부활의 자녀들이므로, 하나님의 자녀들이다. 죽은 사람들이 살아난다는 사실은
모세도 가시나무 떨기 이야기가 나오는 대목에서 보여주었는데,
거기서 그는 주님을 '아브라함의 하나님, 이삭의 하나님, 야곱의 하나님'이라고 부르고 있다.
하나님은 죽은 사람들의 하나님이 아니라, 살아 있는 사람들의 하나님이시다.
모든 사람은 하나님과의 관계 속에서 살고 있다.

「누가복음」 20:35-38

고통을 승화시키다

「사도행전」 2:1-21

1 오순절이 되어서, 그들은 모두 한 곳에 모여 있었다. 2 그때에 갑자기 하늘에서 세찬 바람이 부는 듯한 소리가 나더니, 그들이 앉아 있는 온 집안을 가득 채웠다. 3 그리고 불길이 솟아오를 때 혓바닥처럼 갈라지는 것 같은 혀들이 그들에게 나타나더니, 각 사람 위에 내려앉았다. 4 그들은 모두 성령으로 충만하게 되어서, 성령이 시키시는 대로, 각각 방언으로 말하기 시작하였다. 5 예루살렘에는 경건한 유대 사람이 세계 각국에서 와서 살고 있었다. 6 그런데 이런 말소리가 나니, 많은 사람이 모여와서, 각각 자기네 지방 말로 제자들이 말하는 것을 듣고서, 어리둥절하였다. 7 그들은 놀라, 신기하게 여기면서 말하였다. "보시오, 말하고 있는 이 사람들은 모두 갈릴리 사람이 아니오? 8 그런데 우리 모두가 저마다 태어난 지방의 말로 듣고 있으니, 어찌 된 일이오? 9 우리는 바대 사람과 메대 사람과 엘람 사람이고, 메소포타미아와 유대와 갑바도기아와 본도와 아시아와 10 브루기아와 밤빌리아와 이집트와 구레네 근처 리비아의 여러 지역에 사는 사람이고, 또 나그네로 머물고 있는 로마 사람과 11 유대 사람과 유대교에 개종한 사람과 크레타 사람과 아라비아 사람인데, 우리는 저들이 하나님의 큰 일들을 방언으로 말하는 것을 듣고 있소." 12 사람들은 모두 놀라 어쩔 줄 몰라서 "이게 도대체 어찌 된 일이오?" 하면서 서로 말하였다. 13 그런데 더러는 조롱하면서 "그들이 새 술에 취하였다" 하고 말하는 사람도 있었다. 14 베드로가 열한 사도와 함께 일어나서, 목소리를 높여서, 그들에게 엄숙하게 말하였다. "유대 사람들과 모든 예루살렘 주민 여러분, 이것을 아시기 바랍니다. 내 말에 귀를 기울이십시오. 15 지금은 아침 아홉 시입니다. 그러니 이 사람들은, 여러분이 생각하듯이 술에 취한 것이 아닙니

다. 16 이 일은 하나님께서 예언자 요엘을 시켜서 말씀하신 대로 된 것입니다. 17 '하나님께서 말씀하신다. 마지막 날에 나는 내 영을 모든 사람에게 부어 주겠다. 너희의 아들들과 너희의 딸들은 예언을 하고, 너희의 젊은이들은 환상을 보고, 너희의 늙은이들은 꿈을 꿀 것이다. 18 그날에 나는 내 영을 내 남종들과 내 여종들에게도 부어 주겠으니, 그들도 예언을 할 것이다. 19 또 나는 위로 하늘에 놀라운 일을 나타내고, 아래로 땅에 징조를 나타낼 것이니, 곧 피와 불과 자욱한 연기이다. 20 주님의 크고 영화로운 날이 오기 전에, 해는 변해서 어두움이 되고, 달은 변해서 피가 될 것이다. 21 그러나 주님의 이름을 부르는 사람은 구원을 얻을 것이다.'

2013년 5월 19일 주일날, 대구새민족교회는 교회력으로는 성령강림절을, 세상력으로는 광주민주화항쟁 33주년을 기념하였다. 매년 광주 망월동 구묘역에서 뜻을 함께하는 교회들이 5·18 현장 예배를 해왔는데, 올해는 현장에 가는 대신 주일 예배를 통해 이날을 기념했다. '성서 대구'가 만든 '5·18 광주민주화항쟁 33주년 고백문'으로 신앙 고백도 했다.

5·18은 생각이 제대로 박힌 한국 사람이라면 결코 잊을 수 없는 날이다. 성령강림절은 구약시대에는 하나님께 선택받은 특별한 사람에게만 내려온 하나님의 영이 신약시대에 이르러 요엘 예언자의 예언대로 모든 사람에게 임한 날이다. 바로 오늘 성경 말씀인 「사도행전」 2장에 그 사건이 나온다.

성령강림과 광주민주화항쟁은 시대도 이천 년이 넘는 차이가 있고, 사건의 내용도 별개이지만, 정신이나 의미 면에서 매우 흡사하다. 오늘은 그 흡사한 의미를 풀어보겠다.

국가인권위원회에서 발행하는 회보 『인권』에서 강용주 광주트라우마센터장의 인터뷰를 매우 인상 깊게 읽었다. 그 중 일부를 소개한다.

그때 광주는 해방의 공동체였지만, 다른 의미로는 고립된 트라우마의 공동체, 상처의 공동체였지요. 이제는 이곳이 치유의 공동체로 발전해야 한다는 의지의 표현이 이 센터입니다.

작년 연말, 광주트라우마센터는 광주 시민 3천 명을 대상으로 정신건강 현황조사를 했어요. 5·18에 관한 조항도 포함했지요. 조사 대상 시민은 당시 항쟁에 참여했던 이들이 아니라 광주시민이었어요. 그런데도 "5월이 되면 원하지 않아도 그때의 이미지나 그림이 떠오른다"고 절반 이상이 대답했어요. 33년이 지나도 집단적 트라우마가 치유되지 않고 저변에 그냥 그대로 남아 있다는 말이죠. 보통 시민들도 낮은 단계의 외상후스트레스 PTSD의 고통을 겪고 있다는 말입니다."

강용주 소장 자신도 열아홉 살에 5·18을 직접 겪었고, 스물네 살에 조작간첩단 사건에 연루되어 남산 안기부에 끌려가 60일간 고문을 당한 후, 14년간 감옥에 갇혀 지낸 사람이다. 강 소장은 트라우마센터장을 하기로 한 소감을 이렇게 말했다.

제게는 늘 살아남은 자의 부끄러움이 있어요. 제 삶을 이끌어온 동력이기도 하지요. 이제는 고통과 아픔에 대한 공감, 그 힘으로 상처 입은 분들에게 해드릴 수 있는 게 이 일인가 보다, 그래서 하기로 했습니다.

1980년 5·18이라는 비극적 사건이 개개인들에게 지울 수 없는 상흔으로 남아 있지만, 영혼을 가진 사람으로서 아픔을 아픔으로 두지 않고 우리 사회 공동선으로 극복해 나가려는 의지가 선명하다.

이제 성령강림절을 조명하자. 이 사건을 간단히 요약하면, 오순절이 되어서 제자들이 모두 한 곳에 모여 있는데, 급하고 강한 바람 같은 소리와 불의 혀같이 갈라지는 것이 각 사람 위에 임하더니, 저희가 다 성령의 충만함을 받고 성령이 말하게 하심을 따라, 세계 각국 언어로 예수를 증거하자, 예루살렘에 순례 온 디아스포라 유대인들이 자기네 지방 말로 제자들이 말하는 것을 듣고서 매우 놀랐다는 이야기다.

오늘 본문 분량이 모두 스물한 절이다. 그런데 정작 성령강림 자체를 증언하는 분량은 단 세 절에 불과하다. 나머지는 모두 그 사건 이후 일어난 일에 대해 사람들이 보이는 반응이 훨씬 더 많은 지면을 차지하고 있다. 무슨 뜻인가? 우리가 해석할 때도 성령강림보다는 그 사건이 내포하는 뜻에 더 주목해야 한다는 뜻이다.

왜 그런가? 성경은 어떤 역사적인 사건 자체를 증거하는 데 초점이 있기보다는 그 사건을 접한 사람들이 어떤 믿음의 고백과 행동을 하는가에 더 큰 관심이 있음을 암시한다. 여기에서 성경에 대한 중요 개념 하나를 소개한다. 성경은 수천 년에 걸쳐서 여러 모양으로 하나님을 경험한 사람들이 그 치열함과 극한 경계에서 경험한 하나님을 각각의 장르를 통해 고백하는 책이다. 그래서 시대를 초월해서 보편성과 특수성을 동시에 가진다.

성령강림은 이스라엘의 삼대 명절 중 하나인 오순절에 일어났다(삼대 명절은 유월절, 오순절, 장막절이다). 1절 첫 말씀은 "오순절이 되어서"이다. 앞에서 사건보다는 사건이 내포하는 의미에 더 집중해야 한다고 말했다. 그럼, 그런 견지에서 오순절에 이 사건이 일어났다는 보도를 해석해보자.

필자는 성령강림한 날이 역사적으로 실제 오순절 날이라고 보지 않는다. 성령강림을 오순절에 맞췄다고 본다. 왜? 오순절이 내포한 의미를 새로운 공동체에 극적으로 부각하기 위해서이다.

「누가복음」 저자가 이 글을 쓸 때는(「누가복음」과 「사도행전」 저자는 한 사람이다), 그리스도 신자 공동체들이 이미 그들이 알고 있는 모든 지역에 두루 퍼져 있었다. 「누가복음」의 의도는 가까운 데서부터 먼 데까지 흩어져 있는, 모든 공동체에는 공동의 기반이 있음을 증언하고자 한다. 공동의 기반은 성령께서 예수를 기억하고 고백하고 계속 증거하게 하신다는 거다. 그러기 위해서 교회가 세상에 존재감을 드러낸 첫 시작 때, 성령께서 어떻게 교회에 역할을 하셨는가를 증언하는 게 가장 효과적인 서술이다. 「누가복음」은 그날을 오순절로 잡았다.

오순절은 유월절 이후 50일째 되는 날이다. 이미 기독 공동체는 유대교의 유월절을 예수의 십자가로 무력화시키고, 새로운 속죄·해방일로 삼았다. 예수의 십자가 죽음이 출애굽의 기원인 유월절을 능가하는 사건임을 신학화했다.

출애굽한 이스라엘 조상들은 시내산에서 하나님과 계약을 맺고 율법을 선물로 받았다. 출애굽한 달이 이스라엘 달력으로 아빕월, 즉 정월이다. 그리고 애굽 땅에서 나온 뒤 시반월(셋째 달) 초하룻날, 시내 광야에 이르렀다. 대략 50일이 지난 시점이다. 거기서 모세는 산에 올라가서 이스라엘을 대표해서 하나님과 계약을 맺는다. 오순절의 절기적 의미는 첫 보릿단을 수확하는 날에서 기원하지만, 영적 의미는 출애굽 해방을 계약과 율법으로 완성한다는 뜻이 있다. 바로 오순절에. 그런데 바로 그날, 새로운 공동체에 새로운 일이 벌어졌다. 요엘 예언자가 예언한 일이 모든 사람에게 폭포수처럼 이루어졌다. 새로운 오순절에 하나님은 성령을 보내, 이번에는 온 인류와 더불어 새로운 계약을 맺었다는 뜻이다. 절묘하지 않은가. 그래서 「누가복음」은 의도적으로 성령강림 사건이 오순절에 일어났다고 설정한 것이다.

오순절도 오순절이지만 그 다음 말도 의미심장하다. "오순절이 되어서, 그들은 모두 한곳에 모여 있었다." 명절날 로마수비대는 혹시 일어날지 모르는 소요에 대비해서 비상경계령을 내린다. 그래서 북쪽지방 가이사랴에 주둔하는 병력도 명절 때는 예루살렘성에 상주한다. 요즘 말로 공안 분위기가 서슬이 퍼렇다. 그러나 제자들은 주눅이 들지 않고, 집단으로 모였다. 모였더니 그런 대역사가 일어난 것이다. 강용주 센터장의 말 중에 가슴을 치는 말이 있다.

제게는 늘 살아남은 자의 부끄러움이 있어요. 제 삶을 이끌어온 동력이기도 하지요. (…) 나무에 못 박힌 자국이 계속 남아 있듯이, 완전히 떨쳐낼 수는 없는 것이지만 그래도 새로운 형태, 새로운 관계를 통해 다시 일어서는 것은 가능해요.

우리 중에 살아남은 자의 부끄러움에서 자유로운 사람이 어디 있겠는가. 또 하나. "나무에 못 박힌 자국"이라니! 이 표현은 기독인의 고유 언어이다. 예수께서 십자가 처형을 당할 때, 손과 발에 깊이 박힌 못 자국. 그 못 자국은 그 뒤 살아남은 자들에게 평생 지워지지 않는 죄책감으로 남았다. 그분 홀로 죽게 내버려둔 기억, 죄다 도망하고 숨고 피한 경험. 그렇게 살아남았다. 똑같이 살아남은 자의 슬픔을 겪었다. 그러나 제자들은 그 상처에 매여서 좌절하지 않았다. 부활 신앙으로 떨쳐일어났을 뿐만 아니라, 성령강림에 힘입어 문을 박차고 나갔고 자신들을 드러내는 대전환을 이루어냈다.

광주 시민들은 깊은 트라우마에 시달리면서도 무기력에 빠지지 않고, 이를 악물었다. 무엇보다도 국가 권력이 개인과 공동체를 농락하지 못하도록 역사의식으로 재무장했다. 선거 때마다 탁월한 정치의식으로 그들이 지향하는 사회에 대한 열망을 드러냈다.

성령은 이처럼 다시 일어서게 하는 힘이다. 나날이 국가 권력이 민주주의 공동선의 가치를 압살하는 오늘의 현실, 성령의 기운으로 사람으로 우뚝 서는 원동력을 삼기를 기원한다.

젊은이야, 일어나라

「누가복음」 7:11-17

11 그 뒤에 곧 예수께서 나인이라는 성읍으로 가시게 되었는데, 제자들과 큰 무리가 그와 동행하였다. 12 예수께서 성문에 가까이 이르셨을 때에, 사람들이 한 죽은 사람을 메고 나오고 있었다. 그 죽은 사람은 그의 어머니의 외아들이고, 그 여자는 과부였다. 그런데 그 성의 많은 사람이 그 여자와 함께 따라오고 있었다. 13 주님께서 그 여자를 보시고, 가엾게 여기셔서 말씀하셨다. "울지 말아라." 14 그리고 앞으로 나아가서, 관에 손을 대시니, 메고 가는 사람들이 멈추어 섰다. 예수께서 말씀하셨다. "젊은이야, 내가 네게 말한다. 일어나라." 15 그러자 죽은 사람이 일어나 앉아서, 말을 하기 시작하였다. 예수께서 그를 그 어머니에게 돌려주셨다. 16 그래서 모두 두려움에 사로잡혀서, 하나님을 찬양하면서 말하기를 "우리에게 큰 예언자가 나타났다" 하고, 또 "하나님께서 자기 백성을 돌보아주셨다" 하였다. 17 예수의 이 이야기가 온 유대와 그 주위에 있는 모든 지역에 퍼졌다.

복음서를 읽으면 일일이 열거할 수 없을 만큼 수많은 이적 사건을 접한다. 그럴 때마다 이 사건을 어떻게 읽어야 하는지 의문을 가진다. 액면 그대로 실재한 사건으로 봐야 하는지, 아니면 또 다른 뜻을 찾아야 하는지…….

오늘은 복음서에 나오는 이적 사건을 이해하는 짧은 해석 원리를 말하겠다.

복음서에서 예수의 이적을 크게 분류하면 치유구마(병 고침과 귀신 쫓음) 사건과 자연이적 사건으로 양분한다. 오늘 본문 이야기처럼 죽은 사람을 되살리는 소생이적은 시체라는 자연물을 상대로 한 것이므로 자연이적 사건에 속한다. 치유구마 사건은 대체로 역사적 신빙성이 있으나 자연이적 사건은 신빙성이 없다는 게 신약학계의 정설이다. 자연이적사건 예를 들자면, 풍랑을 가라앉힘, 물 위를 걸음, 물고기 입에서 은전을 찾게 함, 물로 술을 만듦 등이 있다. 소생 사건은 야이로의 딸을 살림(「마가」 5장), 오늘 본문에 나오는 나인성의 청년을 살림, 나사로를 살림(「요한」 11장) 등이다.

신약학계에서 자연이적 사건의 역사적 신빙성을 부정하는 이유는 무엇인가?

첫째는, 예수의 어록에 자연이적 사건이 전무하다. 어록은 「마태복음」과 「누가복음」에 공통으로 나오는 예수 말씀집이다.

둘째는, 예수의 신빙성 있는 말씀 가운데 자연이적에 대한 말이 전무하다. 신빙성 있는 말씀이라니? 미국의 신약학자들이 회원으로 있는 예수 세미나에서 한 작업을 했다. 복음서들 속에 나오는 특정한 본문이 예수의 목소리인지, 아니면 초대 교회의 목소리인지에 대해, 학자들이 빨강·분홍·회색·검정 구슬로 투표한 것이다. 빨강 구슬은 "예수가 그 말씀을 하셨다고 거의 확신한다"는 뜻, 분홍은 "아마도 그럴 것이다"와 "아니라고 보기보다는 좀 더 그렇다고 본다"는 입장, 회색은 "그렇다고 보기보다는 아닐 것이라고 본다"와 "아마도 아닐 것이다"는 입장, 검정 구슬은 "예수가 그런 말씀을 하지 않았다고 거의 확신한다"는 뜻이다. 신빙성 있는 말씀은 빨강 구슬에 해당하는 말씀인데, 여기에 자연이적 사건에 대한 언급이 없다는 말이다.

셋째는 복음 저자들이 예수의 활약상을 요약한 집약문에 병을 고쳤다는 말씀은 자주 나오지만, 자연이적은 전혀 열거하지 않았다.

이상의 이론이 옳다면, 자연이적 사건의 해석 원칙은 저절로 드러난다. 자연이적 사건을 대할 때는 역사적 사실을 캐지 말고, 이야기의 뜻을 찾도록 노력해야 한다는 것이다. 유식한 말로 '사건사'를 거론할 것이 아니라 '의미사'를 파악해야 한다(『200주년 신약성서 주해』, 200주년신약성서번역위원회 엮음, 분도, 2001, 197쪽 참조).

그럼, 오늘 본문인 나인성의 청년을 살린 이야기에서는 어떤 의미를 캐야 하나? 죽음은 다 같은 죽음이지만, 죽은 사람이 누구냐에 따라 장례식장 분위기는 천차만별이다. 제일 정상적인 장례는 자식이 오래 사신 부모를 장례 치르는 일이다. 물론 가장 가까운 사람이 돌아가셨기에 심히 슬프지만, 그래도 그 죽음이나 장례를 비극적이라고 하지는 않는다. 정말 감당하기 어려운 일은 자식이 부모보다 먼저 죽는 일이다. 그래서 부모가 자식의 장례를 치르는 일이다. 그 아픔이 워낙 큰지라 부모는 죽은 자식을 가슴에 묻는다.

우리나라는 수난의 근현대사를 거쳤기에 수많은 젊은이가 제 명대로 살지 못하고 죽었다. 옛날에는 독재 정권이 젊은이들을 죽음으로 내몰았는데, 지금은 여기에 자본이 가세했다. 쌍용자동차에 기반을 두었던 노동자 스물세 명이 목숨을 끊은 것, 삼성전자에서 일하던 수십 명의 젊은 여성노동자들이 암과 백혈병으로 목숨을 잃은 것이 자본의 살인적 잔인성을 증언한다.

로마의 식민지 지배를 당한 유대 땅에도 우리 같은 비극적 죽음의 사례는 차고 넘쳤다. 늘상 일어나는, 반체제 저항자들을 형벌하는 십자가 처형이 단적인 예이다.

오늘 성경 이야기에 나오는 과부의 외아들도 비극적 죽음이다. 하지만 기존의 율법과 관습이 그 시대를 추인하는 한, 아무리 불의하고 악한 시대가 비극적이고 억울한 죽음을 양산하더라도, 그 죽음을 끝장낼 수는 없다. 남은 사람들이 할 수 있는 것은 고작 말로 위로하고 정해진 장례 절차를 치르고 지나가는 일뿐이다. 근원적인 변화를 끌어내야 하는데 전혀 그러질 못한다.

페이스북을 통해 군의문사 진상규명 활동을 하는 고상만 씨의 글을 보노라면, 지금도 군대에서는 복무 중 사망한 군인 10명 중 1명은 사망 원인이 규명되지 않아서 의혹에 둘러싸인 채 장례도 못 치르고 방치돼 있다고 한다.

어째서 이런 억울하고 불의한 일들이 시대가 흘러도 끝나지 않고 계속되는 것인가? 지배 논리와 케케묵은 관습이 수많은 의문과 불의를 덮어주었기에, 죽음은 진실규명이 안 되고 세상은 달라지지 않고 여전히 강자의 악행이 근절되지 않는 것이다.

예수는 나인성에서 비극적 죽음과 딱한 사연을 안고 묘지로 향하는 장례 행렬을 만났다. 성경은 그 죽은 자의 처지를 말하기를 "그 죽은 사람은 그의 어머니의 외아들이고, 그 여자는 과부였다"라고 했다. 죽은 자도 안됐지만, 남은 사람도 딱하기 그지없다. 전에는 유일한 피붙이 외아들이 삶의 근거이며 희망이었는데, 그 외아들이 세상을 떠났으니 이 과부는 앞으로 어떻게 살아갈까!

그런데 여기서 예수의 비범성이 나타난다. 예수는 "앞으로 나아가서, 관에 손을 댔다". 그러자 관을 메고 가던 사람들이 멈추어 섰다. 장례 행렬이 지나가면, 하던 일을 중단하고 그 행렬에 동참하는 게 관례이다. 그런데 예수는 장례 행렬을 막았다. 관에 손을 대서. 예수는 유대 율법과 관습을 아주 노골적으로 어겼다.

율법에 따르면, "어느 누구의 주검이든, 사람의 주검에 몸이 닿은 사람은 이레 동안 부정하다"(「민수기」 19:11). 이스라엘의 정결례법은 가차없다. 그 중에서도 시체와 몸이 닿은 부정은 가장 심한 부정이다. 그런데 예수는 스스로 부정을 입었다.

예수는 왜 그런 무모한 행동을 하는가? 예수께서는 그런 죽음과 장례를 고작 문상이나 하고 장례 행렬에 동참하고 위로나 하는 것으로 자위하고 정당화하고 지나갈 수는 없는 일이다. 우선 억울하고 인정할 수 없는 죽음에 대해, 시대의 지배권력에 눌려서 슬퍼만 하고 장례나 치러야 하는 고정된 관습을 중단시키고, 다른 세상을 보여주는 게 그분의 일이다. 그래서 예수는 담대하게 말씀했다. 그 여자에게 "울지 말아라"라고, 또 죽은 사람에게 "젊은이야. 내가 네게 말한다. 일어나라"라고.

「누가복음」 저자는 예수가 사람을 살린 능력을 행사한 전설적인 예언자 엘리야와 엘리사(「열왕기상」 17장과 「열왕기하」 4장)를 능가하는 사람임을 의식하며, 예수의 말씀과 행위가 전적으로 신적인 능력과 권위임을 증언한다.

예수가 죽은 사람에게 명하자, 죽은 사람이 일어나 앉아서, 말을 하기 시작했다. 즉 살아났다는 뜻이다. 바로 다음 장면에서 이적 행위의 목적이 나타났다. "예수께서 그를 그 어머니에게 돌려주셨다." 앞에서는

'그 여자'였던 사람이 이제 다시 '그 어머니'라는 어울리는 호칭을 찾았다. 외아들이 죽으면서 어머니는 사라지고 여자로만 불렸는데, 예수가 그 아들을 다시 살려줌으로써 '그 여자'가 이제는 '그 어머니'로 제대로 자리를 잡았다.

여기서 예수의 이적 행위 목적을 알 수 있다. 사람을 온전히 사람으로 제자리에 세우는 것이다. 그러기 위해서 사람을 비인간화시키고 불의한 악습에 제대로 저항하지 못하고, 꼼짝없이 눈물과 한숨을 지어야 하는 연약한 사람들을 위해 몸소 제도와 관습, 율법을 타파하고 사람을 자유롭게 하는 것, 바로 구세주가 하는 일이다.

우리가 예수처럼 죽은 자를 살릴 수는 없다. 그러나 그분이 당시 유대 율법과 관습에 얽매이지 않고, 스스로 부정한 사람을 자청하면서까지 장례 행렬을 중단시키고, 사람을 살리고자 했던 그 용기는 행사할 수 있다.

예수의 이적에 사람들은 "하나님께서 자기 백성을 돌보아주셨다"고 기뻐했다. 오랜 세월 "하나님도 우리를 버리셨구나. 돌보지 않는구나" 하는 체념에 빠졌었는데, 승리의 소식이 민중들의 오래된 좌절을 단박에 희망으로 돌려세웠다.

오늘날, 여전히 죽은 자를 양산하는 거짓 세상을 사는 우리에게도 승리의 소식은 절실하다. 관습과 지배 이념에 굴복하지 말고 뚫고 나가자. 그럴 때만이 우리가 원하는 세상을 만날 수 있다. 이것이 오늘 성경 이야기, '예수가 죽은 자를 살린 사건'의 의미사이다.

네 집으로 돌아가라

「누가복음」 8:26-39

26 그들은 갈릴리 맞은편에 있는 거라사 지방에 닿았다. 27 예수께서 뭍에 내리시니, 그 마을 출신으로서 귀신 들린 사람 하나가 예수를 만났다. 그는 오랫동안 옷을 입지 않은 채, 집에서 살지 않고, 무덤에서 지내고 있었다. 28 그가 예수를 보고, 소리를 지르고서, 그 앞에 엎드려서, 큰 소리로 말하였다. "더없이 높으신 하나님의 아들 예수님, 당신이 나와 무슨 상관이 있습니까? 제발 나를 괴롭히지 마십시오." 29 예수께서 이미 악한 귀신더러 그 사람에게서 나가라고 명하셨던 것이다. 귀신이 여러 번 그 사람을 붙잡았기 때문에, 사람들이 그를 쇠사슬과 쇠고랑으로 묶어서 감시하였으나, 그는 그것을 끊고, 귀신에게 몰려서 광야로 뛰쳐나가곤 하였다. 30 예수께서 그에게 물으셨다. "네 이름이 무엇이냐?" 그가 대답하였다. "군대입니다." 많은 귀신이 그 사람 속에 들어가 있었기 때문이다. 31 귀신들은 자기들을 지옥에 보내지 말아 달라고 예수께 간청하였다. 32 마침 그곳 산기슭에, 놓아 기르는 큰 돼지 떼가 있었다. 귀신들은 자기들을 그 돼지들 속으로 들어가게 허락해 달라고 예수께 간청하였다. 예수께서 허락하시니, 33 귀신들이 그 사람에게서 나와서, 돼지들 속으로 들어갔다. 그래서 그 돼지 떼는 비탈을 내리달아서 호수에 빠져서 죽었다. 34 돼지를 치던 사람들이 이 일을 보고, 도망가서 읍내와 촌에 알렸다. 35 그래서 사람들이 일어난 그 일을 보러 나왔다. 그들은 예수께로 와서, 귀신들이 나가버린 그 사람이 옷을 입고 제정신이 들어서 예수의 발 앞에 앉아 있는 것을 보고, 두려워하였다. 36 처음부터 지켜본 사람들이, 귀신 들렸던 사람이 어떻게 해서 낫게 되었는가를 그들에게 알려주었다. 37 그러자 거라사 주위의 고을 주민들은 모두 예수께, 자기들에게서 떠나 달라고 간청하였다. 그들이 큰

두려움에 사로잡혔기 때문이다. 그래서 예수께서는 배에 올라 되돌아가시는데, 38 귀신이 나간 그 사람이 예수와 함께 있게 해 달라고 애원하였으나, 예수께서는 그를 돌려보내시며 이렇게 말씀하셨다. 39 "네 집으로 돌아가서, 하나님께서 네게 하신 일을 다 이야기하여라." 그 사람이 떠나가서, 예수께서 자기에게 하신 일을 낱낱이 온 읍내에 알렸다.

오늘 복음 말씀은 유명하다. 예수께서 군대 귀신 들린 사람을 온전케 하신 이야기다. 오늘 복음 이야기의 주인공은 예수와 귀신이다. 등장횟수가 예수는 열여섯 번, 귀신은 열두 번 나온다. 본문을 풀기 전에 해석원리 하나를 말하겠다. 성경에 나온 이야기들, 그 문자적인 표현 뒤에는 은유적인 뜻이 담겨 있다. 그러므로 은유 뒤에 있는 원뜻을 찾아내는 데 주력해야 한다.

오늘 복음 이야기에는 어떤 은유가 숨어 있나? 한 단서가 있다. 예수가 귀신에게 "네 이름이 무엇이냐"라고 묻는다. 복음서에서 예수가 귀신에게 이름을 묻는 곳은 여기뿐이다. 즉, 귀신 이름을 알리고 싶은 의도가 있다는 거다. 귀신은 '군대'라고 답했다. 여기 군대는 '레기온'이라고 육천 명의 병력을 거느린 로마 군대 단위이다. 이 미친 사람에게는 호전적인 로마 군대와 같은 귀신들이 무수히 달라붙었다는 것을 암시한다.

2011년 5월, 왜관 캠프캐롤 미군 부대에서 근무한 퇴역군인이 자신이 근무할 때인 1978년 늦봄 부대 안에 고엽제를 매립했다고 양심고백한 일이 알려졌다. 그때 대구·경북 시민단체들이 '왜관 미군기지 고엽제 매립범죄 진상규명 대책위'를 구성하고, 진상규명을 요구하는 집회와 시위를 뜨겁게 했다. 사건이 알려진 직후인 2011년 5월 29일, 왜관 베네딕도수도원에서 주민설명회를 했는데, 나는 '미군기지 현황과 미군주둔의 문제점'을 발표했다. 그날 서두로 오늘 복음 이야기를 했다.

복음 저자가 귀신 이름을 '레기온'이라는 로마 주둔군으로 지칭한 것은 당시 로마제국의 식민지지배 현실을 의식한 것이라고 했다. 복음서에 유난히 귀신 들린 사람이 많이 등장하는 이유도 로마 군대의 식민지 지배에서 오는 억압, 백성에 대한 온갖 해코지가 낳은 결과라고 했다. 지금 대한민국의 상황이 복음서에 나오는 로마제국 지배하에 신음하는 팔레스타인 상황과 매우 유사하다고, 온통 주한미군 군대 귀신이 득실대는 세상에서 어쩔 줄 모르고 헤매는 현실이라고, 이 군대 귀신을 우리도 쫓아내야 한다고 말했다.

예수는 "호수 저쪽으로 건너가자"고 한 후, 건너는 도중에 큰 풍랑을 겪지만, 뚫고 건너서 갈릴리호수 맞은편에 있는 거라사 지방에 닿았고, 뭍에 내렸다. 매우 강한 의지로 이 동네에 왔다. 실상 예수는 유대 관습 하에서는 도저히 올 수 없는 곳에 왔다. 어떤 점이?

첫째는 이방 땅이다. 거라사는 이방의 데가볼리(열 개의 도시) 중 한 도시이다. 군대 귀신 추방 이야기가 은유적이라는 데는 지명도 한몫한다. 예수가 당도한 곳을 「마가복음」과 「누가복음」은 '거라사', 「마태복음」은 '가다라'라고 했다. 그런데 두 도시 모두 갈릴리호수로부터 각각 55킬로미터, 10킬로미터 떨어져 있다. 그래서 본문이 말하는, 돼지 떼가 호수에 빠져 죽었다는 이야기와 배치된다. 하지만 복음 저자가 지리적 조건과 맞지 않는 곳을 지명으로 쓴 까닭은 중요하지 않은 소재이기 때문이다. 이야기의 핵심은 하나하나 사실적 묘사보다는 전체 의미 파악에 있다고 봤다. 요점은 예수께서 이방 땅에 들어갔다는 것이다.

둘째는 무덤이 있다. 시신은 가장 부정한 사물인데, 그 시신이 집단으로 모여 있는 곳이니 얼마나 부정하겠는가.

셋째는 돼지 떼가 있다. 돼지는 가장 부정한 짐승이다. 그런데 그런 돼지가 떼로 있으니 부정 중 상부정이다.

넷째는 귀신 들린 사람이 있다. 귀신 들린 사람은 악한 영이 머물러 있으므로 역시 매우 부정한 사람이다.

부정한 것이 하나도 아니고 무려 네 가지가 겹쳐 있다. 유대인 처지에서는 아예 상종할 수 없는, 발을 들여 놓을 수 없는 배제된 땅이다. 그러나 예수는 어떤 곳인지를 알면서도 피하지 않고 일부러 그곳으로 갔다.

예수가 뭍에 내리자 귀신 들린 사람이 예수를 만났다. 이 사람이 얼마나 비인간적인 상황에 부닥쳐 있는지를 보자. "그는 오랫동안 옷을 입지 않은 채, 집에서 살지 않고, 무덤에서 지내고 있었다."

복음 저자는 이 귀신 들린 사람이 공동체로부터 완전히 배제당한 상태를 설명한다. 옷과 집에서는 격리됐고, 되레 전혀 친숙하지 않은 무덤에 자기 몸을 의탁한다고. 게다가 이 사람은 귀신에게 완전히 포획돼서 자기 몸이지만 전혀 자기 마음대로 하지 못하고 있다. 자기 몸을 자기 마음대로 하지 못하는 실체는 귀신뿐만 아니라 독재 파쇼 정치에도 있다.

『한겨레』 '길을 찾아서'에 연재 중인, 동일방직 노조 지도자 이총각의 회고 중에 보면, 조합원들이 노조 탄압에 맞서서 이렇게 외친다. "여덟 시간 동안 열심히 일해 주면 그만이지, 내 몸 가지고 왜 내 맘대로 못해요?" 그렇다. 내 몸 가지고 내 맘대로 할 수 있어야 옳은 세상이다. 그 것을 억압하는 세력이 누구든, 귀신이든, 독재 파쇼든 우리는 뚫고 나가야 한다.

오늘날 권력의 이데올로기 공세와 자본의 소비 마케팅에 세뇌된 현대인들은 자기를 온전히 지키고 있는지 성찰해야 한다. 권력과 자본에 매수된 매체 선전이 내 정신세계에 침입해서 '본디 나' 대신에 저들이 원하는 인간상에 호응하고 있지는 않은지 응시하고, 과감히 벗어나야 한다.

예수는 이미 이 사람에게 붙어 있는 귀신을 추방했다. 그러자 귀신이 큰 소리로 호소한다. "더없이 높으신 하나님의 아들 예수님, 당신이 나와 무슨 상관이 있습니까? 제발 나를 괴롭히지 마십시오." 귀신의 말을 검증해보자. 예수와 귀신은 정말 상관이 없는가? 오늘날도 악한 권력은 정의 활동을 하는 종교인에게 똑같이 말한다. 2013년 3월 『한겨레』 보도에, 악의 축으로 떠오른 국정원의 원세훈이 이런 말을 했다. "일부 종교 단체가 종교 본연의 모습을 벗어나 정치 활동에 치중하는 것에 대해 바로잡으려는 노력이 필요하다"고. 그래서 나는 페이스북에 이런 소감을 남겼다. "평생을 교회 울타리에서 살아온 나도 그들이 말하는 종교 본연의 모습이 뭔지 잘 모르겠다"고.

「골로새서」 1장 16절 말씀에 따르면, "만물이 그분(예수) 안에서 창조되었습니다. 하늘에 있는 것들과 땅에 있는 것들, 보이는 것들과 보이지 않는 것들, 왕권이나 주권이나 권력이나 권세나 할 것 없이, 모든 것이 그분으로 말미암아 창조되었고, 그분을 위하여 창조되었습니다." 즉 귀신도 예외는 아니다. 예수의 뜻에 반하는 활동을 하는 귀신으로 대변되는 거짓 체제는 당장 예수의 다스림을 받아야 한다.

뜻밖의 상황은 그 다음에 벌어졌다. 귀신들이 들어간 돼지 떼들이 비탈을 내달아 호수에 빠져서 죽었다. 귀신 들린 사람은 옷을 입고 제정신이 들었다. 소식을 들은 사람들은 현장에 나와서 일의 자초지종을 들었다. 그런데 거라사 주민들은 예수께 마을을 떠나 달라고 간청한다.

이건 또 뭔가? 마을 사람에게는 오랜 세월 가족과 마을을 심란하게 하고 고통에 빠뜨린 귀신 들린 사람에 대한 긍휼은 안중에 없었다. 귀신이 들린 것은 할 수 없는 일, 남은 사람이나 잘 살아야 하지 않겠는가 하는 현실적 판단이 더 크게 작용했다. 그런 체념 섞인 결정은 매우 왜곡되고 비뚤어진 현실에 대해서조차 무감각하게 만들었다. 그래서 귀신 들린 사람이 멀쩡하게 되었음에도 한 사람이 온전하게 된 것을 기뻐하기는커녕, 몰살당한 돼지 떼로 인한 경제적 손실이 더 크게 마음을 차지해버렸고, 앞으로 재발 방지를 위해 예수께 마을을 떠나 달라고 요청하는 거다.

오늘날이라고 다를쏘냐. 권력이 자행하는 온갖 비민주·탈법·불법 범죄가 연일 터져도 사람들은 그저 무덤덤하다. 자기 실속이나 차리면서, 그저 나 한 사람, 내 가족이 권력의 악행에서 무사하면 되고, 권력의 악행에 항의하여 민주를 세우는 일은 남들이 해주기를 바랄 뿐이다. 그런 얌체 심보가 대세일 때 세상은 절대 바뀌지 않는다. 내가 그러는 만큼 남들도 똑같이 그러기 때문이다.

하지만 예수는 그런 싸가지 없는 마을이라도 포기하지 않았다. 귀신이 나간 사람이 예수와 함께 있게 해 달라고 애원하였으나, 예수는 그 사람을 돌려보내며 이렇게 말했다. "네 집으로 돌아가서, 하나님께서 네게 하신 일을 다 이야기하여라."

"그 사람이 떠나가서, 예수께서 자기에게 하신 일을 낱낱이 온 읍내에 알렸다"고 했다. 귀신이 들려서 오랫동안 집과 가족으로부터 격리된 이 사람이 온전한 몸으로 귀가했을 때, 그 부모의 기쁨은 어땠을까. 그 공동체는 결코 다시는 귀신의 장난에 놀아나지 않고, 예수의 해방을 몸으로, 입으로 확실히 실천했을 것이다.

　오늘날 우리도 사람이 사람으로 온전히 사는 세상이 되도록 할 일을 해야 한다. 내가 하는 만큼 귀신은 평정될 것이다.

먼지를 떨어버려라

「누가복음」 10:1-11, 16-20

1 이 일이 있은 뒤에, 주님께서는 다른 일흔[두] 사람을 세우셔서, 친히 가려고 하시는 모든 고을과 모든 곳으로 둘씩 [둘씩] 앞서 보내시며 2 그들에게 말씀하셨다. "추수할 것은 많으나, 일꾼이 적다. 그러므로 추수하는 주인에게 추수할 일꾼을 보내 달라고 청하여라. 3 가거라, 내가 너희를 보내는 것이 양을 이리 가운데로 보내는 것과 같다. 4 전대도 자루도 신도 가지고 가지 말고, 길에서 아무에게도 인사하지 말아라. 5 어느 집에 들어가든지, 먼저 '이 집에 평화가 있기를 빕니다!' 하고 말하여라. 6 거기에 평화를 바라는 사람이 있으면, 너희가 비는 평화가 그 사람에게 내릴 것이요, 그렇지 않으면, 그 평화가 너희에게 되돌아올 것이다. 7 너희는 한 집에 머물러 있으면서, 거기서 주는 것을 먹고 마셔라. 일꾼이 자기 삯을 받는 것은 마땅하다. 이 집 저 집 옮겨다니지 말아라. 8 어느 고을에 들어가든지, 사람들이 너희를 영접하거든, 너희에게 차려 주는 음식을 먹어라. 9 그리고 거기에 있는 병자들을 고쳐주며 '하나님 나라가 너희에게 가까이 왔다' 하고 그들에게 말하여라. 10 그러나 어느 고을에 들어가든지, 사람들이 너희를 영접하지 않거든, 그 고을 거리로 나가서 말하기를, 11 '우리 발에 묻은 너희 고을의 먼지를 너희에게 떨어버린다. 그러나 하나님 나라가 가까이 왔다는 것을 알아라' 하여라.

16 누구든지 너희의 말을 들으면 내 말을 듣는 것이요, 누구든지 너희를 배척하면 나를 배척하는 것이다. 그리고 누구든지 나를 배척하면, 나를 보내신 분을 배척하는 것이다." 17 일흔[두] 사람이 기쁨에 차서, 돌아와 보고하였다. "주님, 주님의 이름을 대

면, 귀신들까지도 우리에게 복종합니다." 18 예수께서 그들에게 말씀하셨다. "사탄이 하늘에서 번갯불처럼 떨어지는 것을 내가 보았다. 19 보아라, 내가 너희에게 뱀과 전갈을 밟고, 원수의 모든 세력을 누를 권세를 주었으니, 아무것도 너희를 해하지 못할 것이다. 20 그러나 귀신들이 너희에게 굴복한다고 해서 기뻐하지 말고, 너희의 이름이 하늘에 기록된 것을 기뻐하여라."

오늘 복음 말씀은 예수께서 제자 70인을 세워서 전도 활동을 위해 모든 고을에 보내셨다는 이야기이다. 오늘 본문 바로 앞 장인 「누가복음」 9장에서는 열두 제자를 보내신다. 즉, 열두 제자를 세운 후 곧바로 일흔 제자를 또 세우셨다는 말이다. 예수는 조직의 귀재란 말인가? 활동가들은 알 것이다. 한 사람 세우는 게 얼마나 힘든 일인지. 그런데 예수는 그토록 힘든 일, 사람을 세우는 일을 척척 잘도 하신다.

한 사람을 세우기 위해서는 어떤 과정이 필요한가. 일단 무리 중에서 한 사람을 골라야 한다. 이 일부터가 예민한 통찰력을 요구한다. 그리고 교육하고 조직하고 훈련해서, 독자적으로 설 수 있도록 키우는 과정을 다 거친 후에라야 한 사람을 세울 수 있다. 아무나 덥석 세울 수는 없는 일이다. 그러니 그 와중에 얼마나 많은 수고와 곡절이 있겠는가. 처음부터 싹수가 없는 사람이 허다하고, 처음에는 같이 시작했더라도 중도이 탈자도 나오고, 훈련을 끝까지 마쳤어도 전혀 엉뚱한 길로 가는 사람까지. 그런 와중에 70인 제자를 세웠다는 것이므로 예수 일행의 여건상 역사적 실제로 보기는 어렵다.

무엇보다 예수 그룹이 그렇게 큰 세력이 못 된다. 호시탐탐 기득권 세력이 잡아먹으려고 노리는 상황에서 공안의 감시를 피해 이 고을 저 고을 게릴라식으로 떠돌이 생활을 하는 예수 일당이, 고정적인 장소에서 하부 기반이 튼튼한 가운데 매우 치밀하고 조직적으로 움직여야 가능한 70인 조직을 할 수는 없는 일이다. 그럼 이 이야기는 뭔가? 복음 저자의 바람을 예수의 입을 빌려 말한다고 볼 수 있다.

기실 복음서가 예수의 말씀과 행적을 기록한 책이긴 하지만, 실제 예수의 원음은 극히 일부이다. 그 외는 초기 교회가 예수의 입을 빌려서 하고 싶은 말을 한 경우가 대부분이다.

「누가복음」을 쓴 연대가 80년대 후반 이후다. 즉, 예수 사후 50년도 더 지난 시점이다. 저자가 복음서 쓰는 동기에는 예수의 원음과 행적을 증거하는 일 못지않게 저자가 발 담그고 있는 공동체 상황도 매우 중요한 비중을 차지하고 있다. 직면한 공동체 문제—대개는 위기인—를 어떻게 타개해야 할까? 예수의 입을 빌려서 최초 독자에게 전달하는 게 가장 명약이다.

70인 제자 파송 이야기도 그 중 하나이다.

문자 이면에 담긴 뜻을 캐보자. 제자 열둘은 이스라엘 십이지파를 상징한다. 이제 이스라엘을 새롭게 대표할 그룹이 출현했다는 의미이다. 70인은 뭔가? 지상에 존재하는 모든 민족의 수이다. 로마가 지배하는 족속의 숫자도 상징한다. 완전하게 꽉 찬 수이다. 왜 예수 일행에게 전 세계를 대표하는 70인의 제자 조직이 필요하단 말인가? 제국에 저항하는 새로운 대안 질서를 제시하기 위해서이다.

누가는 자신들의 믿음의 주 예수가 현재 질서인 로마제국 체제를 충분히 능가하고 얼마든지 대체 가능한 세력임을 증거하고자 한다. 그런 전제를 실현하기 위하여 당대 사람들이 전혀 경험해보지 못한 새로운 윤리를 제시한다. 바로 전도자의 윤리이다. 예수는 일꾼을 보내면서 "내가 너희를 보내는 것이 양을 이리 가운데로 보내는 것과 같다"고 걱정한다. 여기 이리는 로마의 폭력체제를 말한다. 예수 일꾼들은 제국 질서 속에 무방비 상태로 들어가는 한 마리 양이다. 이런 무방비 상태에서 제자들은 어떻게 생존하고 그들의 가치를 증거하며 새로운 대안이 될 수 있을까?

누가의 문제의식은 피지배지역을 수탈하는 황제 사절의 탐욕스러움에 기초했다. 하나님 나라 사절은 황제 사절과는 뼛속부터 달라야 했다. 이제부터 사람들은 로마체제에서 신물 나게 겪은 폭력(침탈과 강탈)과는 전혀 다른 처신을 보게 될 것이다. 예수 일꾼으로부터.

어떤 모습인가? 먼저 일꾼들은 전대(돈주머니)도 자루(식량)도 신도 가지고 가지 말고, 길에서 아무에게도 인사하지 말라는 명을 받는다. 예수는 일꾼들이 삶의 근거를 대비하는 일을 아예 원천 차단한다. 어떻게 살라고?

일꾼이 자기 삯을 받는 게 마땅하다고 하지만, 그보다 더 본질적인 이유가 있다. 전도자의 본분이 아니기 때문이다. 전도자도 사람이기에 전대나 자루가 비어 있으면, 틀림없이 본연의 임무보다는 전대 채우기에 골몰할 것이다. 제사보다 제삿밥에 더 관심이 간다는 말이다. 그러니 원인 제거 차원에서 전대와 자루 휴대 금지를 명했다.

"길에서 아무에게도 인사하지 말아라"는 말씀은 또 뭔가? 다른 일에 주의를 분산하지 말고, 오직 본분에 충실하라는 말이다. 전도자의 본분은 무엇인가? 하나님 말씀 전하는 일이다. 인기 관리나 재물 획득이 아니다. 인사는 그런 목적에나 필요한 일이다. 인사는 하나님 말씀 수행과는 하등 관계 없는 인적 행위이다.

예수는 일꾼들을 영접하는 집에서의 처신도 하달했다. "어느 집에 들어가든지, 먼저 '이 집에 평화가 있기를 빕니다!' 하고 말하여라."

제국 관료들은 황제나 원로원과의 인맥을 과시하며 거들먹거리면서 사람들을 들볶았다. 그러므로 전도자는 제국과 완벽히 다르게 처신해야 한다. 상대가 누구든 차별 없이, 아부하거나 괄시하지 말고 공평하게 주님의 인사를 해야 한다. 전도자 개인의 이해 관계에 따라 환심을 얻으려고 사람을 상대해서는 안 된다. 사람 사이를 다스리는 법은 오직 하나님의 평화여야 하기 때문이다.

예수는 또 한 집에(만) 머물러 있으면서, 거기서 주는 것(만)을 먹고 마시라고 했다. 왜 그런가? 다니다 보면 더 호의적인 사람을, 더 쾌적한 집을, 더 잘 먹는 집을 만날 수 있다. 그렇더라도 이 집 저 집 옮겨 다녀서는 안 된다. 얄팍한, 속 보이는 짓을 해서 하나님의 말씀이나 전도자의 위신을 깎아먹어서는 안 되기 때문이다.

전도자의 처신 윤리는 영접하지 않는 사람들에 대해서 절정을 이룬다. 어느 고을에 들어가든지, 사람들이 영접하지 않거든 발에 묻은 먼지를 그들 보는 앞에서 떨어버리라고 했다. 영접해 달라고 매달린다든지, 동정을 사는 행위를 한다든지, 미적거리며 마음이 바뀌기를 사정한다든지 하지 말고 단호하게 처신하라. 복음은 싸구려가 아니기 때문이다.

예수의 복음, 하나님 나라 소식은 고귀하다. 그 무엇으로도 바꿀 수 없다. 하지만 그 귀한 소식도 전하는 사람이 어떻게 하느냐에 달렸다. 제국의 지배를 영속시키려는 세상에서 다른 세상을 전파하자면 철저히 다른 삶을 살아야만 가능할 것이다. 예수는 그 대안 윤리로 청빈한 삶, 공평한 사람 관계, 이익을 따르지 않는 우직함, 진리에 대한 단호함을 제시했다. 현실은 어떤가?

생활양식이야 시대 변천에 따라 변화한다고 하더라도, 복음 일꾼의 정신은 예수 시대나 지금이나 변하지 말아야 한다. 하지만 정반대의 현실을 목도한다. 청빈보다는 부를 사랑한다. 부와 권력에게는 온통 호의를 담아 평화의 인사를 남발하지만, 진실로 평화가 간절한 사람과 현장에게는 묵묵부답이다. 한 집에만 머무르기는커녕, 이익을 따라 영혼을 바치는 불나방이 됐다. 심지어 복음조차도 현대 자본주의 사회에서 욕망을 부추겨주는 성공 소재로 각색시켜버렸다. 정말이지 놀라운 능력의 소유자들이 많다.

단호하게 경계해야 하는 대상이 전대를 채워줄 유력한 사람이라면 발의 먼지를 떨기는커녕 놀라운 친화력으로 관계를 삼는다. 예수는 사라지고, 자신의 탐욕만이 기승을 부린다. 그렇게 세속 욕망과 보조를 맞추면 맞출수록 그와 반비례로 복음의 권위와 가치는 추락한다. 그러나 그러든 말든, 내 실속만 채우면 그만이다. 그래서 예수는 경고한다. "귀신들이 너희에게 굴복한다고 해서 기뻐하지 말고, 너희 이름이 하늘에 기록된 것을 기뻐하여라"라고. 정녕 지혜로운 사람은 치부책에 정성을 쏟지 않는다. 하늘책이 마지막으로 그 사람 결정판임을 잊지 마라.

좋은 몫을 택하였다

「누가복음」 10:38-42

38 그들이 길을 가다가, 예수께서 어떤 마을에 들어가셨다. 마르다라고 하는 여자가 예수를 자기 집으로 모셔 들였다. 39 이 여자에게 마리아라고 하는 동생이 있었는데, 마리아는 주님의 발 곁에 앉아서 말씀을 듣고 있었다. 40 그러나 마르다는 여러 가지 접대하는 일로 분주하였다. 그래서 마르다가 예수께 와서 말하였다. "주님, 내 동생이 나 혼자 일하게 두는 것을 아무렇지 않게 생각하십니까? 가서 거들어 주라고 내 동생에게 말씀해 주십시오." 41 그러나 주님께서는 마르다에게 대답하셨다. "마르다야, 마르다야, 너는 많은 일로 염려하며 들떠 있다. 42 그러나 주님의 일은 많지 않거나 하나뿐이다. 마리아는 좋은 몫을 택하였다. 그러니 아무도 그것을 그에게서 빼앗지 못할 것이다."

속담인지 여부는 잘 모르겠는데, "죽으려면 뭔 짓을 못하랴"라는 말이 있다. 대개 이 말은 갑들이 쓴다. 을이 감히 죽음을 무릅쓰고 갑의 예상을 뛰어넘는 일을 벌이겠느냐는 조롱의 뜻이 담겨 있다. 그러나 거꾸로 을의 처지에서 말하자면, 죽기를 각오하면 어떤 일도 벌일 수 있다는 뜻도 된다.

예수 같은 사람이 죽을 각오를 했다면, 그가 하려는 일은 무언가 분명히 다를 것이다. 오직 잘 먹고 잘사는 일에 인생을 걸고 영혼까지 저당 잡히며 불의한 체제의 머슴으로 사는 사람과는 다른 모양일 것이다.

실제 「누가복음」을 보면, 예수가 죽을 결심을 한다. 9장 51절이다. "예수께서 하늘에 올라가실 날이 다 되었다. 그래서 예수께서는 예루살렘에 가시기로 마음을 굳히셨다." 하늘에 올라가실 날이 다 되었다는 말은 죽음이 다가왔다는 뜻이다. 그래도 자신의 목숨을 노리고 있는 예루살렘에 피하지 않고 들어가겠다고 굳게 결심했다는 말이다.

이때부터 예수는 예루살렘으로 가는 길 위에서, 유대 사회의 오래됐으나 굽은 전통, 비뚤어진 인습과 대결하고 혁파하는 일을 벌인다.

예를 들면, 굳은 결심을 한 이후 길을 떠났는데 한 사마리아 마을이 맞아들이기를 거부했다. 과격한 제자 야고보와 요한이 저 마을에 불을 내려 태워버리자는 극단적인 말을 하자, 예수는 그들을 꾸짖고 조용히 다른 마을로 간다. 일반적인 유대인 정서 같으면 당연히 쌍수를 들어 환영할 말이지만, 예수는 동조하지 않았다. 즉 유대의 굽은 전통과 맞섰다.

또 오늘 본문 직전에 나오는 이야기, "내 이웃이 누구냐"라고 묻는, 똑똑한 체하는 율법 교사의 질문에 대해, 유대인들이 결코 인정할 수 없는 사람이지만 인정할 수밖에 없도록, 가장 훌륭한 이웃의 사례로 사마리아 사람을 등장시켜서 율법 교사의 코를 납작하게 만든다. 사마리아 사람의 모범은, 하나님의 백성이라고 뽐내는 집단 바깥에도 하나님 뜻을 유대인들보다 훨씬 더 잘 실천하는 사람들이 있다는 사실을 보여준다. 이처럼 예루살렘으로 가는 길 위에서 벌어진 사건들의 공통적인 특징을 살펴보면, 유다의 굽은 전통과 비뚤어진 관습을 혁파하고 새로운 윤리를 설파하고자 하는 예수의 모습을 만나게 된다.

오늘 본문도 그런 흐름 위에 있다. 오늘 이야기에 담겨 있는 핵심 주제는 '여성 지도력의 새로운 방향 제시'이다.

"예수께서 어떤 마을에 들어가셨다. 마르다라고 하는 여자가 예수를 자기 집으로 모셔 들였다." 아주 자연스러운 서술이다. 이 이야기에서 구체제와 맞서려는 모습이 보이는가? 여자는 손님을 영접할 수 없다. 이런 일은 오직 남자의 일이다.

「창세기」 18장을 보면, 천사가 아브라함을 방문하여 다 늙은 사람에게 아들을 점지해 준다. 내년 이맘때에 아들을 낳을 것이라고. 장막 안에서 이 말을 들은 아내 사라는 기뻐서 펄쩍 뛸 소식을 접하는데도, 그 말이 사실이냐고 뛰쳐 나와서 재차 확인할 법한데도, 당최 바깥으로 나오질 않는다. 여자는 나서면 안 되기 때문이다. 마르다는 바로 그런 인습을 깬 것이다.

여기서 성경을 조금 아는 사람은 한 가지 의문을 가질 것이다. "왜 마르다가 손님맞이를 하지? 오빠 나사로는 어디 가고?"라는.

나사로 등장은 「요한복음」 이야기이다. 「요한복음」 11장에 죽은 나사로를 살리는 이야기에서, 병든 나사로는 마리아와 그의 자매 마르다의 오라버니라고 소개한다. 하지만 이 말씀을 역사적 실제, 즉 마르다의 가족 관계로 전제해서 모든 복음서에 적용할 수는 없다. 누누이 말하지만, 각각의 복음서는 복음 저자의 신학 관점을 반영하여 자기들 공동체의 상황과 문제를 예수 말씀으로 풀기 위하여 썼다. 이게 복음서의 일차 목적이다. 역사적 실제 같은 것에는 별로 관심이 없다. 누가는 자신의 복음서에 오직 마르다와 마리아만 등장하도록 설정했다. 왜? 가부장적 인습에 매여 있는 유대 관습과 대결하는 이야기 설정을 위하여, 그 등장인물은 여성이어야 하기 때문이다.

그런데 더 놀라운 일이 벌어졌다. "이 여자에게 마리아라고 하는 동생이 있었는데, 마리아는 주님의 발 곁에 앉아서 말씀을 듣고 있었다." 유대 문화에서 사람들은 보통 의자나 소파에 기대어 앉았다. 하지만 제자들은 선생 발 아래 앉았다. 가까이에서 선생을 따라 배우는 것이다. 하지만 유대교 랍비는 여자는 학생으로 받아들이지 않았다. 그래서 마리아가 학생으로서 선생 발 곁에 앉아 있는 모습은 유대인 남성들에게는 충격적인 일이다. 마리아는 주변의 그런 당혹과 충격, 노려보는 시선을 물리치고 앉아 있는 거다.

어쨌든 마르다가 남성 주인만이 할 수 있는 손님맞이로 파격을 보이기는 했지만, 음식 준비는 아무도 시비 걸 수 없는 여성 고유의 일이다. 마르다는 적절한 위치에 있다. 그러나 마리아가 행한 일은 당시 전통과 인습을 깨는 도발적인 행동이었다.

표면적인 갈등은 뜻밖에도 언니 마르다로부터 나왔다. 마르다가 예수께 불평한다. "주님, 내 동생이 나 혼자 일하게 두는 것을 아무렇지 않게 생각하십니까? 가서 거들어주라고 내 동생에게 말씀해 주십시오." 마르다는 마리아도 전통과 인습에 맞게 여성 고유의 일에 집중하라고 요구한다. 그러나 예수는 오히려 마르다를 달래고 마리아 편을 든다. 말씀하기를, "마리아는 좋은 몫을 택하였다. 그러니 아무도 그것을 그에게서 빼앗지 못할 것이다."

좋은 몫, 아무도 빼앗지 못할 그것은 무엇인가? 마리아 중심으로 풀어보자. 마리아는 의식이 깨인 여성이 틀림없다. 문제의식이 없다면 기존 관습을 깨는 행동을 할 수 없기 때문이다. 마리아는 당대 이데올로기

218

에 순응할 수 없는, 많은 문제를 자각했다. 그러던 중, 마침 소문으로만 듣던 사람이 자기 집으로 왔다. 일생일대 다시는 놓칠 수 없는 기회를 맞이했다. 전후 상황을 알고 있는 우리가 볼 때, 예수의 행보는 이생에서 마지막 길이다. 마리아가 그것까지 알고 있었는지는 모르겠지만, 여하튼 자신이 맞이한 이 꿈 같은 기회를 허투루 날려 보낼 수는 없었다. 언니를 도와 음식 준비를 하는 것도 매우 필요한 일이지만, 무엇보다도 그분의 말씀을 듣고 싶었다. 말을 들어야 그 사람의 노선, 사상, 철학을 알 수 있기 때문이다. 그리고 가까이에서 봐야 그분의 일거수일투족을 남김없이 포착할 수 있기 때문이다.

우스운 얘기 하나. 순복음신학교를 나온 목사들이나 신학생들은 조용기 목사의 말투를 똑같이 흉내낸다. 우리가 볼 때는 딱하고 희한한 일이지만, 그들은 매우 진지하게 모방한다. 자신들의 로망을 그대로 따라 하고 싶은 거다.

마리아라고 왜 갈등이 없겠나? 언니를 도와야 한다는. 그러나 그렇게 하면 예수를 가까이에서 대면할 기회는 사라진다. 그래서 마리아는 결단을 내렸다. 어떤 지청구를 듣더라도, 언니에게 심한 원망을 받더라도 예수의 말씀을 듣기로.

좋은 몫을 택한 사람은 남에게 원망이나 불평을 할 겨를이 없다. 자기가 택한 좋은 몫을 더욱 단단히 자기 것으로 하는 것만도 바쁘기 때문이다. 그래서 오늘 본문을 보면, 마르다는 마리아에게 불평하지만 마리아는 한마디도 하지 않는다. 오로지 예수께만 집중하고 있다는 뜻이다.

두 자매의 모습에서 반성 고백할 게 있다. 그동안 동료 목회자들이 교회에만 안주하고 입으로만 사회 진보를 떠드는 것에 대해 불편한 마음이 컸다. 그래서 스스로 멀어졌다. 마르다 버전으로 말하자면, "주님, 저들은 어째서 저렇게 태평하고 한가한 거지요? 교회에만 목매지 말라고 말 좀 해주세요."

불평하는 마르다에게 예수는 이렇게 달랬다. "마르다야, 마르다야, 너는 많은 일로 염려하며 들떠 있다." 이 말이 꼭 나에게 하는 말처럼 들렸다. "창욱아, 창욱아, 세상 오만 일에 다 관여할 수는 없다. 사람살이가 네 마음 같지 않다는 것을 잘 알지 않느냐, 다른 사람이 하느니 안 하느니 나무라거나 비난하며 너의 마음까지 다치지 마라. 네가 좋은 몫을 택하였으면, 그 일로 하나님 뜻을 이루어라."

그렇다. 각자 자기 몫을 택할 뿐이다. 그 일에 내가 충실한가가 문제이지, 세상 오만 일에 다 관여할 수는 없는 일이다. 나는 내 몫에 충실할 뿐이다.

바라기는 독자 개개인도 시류와 세속에 편승하지 말고, 정의와 평화, 평등 세상을 향해 자기 몫에 집중하면 좋겠다. 그래서 기필코 갑의 세상을 한번 뒤집어보자.

그리스도의 개선 행진

「골로새서」 2:6-15

6 그러므로 여러분이 그리스도 예수를 주님으로 받아들였으니, 그분 안에서 살아가십시오. 7 여러분은 그분 안에 뿌리를 박고, 세우심을 입어서, 가르침을 받은 대로 믿음을 굳게 하여 감사의 마음이 넘치게 하십시오. 8 누가 철학이나 헛된 속임수로, 여러분을 노획물로 삼을까 조심하십시오. 그런 것은 사람들의 전통과 세상의 유치한 원리를 따라 하는 것이요, 그리스도를 따라 하는 것이 아닙니다. 9 그리스도 안에 온갖 충만한 신성이 몸이 되어 머물고 계십니다. 10 여러분도 그분 안에서 충만함을 받았습니다. 그리스도는 모든 통치와 권세의 머리이십니다. 11 그분 안에서 여러분도 손으로 행하지 않은 할례, 곧 육신의 몸을 벗어버리는 그리스도의 할례를 받았습니다. 12 여러분은 세례로 그리스도와 함께 묻혔고, 또한 그분을 죽은 사람들 가운데서 살리신 하나님의 능력을 믿는 믿음으로, 그리스도 안에서, 그리스도와 함께 살아났습니다. 13 또 여러분은 죄를 지은 것과 육신이 할례를 받지 않은 것 때문에 죽었으나, 하나님께서는 여러분을 그리스도와 함께 살리시고, 우리의 모든 죄를 용서하여 주셨습니다. 14 하나님께서는 우리에게 불리한 조문들이 들어 있는 빚문서를 지워버리시고, 그것을 십자가에 못박으셔서, 우리 가운데서 제거해버리셨습니다. 15 그리고 모든 통치자들과 권력자들의 무장을 해제시키시고, 그들을 그리스도의 개선 행진에 포로로 내세우셔서, 뭇 사람의 구경거리로 삼으셨습니다.

오늘 성경 본문은 복음서가 아니라 바울계 서신인 「골로새서」이다. 바울 서신'이라 하지 않고 '바울계 서신'이라고 했다. 신약성서를 보면 바울이 쓴 것으로 나오는 책이 「로마서」부터 「빌레몬서」까지 무려 열세 권이다. 하지만 열세 권 중 진짜 바울이 쓴 서신은 일곱 권이다. 「로마서」, 「고린도전서」, 「고린도후서」, 「갈라디아서」, 「빌립보서」, 「데살로니가전서」, 「빌레몬서」이다. 나머지 책 여섯 권(「에베소서」, 「골로새서」, 「데살로니가후서」, 「디모데전서」, 「디모데후서」, 「디도서」)은 바울계 서신이라고 분류한다. 바울계 서신을 열어보면 알겠지만, 서두에 버젓이 바울이 썼다고 나온다. 그래서 근본주의 신학은 여전히 바울의 친서가 열세 권이라고 우기고 있고, 그 영향을 받은 근본주의 교회도 그런 줄 굳게 믿고 있다.

왜 바울이 쓰지도 않았는데, 바울이 썼다고 하는 걸까. 요즘 같으면 저작권 침해니, 명의 도용이니 하며 난리가 났겠지만, 고대 사회에서는 명망가의 이름을 붙이는 일이 관행이었다. 그래야 책의 권위가 살아나고, 사람들이 더 많이 볼 것이므로.

예를 들면 구약의 예언서 「이사야」도 실제로 세 명의 저자가 쓴 글을 한데 묶은 책이다. '제2 이사야'와 '제3 이사야'라고 불리는 무명 예언자는 자신의 저작임에도 불구하고, 이사야에게 돌렸다. 이사야 예언자의 후광을 빌린 것이다. 또, 구약의 시편을 보면 '다윗의 시'라는 표제가 많이 나온다. 그 모든 시를 다윗이 쓴 것은 아니다. 무명 시인들이 자신의 시를 더 많이 읽히게 하려고 시인의 아이콘인 다윗의 이름을 갖다 붙인 것이다.

바울계 서신은 바울이 쓴 것은 아니지만, 바울의 사상과 가르침을 그대로 이어받은 바울계 공동체가 쓴 서신을 말한다. 그러니 이들이 자신들의 저작에 바울의 이름을 붙이는 것은 매우 자연스럽다.

복음서가 아닌 바울계 서신을 오늘 성경 본문으로 한 이유는 이방 땅에 사는 초기 교회가 예수를 어떻게 보고 믿고 고백했는가를 살펴보는 것도 필요한 일이기 때문이다. 결론부터 말하자면 그들에게 예수는 그리스도이다. 그리스도는 주님, 구세주, 메시아와 같은 말이다.

신앙 용어의 변천을 보면, 처음에는 역사 예수가 관심사였다가 세월이 흐르면서 교회공동체가 제도화하면서 역사 예수에 그리스도 개념이 고백된다. 즉, 예수 그리스도가 된다. 그러다가 교회공동체가 더욱 정착하면서 예수보다는 그리스도가 더욱 우세하게 된다. 그래서 그리스도 예수로 바뀐다. 오늘 「골로새서」 본문을 보면, 예수라는 독자적인 표현 대신에 그리스도 예수가 딱 한 번 나온다. 그리고 나머지는 모두 그리스도로 표현한다. 「골로새서」 시대가 역사 예수 시대에서 세월이 한참 흐른 뒤라는 것을 짐작할 수 있다.

이때가 어느 때인가? 로마제국 시대이다. 황제 가이사가 로마뿐만 아니라 전 세계를 지배하는 시대에 그리스도 예수를 믿고 고백하는 것은 어떤 의미인가 하는 점을 보겠다.

골로새 교회에 거짓 가르침이 스며들었다. 거짓 가르침의 상황은 이렇다. "누가 철학이나 헛된 속임수로, 여러분을 노획물로 삼을까 조심하십시오. 그런 것은 사람들의 전통과 세상의 유치한 원리를 따라 하는 것이요, 그리스도를 따라 하는 것이 아닙니다."

어떤 철학인가? 정확한 실체는 알 수 없다. 그리고 철학이 왜 문제이겠는가? 더욱더 직접적인 표현으로는 쉬이 흔들리는 그들의 사고방식을 부정적, 경멸적인 시각에서 말한 것이다.

2013년 7월 27일은 정전협정 60주년 되는 날이다. 동양식으로 말하면 십간 십이지 한 갑자가 한 바퀴 돌았다. 정전협정을 들여다보면 알겠지만, 그 협정은 처음부터 임시협정이었다. 4조 60항, 5조 62항에 한국문제의 평화적 해결을 위해 항구적인 협정으로 대체해야 한다는 단서가 담겨 있다. 그러나 속절없이 그냥 60년이 흘러버렸다. 이 세월이 우리에게 준 가장 큰 폐단은 무엇일까? 대미예속 의식이다. 나라의 운명을 미국에 맡기고 산 세월이 오래다 보니 한국인의 의식까지 철저히 미국에 저당 잡혔다. 이런 생활방식은 결국 생각, 사상, 관념의 문제이고 뭉뚱그러서 철학의 문제이다. 그래서 「골로새」 저자도 철학을 조심하라고 한 것이다.

헛된 속임수는 명백하다. 거짓으로 속여서 삼켜버리는 짓, 그래서 노획물로 삼아버리는 것이다. 교회에 침투한 철학이나 헛된 속임수는 한마디로 거짓 가르침이다. 진리가 아니다. 언제 어디서나 사람이 있는 곳에는 거짓 선전이 침투하기 마련이다. 요는 이런 침입에 어떻게 대응하느냐이다.

골로새 교회는 내부에 스며든 거짓 가르침에 대해 어떻게 반응했을까? 사람들의 전통과 세상의 유치한 원리를 따랐다. 무슨 말인가? '사람들의 전통'은 기독교의 전신인 유대교의 규례를 수용했다는 말이고, '세상의 유치한 원리'는 골로새 교회가 몸 담은 이방 땅의 풍속을 받아들였다는 말이다. 즉, 이것저것 좋다는 방식을 무비판적으로 채용했다는 말이다.

거짓 교사들은 이렇게 말했다. "만물의 기원을 이루고 있는 자연원소들 배후에는 악한 영들의 권능이 작동한다. 이것을 피하려면, 유대적·이방적 전통에서 생긴 종교적 규정들을 준수해야 한다"라고. 그래서 이들은 "먹고 마시는 일, 명절이나 초등절 축제, 안식일 문제 등" 유대교의 폐단인 '겉치레'와 이방적 요소인 '미신'을 혼합한 각종 의식에 충실했다.

필자가 정리한 용어로 말하자면, '옳지 않은 일에 힘쓰기'이다. 「골로새」 저자가 볼 때, 이들의 반응은 그리스도와는 전혀 무관한 소아병적 행위이다.

기독교 신앙은, 무엇은 지키고 무엇은 멀리하고 등 율법이나 미신의 전매 수단을 따라가는 것이 아니다. 로마제국하에서 지배 질서에 굴복하지 말고, 새로운 질서인 그리스도에게 충실하라는 것이다. 그래서 본문에도 로마 황제에게 해당하는 고유 언어를 모조리 그리스도에게 돌리는 체제전복적 행위를 감행했다. 전에도 언급했듯이, 바빌론 포로로 끌려간 야웨 민중신학자들이나, 수난당하는 약자였던 초기 신자들은 당시 지배 이데올로기를 모조리 자신들 신앙의 주님께 돌리는 패러디의 명수였다. 본문에도 그런 패러디가 무수하다.

확 드러나는 것만 보자. "여러분이 그리스도 예수를 주님으로 받아들였으니"(2:6). 주님은 황제였다. 그러나 이제는 황제 대신에 예수를 주님으로 모신다는 선언이다.

"그리스도는 모든 통치와 권세의 머리이십니다."(2:10) 로마제국은 황제 숭배를 위해 가이사를 '만물의 기원과 동등한 존재'로 공포했다. '질서를 회복시킨' 자도 황제고, '생명과 생기의 기원'도 황제이다. 더욱이 가이사는 '모든 전쟁을 끝내고 모든 것에 질서를 부여하는 구세주'로서 가시화된 신으로 추앙받았다. 「골로새」 저자는 이처럼 황제 숭배로 가득한 언어를 그리스도께로 대체시켰다.

「골로새」 저자는 2장 15절에서 결정적으로 제국조차도 그리스도의 지배 아래에 있다는 도발적인 담대함을 연출한다. 바로 황제의 개선식 장면에 대한 묘사이다. "모든 통치자와 권력자들의 무장을 해제시키시고, 그들을 그리스도의 개선 행진에 포로로 내세우셔서, 뭇 사람의 구경거리로 삼으셨습니다." 로마의 개선식은 유명하다. 승리의 결정적 상징이다. 로마 시민들은 개선식 구경거리가 큰 낙이었다. 적장 포로와 전리품은 제국에게 자기들이 천하무적이라는 만족감을 줬다. 황제는 개선식을 정치적으로 이용했다. 그런데 「골로새」 저자는 로마제국의 전매 특허인 개선식을 그리스도의 개선 행진으로 바꿔치기했다. 적장 포로가 겪는 수모를 황제가 고스란히 겪는다. 황제가 무장해제 당해서 되레 뭇사람의 구경(조롱)거리로 전락한다. 완전한 반전이다. 제국 관리가 보면 이것은 명백히 반체제 문서이다.

기독교는 이런 것이다. 천하를 지배하는 제국 황제와 맞짱 뜨는 대담한 신앙체계이다. 그런데 이렇게 자유와 주체의 충만함으로 가득 찬 신앙을 고작 사람들 전통이나 세상의 유치한 원리로 제약하려 드니, 모신(신을 모욕함)도 이런 모신이 없다.

역사 예수는 약자와 하나님 나라를 위해 자신을 바치셨다. 그 형제애가 지극해서 하나님과 일치를 이룬 그리스도까지 되셨다. 그분의 인생 궤적을 진리로 삼을 때, 우리도 그만큼 자유로울 것이다.

사람을 살리는 불

「누가복음」 12:49-53

49 "나는 세상에다가 불을 지르러 왔다. 불이 이미 붙었으면, 내가 바랄 것이 무엇이 더 있겠느냐? 50 그러나 나는 받아야 할 세례가 있다. 그 일이 이루어질 때까지, 내가 얼마나 괴로움을 당하는지 모른다. 51 너희는 내가 세상에 평화를 주러 온 줄로 생각 하느냐? 내가 너희에게 말한다. 그렇지 않다. 도리어, 분열을 일으키러 왔다. 52 이제 부터 한 집안에서 다섯 식구가 서로 갈라져서, 셋이 둘에게 맞서고, 둘이 셋에게 맞설 것이다. 53 아버지가 아들에게 맞서고, 아들이 아버지에게 맞서고, 어머니가 딸에게 맞서고, 딸이 어머니에게 맞서고, 시어머니가 며느리에게 맞서고, 며느리가 시어머니 에게 맞서서, 서로 갈라질 것이다."

독설 하면 김구라이고, 돌직구 하면 삼성라이온즈의 오승환이지만, 예수 도 둘째가라면 서러운 독설가요 돌직구 소유자이다. 체면과 교양으로 똘 똘 뭉친 현대인에게 예수는 관계 맺기 어려운 사람 축에 속할지도 모른 다. 오늘 복음 말씀에도 예수의 그런 면모는 물씬 풍긴다.

예수가 던지는 돌직구를 보자.

"나는 세상에다가 불을 지르러 왔다."

"나는 세상에 평화가 아니라 분열을 일으키러 왔다."

현대 교양의 정설에서는 받아들이는 사람의 기분에 대한 고려 없는 직설적인 말은 관계를 깨고 오히려 역효과가 난다고 말한다. 그런 차원에서 보자면 예수는 분위기 파악 못 하는 '무대포'이다. 대중의 정서도 감안하지 않고 마구 돌직구를 날리니 말이다.

우리가 알고 있는 예수는 평화와 화해, 온유함의 대명사인데, 오늘 복음 말씀은 우리의 그런 선입견을 산산조각낸다. 세상에 불을 지르러 왔다니! 이게 도대체 무슨 말인가?

예수의 돌직구 말씀 이해를 돕는 한 실화가 있다. 제목은 '마을에 불 지른 할아버지'이다.

옛날 이웃 나라 일본의 작은 바닷가 마을에서 일어난 일이다. 이 마을의 동쪽은 큰 바다지만, 서쪽은 높은 산이어서 마을 사람들은 산비탈을 일궈 만든 논에서 일했고, 몇 사람만이 바다에서 고기를 잡았다.

아침마다 사람들은 일을 하기 위해서 산비탈을 올라갔다가 날이 저물면 산기슭 오두막에 내려와 잠을 청했다. 그러다 보니 산 속 동물들에게서 사람들의 논을 지키는 일손이 필요했고, 마침 마을에서 손자 한 명과 사시던 할아버지가 그 일을 맡았다. 그러던 어느 해 가을, 뜨거운 햇볕에 누렇게 익은 벼들을 추수할 때가 되었다. 아침 일찍 일어난 할아버지는 매일 하던 대로 해돋이를 보려고 산 위 벼랑으로 올라갔다. 마을 사람들 역시 일찍 일어나 논으로 일하러 올라가기 전에 이런저런 준비로 바쁘게 움직이고 있었다.

한편 벼랑 위로 올라오신 할아버지는 아까부터 저 멀리 떠오를 해를 기다렸지만 웬일인지 해가 보이지 않았다. 그러더니 할아버지 눈에 해 아닌 다른 것이 들어왔고, 할아버지는 순간 가슴이 철렁 내려앉았다. 놀란 할아버지는 허둥지둥 움집으로 달려와 아직 자고 있는 손자를 깨웠다.

"일어나라, 어서!" "음, 더 잘래." "안 돼! 어서 일어나 불붙은 장작을 가지고 따라와!"

손자는 할아버지가 그렇게 소리 지르는 걸 처음 보았기 때문에 얼른 일어나 불붙은 장작을 들고 할아버지 뒤를 따라갔다. 할아버지는 벌써 저만큼 달려가는 중이었다.

"논에 불을 질러라!" 할아버지가 벼에 불을 붙이며 손자에게 말했다.

"하지만 할아버지! 이건 마을 사람들이 먹을 양식이잖아요? 이렇게 다 자랐는데 여기에 불을 놓으면 모두 굶어서 죽을 거예요!"

그러자 할아버지가 화를 내며 소리쳤다. "어서 시키는 대로 해!"

할아버지의 호통에 손자는 눈물을 글썽이며 할아버지와 함께 마른 벼에 불을 붙이기 시작했다. 그러자 금방 논에서 피어 오른 연기가 하늘을 가득 메웠다.

이것저것 농사 준비를 하던 마을 사람들은 갑자기 산 위 불타는 논을 쳐다보고는 비상종을 울리며 남녀노소 할 것 없이 모두 산비탈 논으로 달려 올라왔다. 그들이 산 위에 이르렀을 때에는 벌써 모든 것이 타버리고, 검은 잿더미만 남아 있었다. 사람들은 모두 화가 났다.

"아니, 도대체 누가 불을 질렀어? 어떻게 된 거야?"

그러자 할아버지가 나서며 말했다. "내가 불을 질렀네."

"아니 왜요? 이제 추수만 하면 되는데 이게 무슨 일이세요?"

"저길 보게나."

할아버지의 말씀에 사람들이 모두 그곳을 쳐다보니, 산더미 같은 파도가 해변 쪽으로 마구 달려들고 있었다. 거대한 해일은 눈 깜짝할 사이에 마을을 휩쓸어 집들을 종잇장처럼 구기고 부서뜨렸다. 그 모습에 마을 사람들은 넋을 잃고 파도에 쓸려가는 마을을 내려다보았다. 그때였다. 누군가 울음을 터뜨렸다. "아무것도 남지 않았어!" 그러자 한 할머니가 말했다.

"아니야. 우리는 목숨을 구한 거야. 자 봐, 모두 다 살아남았잖아."

"맞아요. 목숨을 건졌으니 우리는 무엇이든 할 수 있어요. 하지만 그보다 먼저, 지혜와 용기로 우리를 살려주신 할아버지에게 고맙다고 해야겠어요."

그러자 사람들이 모두 고개를 끄덕이며 할아버지에게 고마워했고, 그제서야 할아버지는 살짝 웃으시며 고개를 끄덕였다.

(『갈라진 시대의 기쁜 소식』 798호, 우리신학연구소, 16~17쪽)

그 불은 사람을 살리는 불이었다. 일상에 매여 있는 사람들을 단시간에 신속하게 대피시킬 수 없다고 판단한 할아버지는 극약 처방을 내린 것이다. 처음에 마을 사람들은 양식을 다 태워버리는 그 불이 재앙인 줄 알았을 거다. 그러나 그들은 양식을 잃은 대신에 목숨을 건졌다.

예수가 선포한 하나님 나라는 그 시대를 구하기 위한 불이다. 이처럼 불은 이중의 의미가 있다. 태워서 없애버리는 소멸도 있지만, 동시에 사람이 예측하지 못하는 또 다른 기회를 제공한다.

또 다른 기회는 무엇인가? 분열로 인한 삶의 재생이다. 복음 말씀은 분열의 적나라한 실례로 한 집안 다섯 식구의 갈라짐을 말한다.

"이제부터 한 집안에서 다섯 식구가 서로 갈라져서, 셋이 둘에게 맞서고, 둘이 셋에게 맞설 것이다. 아버지가 아들에게 맞서고, 아들이 아버지에게 맞서고, 어머니가 딸에게 맞서고, 딸이 어머니에게 맞서고, 시어머니가 며느리에게 맞서고, 며느리가 시어머니에게 맞서서, 서로 갈라질 것이다."(「누가」 12:52-53) 어찌 이런 일이 있을까 싶은, 끔찍한 분열이다.

맞서는 관계가 부모와 자식 간임을 주목하라. 복음서 기자가 이런 극심한 분열을 말하는 데는 이미 초기 예수 시대에 그들이 경험한 일이기 때문이다. 진즉 예수는 가족의 분열을 겪었다. 「마가복음」 3장 21절 말씀, "예수의 가족들이, 예수가 미쳤다는 소문을 듣고서, 그를 붙잡으러 나섰다". 제자들도 예외는 아니다. 「마가복음」 10장 29~30절 말씀, "나를 위하여, 또 복음을 위하여, 집이나 형제나 자매나 어머니나 아버지나 자녀나 논밭을 버린 사람은 지금 이 세상에서는 박해도 받겠지만……." 예수도 제자들도 일찌감치, 지배세력의 이데올로기에 갇혀서 하나님 나라 운동을 전혀 이해하지 못하는 가족들로부터 일차적으로 박해와 배제를 당했다.

운동하는 사람들은 누구나 공감하듯이, 가족이 제 뜻에 공감해주면 다행이지만 그렇지 못할 때는 겪을 수 있는 모든 분열적 고통을 거친 후 독립 자생을 위해 출가하게 된다. 극심한 분열적 고통 와중에 부모와 자식 간에 의가 끊어지는 것은 피치 못할 인간사이다. 더군다나 그 부모가 세력자인 경우라면, 말해 무엇하랴!

대구에서 선거 때만 되면 심심치 않게 듣는 에피소드. 부모와 자식 간에 지지 정당이나 후보가 극명하게 달라서 논쟁하다 설득이나 타협이 안 돼서 결국은 파국을 맞이하기도 한다는 것이다. 그것을 피하려고 정치 이야기는 일절 금지라는 불문율도 있지 않은가?

부모는 무엇 때문에 그리도 완강하게 지배세력을 옹호하는가? 민중을 해방하는 예수의 하나님 나라 운동을 어째서 그리도 한사코 알아보기를 못하는가? 그만큼 지배세력이 구축해 놓은 체제가 막강하기 때문이다. 그들이 쌓아 놓은 질서, 인맥이 주는 열매는 뿌리 깊으며 달콤하기까지 하다. 그러니 그 세계 속에서 기생, 안주할 수밖에 없다.

그러므로 그들을 구출하기 위해서 예수는 불을 질러야 하고, 분열을 일으켜야 한다. 불 뒤에 정화된 사람만이라도 구원받도록, 분열 뒤에 새로 세상을 자각한 사람만이라도 구출하도록.

변화를 두려워하여 명백한 새 세상으로의 초대를 거부하고 기존 세상만 움켜잡는 사람도 하나님은 사랑하신다. 불과 분열은 그들의 잠긴 눈과 귀를 열게 하기 위한 예수의 극약 처방이다. 처방전을 믿고, 안주함과 두려움을 떨치고 내일의 해방 세상으로 가자.

낮은 자리에 앉아라

「누가복음」 14:1, 7-14

1 어느 안식일에 예수께서 바리새파 사람의 지도자들 가운데 어떤 사람의 집에 음식을 잡수시러 들어가셨는데, 사람들이 예수를 지켜보고 있었다.

7 예수께서는, 초청을 받은 사람들이 윗자리를 골라잡는 것을 보시고, 그들에게 비유를 하나 말씀하셨다. 8 "네가 누구에게 혼인 잔치에 초대를 받거든, 높은 자리에 앉지 말아라. 혹시 손님 가운데서 너보다 더 귀한 사람이 초대를 받았을 경우에, 9 너와 그를 초대한 사람이 와서, 너더러 '이분에게 자리를 내드리시오' 하고 말할지 모른다. 그러면 너는 부끄러워하며 가장 낮은 자리로 내려앉게 될 것이다. 10 네가 초대를 받거든, 가서 맨 끝자리에 앉아라. 그리하면 너를 청한 사람이 와서, 너더러 '친구여, 윗자리로 올라앉으시오' 하고 말할 것이다. 그때에 너는 너와 함께 앉은 모든 사람 앞에서 영광을 받을 것이다. 11 누구든지 자기를 높이면 낮아질 것이요, 자기를 낮추면 높아질 것이다." 12 예수께서는 자기를 초대한 사람에게도 말씀하셨다. "네가 점심이나 만찬을 베풀 때에, 네 친구나 네 형제나 네 친척이나 부유한 이웃 사람들을 부르지 말아라. 그렇게 하면 그들도 너를 도로 초대하여 네게 되갚아, 네 은공이 없어질 것이다. 13 잔치를 베풀 때에는, 가난한 사람들과 지체에 장애가 있는 사람들과 다리 저는 사람들과 눈먼 사람들을 불러라. 14 그리하면 네가 복될 것이다. 그들이 네게 갚을 수 없기 때문이다. 의인들이 부활할 때에, 하나님께서 네게 갚아주실 것이다."

2013년 8월 26일, 모처럼 기쁜 소식을 접했다. 마지막으로 고공농성을 하던 재능교육 노동자 오수영, 여민희 두 사람이 노사 합의가 이루어져서 혜화동성당 종탑을 내려왔다. 쟁의에 돌입한 지 2076일, 종탑 농성 202일 만이다. 이 긴 세월을 견딘 재능교육 조합원들에게 무조건 지지를 보낸다.

예수는 높은 자리에 앉지 말라고 했지만, 오늘날 노동자들은 되레 살기 위해, 권리를 보장받기 위해 절박한 심정으로 하늘로 올라가야만 하는 매우 역설적인 시대를 살고 있다. 노동자들을 위험한 높은 자리인 하늘에 올라가도록 만드는 현실도 원인을 따지고 보면, 예수의 말씀을 듣지 않고 욕심을 좇는 인간의 욕망이 한편에 있다.

오늘 복음 말씀 첫 절은 보기 드문 장면이다. 예수께서 바리새파 사람 집에 음식을 잡수시러 들어가셨다. 사이가 안 좋은 예수와 바리새가 함께 식사한다. 이게 무엇을 뜻할까?

예수께서 바리새와 함께 식사했다는 말은 「누가복음」에만 세 번 나온다(7:36, 11:37, 14:1). 다른 복음서에는 없다. 다른 복음 저자는 이 사실을 몰라서였을까? 「누가복음」에만 세 번씩이나 같은 장면을 도입한 이유는 무엇일까?

실제 역사 예수가 바리새와 함께 식사 자리에 앉았을까? 「마태복음」 23장을 보면, 예수는 바리새에 대해 매우 혹독한 심판 선언을 한다. "율법학자들과 바리새파 사람들아! 위선자들아! 너희에게 화가 있다." 매 단락마다 바리새파는 빠지지 않고 규탄당한다. 예수 자신이 바리새파를 극도로 경원했다. 이런 상대와 자주 식사를 한다는 것은 부자연스럽다. 보안수사대에서 조사 받다가 점심 때가 되면 그들과 같이 식사하는데, 어찌나 어색하던지! 체하지 않은 게 다행이었다.

바리새 입장에서는 어떤가? 바리새는 예수와 제자들이 세리와 죄인들을 영접하여 음식을 같이 먹는다고 늘 비방했다. "어찌하여 당신들은 세리와 죄인들과 어울려서 먹고 마시는 거요?"(「누가」 5:30) "바리새파 사람들과 율법학자들은 투덜거리며 말하였다. 이 사람이 죄인들을 맞아들이고, 그들과 함께 음식을 먹는구나."(「누가」 15:2)

바리새는 이스라엘을 지배하는 두 실정법 ─ 안식일법과 정결례법 ─ 에 누구보다 까다로운 집단이다. 세리와 죄인은 이 두 가지 실정법에 항상 하자가 있는 부류들이기에(그래서 죄인이다) 이들과 어울리는 예수와 제자들도 똑같이 정죄당했다. 더군다나 예수의 별명은 '세리와 죄인의 친구' 아닌가! 바리새가 이런 사람과 식사 자리를 했다는 것은 실제라고 보기 어렵다.

무엇보다도 복음 말씀에는 예수가 바리새에게 교훈하는 것으로 나오는데, 바리새가 예수 말씀을 듣겠는가! 턱도 없는 소리다. 요즘으로 비유하자면, 통합진보당과 그 앞에서 때려잡자고 퍼포먼스하는 집단들 관계이다. 무슨 말을 해도 튕겨 나갈 뿐이다.

그럼 뭔가? 복음서 성격 중 하나는 공동체에 대한 응답이다. 예수의 입을 빌려서 공동체의 당면한 문제를 풀려고 했다. 그때 인용하는 이야기 소재는 복음서 저자의 설정일 가능성이 많다. 설정이지만, 역사 예수가 하나님 나라 운동을 하면서 부딪혔던, 기득권 세력들이 보여줬던 태도와 반응이야말로 후대에 매우 유용한 반면교사이다.

복음 저자의 목적은 바리새에게서 자주 봤던 폐단, 교회 안에서도 보게 되는 폐단들 ─ 특히 지도자의 오류 ─ 에 대한 처방전이라고 할 수 있다. 복음 저자는 공동체에 직면한 문제를 풀기 위해 대리인으로 바리새를 등장시켰다. 그래도 첫 독자들은 그 말이 누구를 향한 말인지 다 안다.

오늘 예수 말씀 요지는 "높은 자리에 앉지 말라"이다. 높은 자리에 앉으려는 시도 자체가 부질없다. 사람을 높이고 낮추는 일은 하나님의 주권이기 때문이다. 그래서 사람이 인위적으로 높은 자리에 앉으려는 시도 자체가 매우 어리석은 일이다. 이 인생의 지혜를 깨달을진저!

최근 국정원 선거공작 국정조사에서도 확인하였듯이, 김용판이나 원세훈을 보자. 그 자리가 얼마나 한시적이고 유한한가. 권불십년權不十年이 아니라 권불오년도 안 된다. 그럼에도 불구하고 오직 권력 유지를 위해 온갖 부정한 수를 썼다. 그러나 이제는 그 권력에게 팽당해서 이리저리 불려다니고, 재판에서 실체가 다 밝혀지고, 대중에게는 뻔뻔한 거짓말쟁이로 낙인찍혔다. 가장 높은 자리에 앉았던 이명박은 온 나라가 뒤숭숭한데, 해남까지 내려가서 4대강 사업으로 조성한 골프장에서 놀다가 취재진이 오니까 부랴부랴 숨기 바빴다. 하는 짓 하고는!

높은 자리에 앉으려는 게 무엇이 문제인가? 덜 익은 성품, 덜 된 인격으로 오로지 높은 자리에만 오르려 하는, 그래서 결국 오른 사람들이 내포한 위험성 때문이다. 그릇이 안 된 사람이 높은 자리에 오르는 것만큼 어리석고 괴로운 일도 없다. 그 폐단을 모든 사람이 겪기 때문이다.

평생 정상에 오르려고만 했기 때문에 '아래'를 이해하지 못한다. 위에서 아래를 내려다보는 데만 익숙하다. 오늘날 우리 사회의 병폐와 파행은 높은 자리에 앉은 작자들이 아래를 이해하거나 상생하지 않고 오로지 높은 자리만 유지하려고 욕심을 부리는 데 원인이 있다. 박근혜 씨는 그 욕심이 지나쳐서 21세기 대명천지에 '유신 부활'이라는 말을 듣고 있으니 얼마나 기막힌 현실인가!

아래를 이해하지 못하는 습성은 사람 관계도 왜곡되게 한다.

오늘 복음 말씀에 이해가 가지 않는 대목이 있다. "네가 점심이나 만찬을 베풀 때에, 네 친구나 네 형제나 네 친척이나 부유한 이웃 사람들을 부르지 말아라. 그렇게 하면 그들도 너를 도로 초대하여 네게 되갚아, 네 은공이 없어질 것이다. 잔치를 베풀 때에는, 가난한 사람들과 지체에 장애가 있는 사람들과 다리 저는 사람들과 눈먼 사람들을 불러라"라고 했다. 가족이나 이웃 간의 친목 도모를 하지 말라니! 어째서 예수는 이렇게 비현실적인 말씀을 하는가? 더군다나 바리새는 정결례법 때문에라도 예수가 지목한 사람들—가난뱅이, 장애인들—을 초대할 수가 없다.

고대나 지금이나 어떤 사람이 누구를 초대하면 초대자 자신의 명예가 높아진다. 그러므로 주최자는 잘난 사람을 초대하기 마련이다. 그럼 초대받은 사람도 똑같은 방식으로 다른 사람을 초대한다. 그렇게 자기들끼리 서로 영예를 누린다. 복음 말씀은 사람 관계를 이렇게 이해득실을 따지고 대가를 기대하는 상거래 방식으로 하지 말라는 말이다.

최근 달서구의회에서 일어난 일이 딱 그렇다. '절친'이었던 의장과 운영위원장이 이해관계가 틀어지자, 의장이 운영위원장의 비리를 폭로해버렸다. 의회 여직원과 놀러가서 성추행을 했다고. 정말이지 경솔 그 자체이다. 이런 사람들이 한 구의 살림을 감시한다니! 진위를 다 떠나서 그 여직원의 인권과 입장은 뭐가 되겠는가? 여기도 지독한 갑을 관계가 있다고 들었다.

이처럼 이권이 걸려 있는 사람 관계에서는 하나님의 특별한 사랑과 배려가 필요한 사람들은 항상 바깥으로 밀려나기 십상이다. 약자들—가난한 사람들, 장애인들, 소수자들, 온갖 '을'들, 기득권 중심 사회에서 쓸모없는, 대상화되기만 하는 모든 사람들—은 자연스럽게 배제당한다.

그러나 하나님 나라 질서는 이들에게 우선권이 있다. 「누가복음」은 낮은 자들을 위한 메시지로 넘쳐난다. "그는 제왕들을 왕좌에서 끌어내리시고 비천한 사람을 높이셨습니다. 주린 사람들을 좋은 것으로 배부르게 하시고, 부한 사람들을 빈손으로 떠나보내셨습니다." (1:52-53) 이외에도 6장 20~26절 등 일일이 열거할 수도 없다.

오늘날 지도자가 욕심에 빠져서 자신이 몸 담은 공동체에 큰 걸림돌이 되는 일은 부지기수로 벌어지고 있다. 우리가 상석을 좋아하는 바리새를, 또 초기 공동체 지도자를 공격하기는 쉬워도, 오늘 우리에게까지 냉엄하게 잣대를 적용하기는 쉽지 않다. 그러므로 우리는 의식적으로 우리 시선과 몸을 낮은 곳으로, 민중이 고통당하는 현장으로 향하게 해야 한다. 진정 나의 구원을 위해서라도.

참된 명예는 낮은 자들 속에 있다. 지금도 대가를 바라지 않고 낮은 자리에서 묵묵히 자신의 본분을 수행하는 이들이 있다. 그들에게 하늘 은총이 넘치기를.

회개할 사람은 누구인가?

「누가복음」 15:1-10

1 세리들과 죄인들이 모두 예수의 말씀을 들으려고 그에게 가까이 몰려들었다. 2 바리새파 사람들과 율법학자들은 투덜거리며 말하였다. "이 사람이 죄인들을 맞아들이고, 그들과 함께 음식을 먹는구나." 3 그래서 예수께서는 그들에게 이 비유를 말씀하셨다. 4 "너희 가운데서 어떤 사람이 양 백 마리를 가지고 있는데, 그 가운데서 한 마리를 잃으면, 아흔아홉 마리를 들에 두고, 그 잃은 양을 찾을 때까지 찾아다니지 않겠느냐? 5 찾으면, 기뻐하며 자기 어깨에 메고 6 집으로 돌아와서, 벗과 이웃 사람을 불러 모으고, '나와 함께 기뻐해주십시오. 잃었던 내 양을 찾았습니다' 하고 말할 것이다. 7 내가 너희에게 말한다. 이와 같이 하늘에서는, 회개할 필요가 없는 의인 아흔아홉보다, 회개하는 죄인 한 사람을 두고 더 기뻐할 것이다." 8 "어떤 여자에게 드라크마 열 닢이 있는데, 그가 그 가운데서 하나를 잃으면, 등불을 켜고, 온 집안을 쓸며, 그것을 찾을 때까지 샅샅이 뒤지지 않겠느냐? 9 그래서 찾으면, 벗과 이웃 사람을 불러 모으고 말하기를 '나와 함께 기뻐해 주십시오. 잃었던 드라크마를 찾았습니다' 할 것이다. 10 내가 너희에게 말한다. 이와 같이 회개하는 죄인 한 사람을 두고, 하나님의 천사들이 기뻐할 것이다."

역사를 회고하거나 우리 시대 경험을 되돌아볼 때, 절실한 아쉬움이 있다. 큰 해악을 끼친 사람들이 자신의 악행에 대해 진실한 반성이 없는 점이다. 한마디로 회개하지 않는 거다. 일제 강점기 때 일제에 빌붙어서 나라를 팔아먹은 놈, 자국민을 악독하게 괴롭힌 친일분자들이 해방 이후 자신의 잘못을 뉘우쳤다거나 용서를 빌었다거나 하는 모습을 보지 못했다. 크게 해먹은 놈이나 저 말단에 있는 놈이나 한결같이 해방 이후에는 미국에 붙어서 되레 더 잘나갔다.

국정원 선거범죄가 점점 더 백일하에 드러나고 있는 마당에도 박근혜는 유체이탈 화법으로 '모르쇠' 한다. 회개하기는커녕 끊임없이 성동격서식으로 공작정치를 벌이고 있다.

더 높은 자리에 있는 사람일수록 더 뻔뻔하고 더 교활하고 더 양심 불량인 경우가 대부분이다. 통 크게, 쿨하게 "내가 이런 잘못을 했습니다. 이 일은 크게 잘못한 일입니다. 이 일로 인한 모든 책임을 지겠습니다" 하고 정말 뉘우치는 모습을 보고 싶은데, 그러질 못한다. 그렇게 하면 당장은 죽을지 모르지만, 영원히 살 텐데 말이다.

오늘 복음 말씀을 짧게 요약하자면, 세리와 죄인들이 예수 말씀을 들으려고 몰려들자 바리새파와 율법학자들이, 예수가 죄인들과 함께 음식을 먹는다고 투덜거린다. 그러자 예수께서 비유 말씀을 했다. 바로 '잃은 양의 비유'와 '되찾은 드라크마의 비유'(드라크마는 데나리온처럼, 노동자의 하루 품삯에 해당한다)이다.

여기서 잠깐, 「누가복음」 저자의 약자를 위한 저술 방식을 주목하자. 복음 저자는 여자에게 특별히 주의를 기울인다. 남자를 등장시킬 때는 꼭 연이어서 여자를 등장시킨다. 그런 예가 매우 많다. 오늘 본문에서도 "어떤 사람(남자)이 양 백 마리를 가지고 있는데"라고 한 뒤에, "어떤 여자에게 드라크마 열 닢이 있는데"라고 했다. 고대 유대 사회에서 여자를 등장시키는 이야기는 대개 추문일 때가 많다. 그러나 하나님 나라를 이야기하는 복음 저자에게는 하등 구애받을 것 없는 새로운 가치 지향이다. 예수도道는 바로 여기에 기반한다. 당대의 관습이나 구부러진 전통에 구애받지 않고 인간 평등, 인간 해방을 절대기조로 삼는다. 그러므로 오늘 복음 말씀도 인간 평등, 인간 해방 기조 위에 이야기를 풀어간다.

'양 백 마리 중 한 마리 잃은 양 이야기'는 교회 출입을 하지 않은 사람도 익히 들었을, 꽤 알려진 비유 말씀이다. 이 두 비유의 교훈은 명백하다. "내가 너희에게 말한다. 이와 같이 하늘에서는, 회개할 필요가 없는 의인 아흔아홉보다, 회개하는 죄인 한 사람을 두고 더 기뻐할 것이다." 악인이 죄를 뉘우치고 회개하면 하늘이 기뻐한다는 말씀이다.

문제는 '회개하는 죄인 한 사람이 누구냐'이다. 예수는 이 비유 말씀을 누구에게 하는 것인가? 표면적으로 보면 세리와 죄인들이 회개의 대상자인 것 같다. 그래서 예수께서는 투덜거리는 바리새와 율법학자들에게 자신과 세리와 죄인을 변호하기 위하여 이 비유 말씀을 하는 것으로 보인다. 이 해석이 맞는가? 이 비유 말씀은 세리와 죄인이 전에는 죄인이었으나 이제는 회개하여 돌아왔음을 증명하는 알리바이인가? 전혀 틀린 말은 아니다. 사람은 누구나 죄와 허물이 있고, 인간적으로 흠결 없는 사람은 없으므로, 세리와 죄인들도 회개해야 하는 것은 맞다.

그렇다면 바리새와 율법학자들은 어떤가? 그들은 회개가 필요없는 의인인가? 그들은 의인 아흔아홉에 해당하는가? 회개해야 한다면 누가 더 회개해야 할까? 세리와 죄인인가? 아니면 바리새와 율법학자들인가?

분명 세리는 지탄받는 직업이었다. 같은 동족을 수탈하는 로마제국의 앞잡이였다. 그런 세리 중 확실하게 회개한 사람이 삭개오이다. "소유의 절반을 가난한 사람들에게 주겠습니다. 강제로 빼앗은 것이 있으면 네 배로 갚겠습니다"(「누가」 19:8)라고 양심고백을 했다. 그러자 예수께서는 "오늘 구원이 이 집에 이르렀다"고 기뻐했다.

죄인들도 역시 허다한 허물이 있다. 그들은 율법을 지키지 않았다. 십일조도 안 내고 금식도 안 하고, 안식일도 안(또는 못) 지켰다. 그래서 아예 죄인이라는 낙인이 찍혔다. 그러나 그들은 이미 죗값을 받았다. 동족들이 퍼붓는 모욕과 멸시, 배제와 소외로 충분히 값을 치렀다. 그런 외부의 정죄가 아니라도 스스로 내리는 자책만으로도 죗값은 충분했다. 그런데 예수께서 그들에게 새로운 윤리를 선언했다. 하나님 나라는 더 이상 양심의 가책이나 동족의 멸시에 괴로워하지 않도록 그들을 구원했다. 예수가 그들과 허물없이 식탁 교제를 나누었다는 것은 그들이 이전의 삶과 결별하고 돌이켜서 하나님 나라에 받아들여졌다는 것을 상징한다.

그런데 바리새와 율법학자들은 어떤가?

「마태복음」 23장은 예수께서 바리새와 율법학자들을 사정없이 규탄하는 말씀이다. "위선자들아! 너희에게 화가 있다", "눈먼 인도자들아! 너희에게 화가 있다", "어리석고 눈먼 자들아!", "뱀들아! 독사의 새끼들아! 너희가 어떻게 지옥의 심판을 피하겠느냐?" 같은 문구를 열두 번이나 반복하면서 혹독한 심판 선언을 한다.

바리새와 율법학자들은 율법상 하자 없다고 자부하는 부류이다. 「누가복음」 18장 9~14절에 있는, 그 유명한 바리새의 기도를 보자. 9절을 보면, "스스로 의롭다고 확신하고 남을 멸시하는 몇몇 사람에게 예수께서는 이 비유를 말씀하셨다" 하고서는 성전에 기도하러 올라온 두 사람을 소개한다. 하나는 바리새, 또 한 사람은 세리이다. 거기에서 바리새는 기도하기를, "하나님, 감사합니다. 나는, 남의 것을 빼앗는 자나, 불의한

자나, 간음하는 자와 같은 다른 사람들과 같지 않으며, 더구나 이 세리와
는 같지 않습니다. 나는 이레에 두 번씩 금식하고, 십일조를 바칩니다."
아무리 자신을 잘났다고 평가해도 이렇게 기도할 수가 있나 싶을 정도로
자기 의義가 대단히 깊다. 정말 치유 불가능한 중증이다.

그들은 「마태복음」 23장 23절 말씀처럼, "박하와 회향과 근채의 십
일조는 드리면서, 정의와 자비와 신의와 같은 율법의 더 중요한 요소들
은 버렸"다. 율법의 더 중요한 요소인 정의·자비·신의는 헌신짝 취급하
면서 자신들에게 잇속이 되는 제물만 탐했다. 법과 제도 뒤에 숨어서. 그
러므로 진정으로 회개해야 할 사람은 바리새와 율법학자들이다.

그러나 그들은 자신들이 회개해야 할 존재라는 사실 자체를 인식하
지 못한다. 자신이 구원 받아야 할 존재라는 것을 깨달으면 구원의 문이
가까이 온 것이지만, 구원 자체를 의식하지 못하면 대책이 없다. 너무나
완고하고 지독한 자기 의義에 빠져서 민중들을 심판하기에 바빴지, 자신
들이 민중보다 더 죄가 많은 인간이라는 성찰은 전혀 하지 못한다.

예수의 비유 말씀은 바로 그들을 향한 말씀이다. 이미 세리와 죄인
은 회개하여서 하나님 나라 품 안에 들어왔다. 바리새와 율법학자들은
여전히 회개의 절박성을 느끼지 못하고 있다. 하지만 하나님의 자비와
사랑은 이들에게도 기회를 주고 돌아오기를 기다린다.

스스로 회개하지 않는 이들을 하나님이라고 해서 강제로 회개시킬
수는 없다. 그러므로 그런 구제불능에 빠진 사람이 회개하였을 때, 하늘
의 기쁨이 얼마나 크겠는가! 양 한 마리, 한 드라크마와는 비교할 수 없
는 큰 기쁨이다. 진짜 사람을 구했기 때문이다. 그러므로 벗과 이웃을 불
러 잔치를 열지 않을 수가 없다. "여보게들, 같이 기뻐합시다. 구제불능

으로 여긴 아무개가 이제 회개하고, 하나님의 은총을 입었소. 얼마나 기쁜 일이오. 같이 기뻐합시다."

오늘날 우리가 매일 목격하듯이 이 사회에서도 진정 뉘우쳐야 할 인간들이 권력의 철옹성 안에서 호가호위하며 양심의 가책도 느끼지 못하고, 권력이 천년만년 갈 줄 알고 영혼까지 팔아넘기며, 범죄를 기획하고, 나팔 불고, 실행하며, 나라를 특히 민주주의를 말아먹고 있다.

어떻게 해야 하겠는가? 하늘이 이들도 회개하기를 기다리고 있음을 주지시키며, 그들의 악과 범죄를 깨우치고 바로잡아야 한다. 무엇을 잘못했는지를 알아야 회개할 때 정확하게 잘못을 고백할 수 있지 않은가. 그때를 위하여 목자가 또는 여자가 찾을 때까지 찾는 수고를 다 하고 마침내 찾아서 기뻐하듯이, 우리도 민주시민의 몫을 열심히 감당하자. 그래서 모두가 기뻐하는, 민주주의가 활짝 꽃피는 나라를 만들자.

모세와 예언자가 있다

「누가복음」 16:19-31

19 "어떤 부자가 있었는데, 그는 자색 옷과 고운 베옷을 입고, 날마다 즐겁고 호화롭게 살았다. 20 그런데 그 집 대문 앞에는 나사로라 하는 거지 하나가 헌데투성이 몸으로 누워서, 21 그 부자의 상에서 떨어지는 부스러기로 배를 채우려고 하였다. 개들까지도 와서, 그의 헌데를 핥았다. 22 그러다가, 그 거지는 죽어서 천사들에게 이끌려 가서 아브라함의 품에 안기었고, 그 부자도 죽어서 묻히었다. 23 부자가 지옥에서 고통을 당하다가 눈을 들어서 보니, 멀리 아브라함이 보이고, 그의 품에 나사로가 있었다. 24 그래서 그가 소리를 질러 말하기를 '아브라함 조상님, 나를 불쌍히 여겨주십시오. 나사로를 보내서, 그 손가락 끝에 물을 찍어서 내 혀를 시원하게 하도록 하여 주십시오. 나는 이 불 속에서 몹시 고통을 당하고 있습니다' 하였다. 25 그러나 아브라함이 말하였다. '얘야, 되돌아보아라. 네가 살아 있을 동안에 너는 온갖 호사를 다 누렸지만, 나사로는 온갖 괴로움을 다 겪었다. 그래서 그는 지금 여기서 위로를 받고, 너는 고통을 받는다. 26 그뿐만 아니라, 우리와 너희 사이에는 큰 구렁텅이가 가로놓여 있어서, 여기에서 너희에게로 건너가고자 해도 갈 수 없고, 거기에서 우리에게로 건너올 수도 없다.' 27 부자가 말하였다. '조상님, 소원입니다. 그를 내 아버지 집으로 보내주십시오. 28 나는 형제가 다섯이나 있습니다. 제발 나사로가 가서 그들에게 경고하여, 그들만은 고통 받는 이곳에 오지 않게 하여 주십시오.' 29 그러나 아브라함이 말하였다. '그들에게는 모세와 예언자들이 있으니, 그들의 말을 들어야 한다.' 30 부자는 대답하였다. '아닙니다. 아브라함 조상님, 죽은 사람들 가운데서 누가 살아나서 그들에게로 가야만, 그들이 회개할 것입니다.' 31 아브라함이 그에게 대답하였다. '그들이 모

세와 예언자들의 말을 듣지 않는다면, 죽은 사람들 가운데서 누가 살아난다고 해도, 그들은 믿지 않을 것이다.'"

2013년 9월 26일 목요일 저녁, 서울시청 광장에서 기독교 목회자들이 촛불시국기도회를 하고 노숙했다. 바로 맞은편에는 프라자호텔이 있어서, 밤이슬을 맞으며 비닐과 침낭을 덮고 자는 우리 목회자들 모습과 큰 대조가 됐다. 우리끼리 세상에서 가장 큰 방에서 숙박한다고 농담했다. 우리 옆자리에는 "박근혜 대통령은 쌍용자동차 문제를 책임지고 해결하라"고 촉구하며 노동자들이 단식농성을 하고 있었다.

쌍용자동차의 비극적인 사태에 아무 책임도 없는 노동자들이 오히려 20일째 밥을 굶고, 목사들은 편한 집 놔두고 거리에서 추위에 떨며 노숙을 하는 현실. 그러나 정작 그 문제 해결의 진원지에 있는 권력자들은 천하태평으로 호의호식하며 고통의 현장에 대해서는 모르쇠로 일관하는 현실이 오늘 복음 말씀인 부자와 거지의 극단적인 대조와 비슷하다.

오늘 복음 말씀은 이야기 방식이 무엇인가? 비유인가? 허구인가? 사실 보도인가? 복음 저자가 친절하게 설명해주면 좋은데, 그런 설명 없이 곧바로 이야기를 시작한다. 「누가복음」 15장 3절은 "예수께서는 그들에게 이 비유를 말씀하셨다"라며 이야기 방식이 비유라고 했다. 그런데 오늘 복음 첫 말씀은 그냥 "어떤 부자가 있었는데"로 바로 시작한다. 특히 오늘 복음은 '죽은 뒤 세계'에 대한 이야기가 중심이어서 더더욱 이야기 방식이 궁금하다. 이 부분을 사실로 읽어야 하는지, 비유 말씀인지, 허구로 봐야 하는지가 더욱 모호하다는 말이다.

그러나 오늘날 이 땅 실상이 부자와 빈자 간에 극한 차별과 대조가 마구잡이로 벌어지고 있는 현실이기에, 굳이 이야기 방식이 무엇인지를 아는 것은 하나도 중요하지 않다. 복음 저자도 설명을 하지 않는 이유는, 따지지 말고 그냥 이야기 내용에 귀를 기울이라는 뜻이다.

오늘 이야기는 모든 면에서 완벽하게 대조를 이룬다. 그런데 지극히 공평하다. 이생에서는 부자가 이루 말할 수 없는 호화 사치를 누리지만, 거지는 이루 말할 수 없는 비참한 처지이다. 그런데 죽은 뒤 저승에서는 두 사람의 처지가 통쾌하게 역전된다. 복음 저자는 부자와 거지를 의도적으로 대비시킨다.

먼저 옷을 보자. "어떤 부자가 있었는데, 그는 자색 옷과 고운 베옷을 입었다." 부자는 촉감 좋고 값비싼, 요즘 말로 명품 옷을 입고 살았다. 반면에 부잣집 대문 앞에는 나사로라는 거지가 피투성이 몸으로 누워 있다. 피부가 덧나서 진물이 흐르는 알몸 그대로 있다는 말이다.

먹거리 삶을 보자. "부자는 날마다 즐겁고 호화롭게 살았다." 반면에 거지는 "부자의 상에서 떨어지는 부스러기로 배를 채우려고 하였다." 그러나 그조차도 제대로 먹지 못했다. 개들까지도 와서 거지를 핥으면서 빵부스러기도 채 갔기 때문이다. 부자가 누리는 사치의 만 분의 일이라도 거지에게 베풀었다면, 거지는 이렇게 비참한 생활을 하지는 않을 거다. 부자의 연락宴樂을 좋다 말할 수 없는 이유는 그 즐거움이 약자들의 고통과 희생을 짓밟고 누리는 악이기 때문이다. 하여튼 부자는 아는지 모르는지 그렇게 살다가 죽었다.

죽은 장면도 극단으로 대조된다. 부자는 죽어서 묻히었다. 많은 사람의 조문을 받으면서 정상적으로 장사를 치렀다는 말이다. 반면에 거지는 죽어서 천사들에게 이끌려 가서 아브라함의 품에 안기었다. 죽어서 좋은 곳으로 갔다는 말이지만, 이면에는 거지가 죽어서도 장사 지내지 못한 채 그냥 버려졌다는 말이 숨어 있다. 장사와 관련해서는 아무런 할 말이 없었다.

그런데 갑자기 장면이 바뀐다. 다음 장면은 죽은 후 두 사람 모습을 보여준다. 부자는 지옥에서 고통을 당하고 있다. 복음 이야기는 부자가 왜 지옥에 떨어졌는지에 대해 아무런 설명도 하지 않는다. 그러나 우리 는 두 사람의 운명이 이렇게만 끝나지는 않을 거라는 기대가 있기에 부 자의 처지를 당연하게 받아들인다. 악인은 죽을 때까지 부귀영화를 누리 고 선인은 아무 보상 없이 끝나면 세상이 너무 불공평하지 않은가 하는 정서 때문이다.

부자가 지옥에서 보니 멀리 아브라함과 그의 품에 나사로가 있는 게 보였다. 부자는 이승에서 자기 집 대문 앞에서 구르는 나사로를 거들떠 보지도 않았기에 이름도 모를 줄 알았는데 뜻밖에도 나사로의 이름을 부 르며 애원한다. "아브라함 조상님, 나사로를 보내서, 그 손가락 끝에 물 을 찍어서 내 혀를 시원하게 해 주십시오"라고.

부자의 애가 닳은 모습이 느껴진다. 부자는 살아서는 애원을 받아도 외면만 했지, 자신이 애원한 적은 결코 없다. 아쉬운 게 없는데 애원할 일이 뭐가 있겠는가? 반면에 거지 나사로는 무수히 애원했을 것이다. 그 리고 무수히 거절당했을 것이다. 그것조차도 저승에서 완벽하게 역전된 다. 부자는 절절히 애원하고 있고, 나사로는 편안히 듣고 있다. 이 장면 에서 부자와 나사로는 동시에 이승에서의 일이 떠올랐을 게 틀림없다. 이승을 떠올리며 부자는 후회막급이었을 것이고, 나사로는 인생을 역전 시키는 하나님의 신비에 대해 감탄했을 것이다.

아브라함은 저승에서 인생역전한 이유를 친절하게 설명한다. "얘야, 되돌아보아라. 네가 살아 있을 동안에 너는 온갖 호사를 다 누렸지만, 나사로는 온갖 괴로움을 다 겪었다. 그래서 그는 지금 여기서 위로를 받고, 너는 고통을 받는다. 그뿐만 아니라, 우리와 너희 사이에는 큰 구렁텅이가 가로놓여 있어서, 여기에서 너희에게로 건너가고자 해도 갈 수 없고, 거기에서 우리에게로 건너올 수도 없다."(「누가」 16:25-26)

아브라함이 말한 큰 구렁텅이는 누가 만들었을까? 이승에서 부자가 갈라놓은 구렁텅이다. 가난한 자, 억울한 자, 약한 자들이 자기에게 다가오지 못하도록, 법으로 정책으로 언론으로 국가폭력으로 만들어 놓은 구렁텅이다. 그런데 저승에서 그 구렁텅이 때문에 되레 자신이 물 한 방울조차도 도움받지를 못한다. 그래서 뿌린 대로 거둔다는 말씀은 진리이다.

그러자 부자는 또 다른 조건을 내건다. 끊임없이 거래를 시도하는 모습에서 부자가 어떻게 부자가 됐는지, 그리고 그 심성이 지옥에서도 바뀌지 않았음을 보여준다. 형제가 다섯 있는데, 그들에게 나사로가 가서 경고하게 해 달라고 매달린다. 죽은 자가 살아서 가서 이야기해야 그들이 회개할 것이라는 기대 때문이다. 그러나 아브라함은 그들이 모세와 예언자들의 말을 듣지 않는다면, 죽은 사람들 가운데서 누가 살아난다고 해도 그들은 믿지 않을 것이라고 답한다.

모세와 예언자들은 어떤 말을 했나? 율법과 예언서는 온통 약자보호법으로 가득 차 있다. 가난한 자, 궁핍한 형제를 벗겨 먹지 말아라. 그들을 억울하게 하지 마라. 매 칠 년 끝에는 빚을 면제해라. 50년째 되는 해(희년)에는 모든 종과 땅을 해방해라. 불의한 이익을 취하는 자, 자기 소유 아닌 것을 모으는 자, 성안 거민에게 강포를 행하는 자를 내가 가만두지 않겠다 등등. 이루 헤아릴 수 없는 말씀들에서 약자와 가난한 자를 보호하라고 말씀한다. 이를 볼 때 부자는 모세와 예언자가 말씀한 부자의 의무를 하나도 이행하지 않은 거다. 이를 뒤늦게 깨닫고 자기와 똑같이 사는 형제가 염려된 거다.

그런데 회개 이유가 매우 실용적이다. "아브라함 조상님과 나사로와 함께 그곳에서 영원히 살게 해 주십시오"가 아니라, "그들만은 고통받는 이곳에 오지 않게 하여 주십시오"라고 빈다. 약한 자를 돕지 않는 죄, 함께 사는 세상을 도모하지 않은 죄를 뉘우치는 회개가 아니라, 고통을 면하기 위해서 회개하라는 메시지를 전해 달라고 한다. 실용적인 회개. 어쩌면 오늘날 풍토와 이리도 닮았는지.

그러나 모세와 예언자 음성에 무감각해진 사람들은 부활한 사람이 말하는 회개 요구도 쉽게 거절한다. 실용적으로 무장했기에 회개도 실익이 없으면 하지 않을 거다. 우리는 부자가 아니라고 안심할 게 아니다. 주위의 고통에 무심하고 자기 이익만 추구한다면 부자 심보와 다를 게 없다. "얘야 되돌아보아라"라는 아브라함의 말처럼, 어떤 인생을 살고 있는지, 매일매일 생활은 어떤지 상고해야 한다.

다행히 우리 곁에는 율법과 예언자의 말씀이 있다. 이 말씀들을 간직하자. 이 말씀들이 욕심에 물들려는 나의 마음을 정화해주신다. 꼭 붙들기를 바란다.

소수자의 행복

「누가복음」 17:11-19

11 예수께서 예루살렘으로 가시는 길에, 사마리아와 갈릴리 사이로 지나가시게 되었다. 12 예수께서 어떤 마을에 들어가시다가 나병 환자 열 사람을 만나셨다. 그들은 멀찍이 멈추어 서서, 13 소리를 높여 말하였다. "예수 선생님, 우리를 불쌍히 여겨주십시오." 14 예수께서는 보시고 그들에게 말씀하셨다. "가서, 제사장들에게 너희 몸을 보여라." 그런데 그들이 가는 동안에 몸이 깨끗해졌다. 15 그런데 그들 가운데 한 사람은 자기의 병이 나은 것을 보고, 큰 소리로 하나님께 영광을 돌리면서 되돌아와서, 16 예수의 발 앞에 엎드려 감사를 드렸다. 그런데 그는 사마리아 사람이었다. 17 그래서 예수께서 말씀하셨다. "열 사람이 깨끗해지지 않았느냐? 그런데 아홉 사람은 어디에 있느냐? 18 하나님께 영광을 돌리러 되돌아온 사람은, 이 이방 사람 한 명밖에 없느냐?" 19 그런 다음에 그에게 말씀하셨다. "일어나서 가거라. 네 믿음이 너를 구원하였다."

독자들의 인생행로는 무난했나? 험난했나? 다수가 가는 길에 편승해서 편안히 살았는지? 아니면 늘 외로운 늑대처럼 홀로 길을 갔는지? 무엇을 결정할 때도 고민과 번민 없이 남이 해 놓은 일을 따라갔는지? 아니면 잠 못 자고 씨름하며 외로이 결단했는지?

권력이 선전, 조장하는 대로 사는 길은 대체로 편안하다. 자본에 저항하지 않고 시키는 대로 일만 하면 착한 근로자라고 추켜세워준다. 그러나 권력에 반대하여 민주공화국의 가치를 외치고 시민의 권리를 주장하면 수난을 각오해야 한다. 체포·연행·구속이 다반사이다. 자본에 고분고분하지 않고 근로자가 아니라 노동자라고 선언하고 민주노조를 만들면 자본은 그런 노동자를 가만두지 않는다. 탄압은 불 보듯 빤하다. 그래서 수난이 두려운 많은 사람이 편한 길을 가고자 한다. 넓은 길을 좋아한다. 묻혀 가면 별 탈 없이 살 수 있다고 믿고, 권력과 자본이 조장하는 대로 따라간다. 그런데 그런 길이라고 해서 마냥 무탈한 것만은 아니다.

삼성전자서비스 노동자들이 노동조합 만든 것을 잘 알 것이다. 2013년 10월 12일 토요일 침산동 삼성전자서비스 대구경북지사 앞에서 집회가 열렸다. 그들이 분노에 차서 증언하는 노동 실상은 한숨이 나고 기가 막혔다. 9월 27일 삼성서비스의 한 노동자가 과로사 당한 것을 보더라도 자본이 시키는 대로 일만 하면 좋은 게 아니라 죽을 수도 있다. 그렇게 죽도록 일한 대가가 노동자한테 돌아가면 불만이 없을 텐데, 그 모든 이익은 오로지 자본에만 돌아간다. 그러니 오죽하면 무노조로 악명을 떨치는 삼성에서 노동자들이 자발적으로 노동조합을 만들었겠는가.

신앙에서 소수자로 사는 길도 분투가 필요하다. 주류가 아니어서 기댈 인맥이나 환경이 없어서 외롭고 쓸쓸하다. 그래서 옳은 길을 가고 싶지만 아예 엄두를 못 내는 사람도 있고, 가다가 포기하는 사람도 있고, 머리로만 관심 있는 척하는 사람이 대부분이다.

그런데 말이다. 신앙의 소수자로 사는 게 손해만 있는 것은 아니다. 다른 데 기댈 데가 없어서 진실로 하나님만 의지할 수 있고, 또 자기가 가는 길이나 믿는 바에 대해 더 명료하게 생각할 수 있는 바탕을 가진다.

대세를 따르면 편할 것 같지만, 그 선택이 하나님과 나 사이에 선택한 엄밀한 결정이 아닌, 그저 이익만 좇는 결정이라면 나중에 반드시 그 대가를 겪는다. 본인의 생각이나 판단이 있지만, 다수에 휩쓸려서 기회를 놓치고 수동적이 된다. 그런 삶을 주체적이라고 할 수는 없다. 그래서 성경은 말한다.

> "좁은 문으로 들어가거라. 멸망으로 이끄는 문은 넓고, 그 길이 널찍하여서, 그리로 들어가는 사람이 많다. 생명으로 이끄는 문은 너무나도 좁고, 그 길이 비좁아서, 그것을 찾는 사람이 적다."(「마태」 7:13-14)

오늘 복음 이야기에서는 병의 치유보다는 치유 받은 사람들의 대조적인 처신이 문제가 됐다. 열 사람이 나병으로부터 고침받았다. 그런데 그 중 단 한 사람만이 예수께 되돌아와서 감사를 표했다. 한 사람만 되돌아온 것이 예상 밖의 일인지라, 예수 자신도 의아했다. "열 사람이 깨끗해지지 않았느냐? 그런데 아홉 사람은 어디에 있느냐? 하나님께 영광을 돌리러 되돌아온 사람은, 이 이방 사람 한 명밖에 없느냐?"라고 했다.

오늘 복음 이야기의 초점은 유일하게 감사를 표한 한 사람과 나머지 아홉 사람에 대해서이다. 그전에 예수가 불쌍한 민중을 대하는 태도에 대해 주목하자. 예수가 길에서 나병 환자 열 사람을 만났다. 나병 환자는 사람들에게 극한 혐오를 불러일으키는 사람들이다. 이들은 제도권과 어울리지 못하고 완전히 격리돼서 살아야 한다. 제도권 사회가 공식적으로 소외시킨 사람들이다. 그런지라 이 사람들도 예수께 가까이 가지 못하고 멀찍이 서서 소리만 외친다. "예수 선생님, 우리를 불쌍히 여겨주십시오." 이들의 외침은 세상에서 가장 간절하고 절박하고 진실한 소리이다.

2013년 10월 13일, 세계에너지총회가 열린 대구 엑스코 앞마당에서 열린 밀양, 청도대책위 기자회견에서 밀양 할매가 외친 소리도 절박한 진실이 담긴 절규였다. 가장 약한 자들의 소리는 곧 하늘의 소리이다.

예수 역시 약자 편인지라, 하늘의 소리를 곧바로 알아들었다. 예수는 그들을 보고 말씀한다. "가서, 제사장들에게 너희 몸을 보여라." 이 말씀은 그들 병이 나았음을 보증하는 말이다. 「레위기」 13, 14장을 보면, 악성 피부병에 걸린 사람들의 상태를 보고 격리나 공동체 복귀를 판정·선언하는 사람이 제사장이다. 그러므로 예수가 이들더러 제사장에게 보이라고 한 것은 율법의 정결 규정에 따라 제도권에 복귀할 수 있도록 한 배려이다. 예수는 이처럼 약자들의 소리를 외면하지 않고 즉시로 응답하는 분이다. 우리가 이분을 구세주로 믿는 이유이다.

민중을 위하는 예수의 태도를 부러 말하는 이유가 있다. 권력의 행위가 예수의 모습과 너무도 상반하기 때문이다. 오늘날 권력이 국가폭력을 행사하며 벼랑으로 밀어내는 사람들이 너무 많다. 권력은 또 자기들의 잘못과 위기를 벗어나고자 희생양을 만들어 제물로 삼기도 한다. 그들이 어쩌다 민중들 자리에 나타나더라도 그들은 아무도 접근하지 못하도록 인의 장벽을 친다. 사전에 짜 놓은 사람만 권력자를 만날 수 있다. 제주 강정 주민들이, 밀양 주민들이, 억울한 일을 겪는 사람들이 권력자를 만나 대화하기를 간절하게 원하고 진실한 목소리를 전하고 싶어하지만, 그들은 인의 장벽 속에서 짜 놓은 각본대로만 움직인다.

열 명의 나병 환자들이 제사장에게 가는 길에 모두 깨끗함을 받았는데, 그 사실을 확인하고 예수께 되돌아와서 발 앞에 엎드려 감사를 표한

단 한 사람은 사마리아 사람이었다. 이 사람의 생각과 행동기제는 무엇인가? 이 사람은 자기 병을 낫게 해준 원인자가 예수라는 자의식이 분명했다. 그래서 가던 길을 되돌아섰다. 어차피 유대인 제사장에게 가는 길은 사마리아 사람인 자신과는 무관한 행보인지라 안 가도 그만이었다. 생각이 여기에 미치자 마땅히 자신이 해야 할 일에 대해 사리분별을 하고 즉시, 또 정확하게 행동했다. 그것은 무엇보다도 예수께 감사하는 일이다.

그럼, 나머지 아홉 사람의 생각과 행동기제는 무엇인가? 예수 말씀, "하나님께 영광을 돌리러 되돌아온 사람은, 이 이방 사람 한 명밖에 없느냐?" 이 말뜻은 한 사람만 사마리아 사람이고, 나머지 아홉은 본토 유대인임을 말한다. 나병이 깨끗해진 치유 역사는 열 사람 모두에게 같을 텐데, 어째서 아홉 사람은 되돌아서지 못하고 가던 길을 그냥 갔을까?

새로운 길, 예수께 가는 길보다는 제사장에게 가는 길이 훨씬 수월하고 편했기 때문이다. 그들은 제도권 사회로 돌아가는 일에만 몰입했다. 그러나 그 사회는 그전과 똑같은 율법사회이다. 피부병에 걸리면 언제든 다시 자기를 격리시키고 내쫓아버리는 배제의 사회다.

자기 몸이 깨끗해진 것을 확인했지만, 치유자가 예수임을 자각했지만, 제사장 쪽으로 계속 발걸음을 하는 자신들에 대해 어떤 문제의식이 스쳐 지나갔지만, 관성적인 발걸음으로, 또 독자적으로 행동할 용기가 없었으므로 그냥 묻혀 가버렸다. 한 사람 한 사람이 다 주체적으로 살 결단을 하지 못하고 말았다. 실체 없는 다수의 분위기에 휩싸여서, 또 유대인이라는 동질성에 묶여서.

반면에 사마리아 사람은 민족적 동질성이나 유대율법에 매일 필요가 없었으므로 과감하게 그 틀을 벗어날 수 있었다. 소수자만이 누릴 수 있는 복이다. 그 덕에 사마리아 사람은 병을 치유받는 데 그치지 않고 전 인격이 구원받는 은혜를 얻었다. 예수가 "일어나서 가거라. 네 믿음이 너를 구원하였다"라고 해방 선언을 한 것이다.

필자가 요즘 거듭 확인하는 일은 하나님의 소리에 응답하고 그 체험을 삶으로 사는 사람들은 소수, 작은 자들이다. 그 믿음이 너무도 굳건해서 상대가 국가 권력일지라도 조금도 굴하지 않고 맞서 싸운다. 이는 하나님(하늘) 믿음이 있기에 가능한 일이다.

그러나 다수, 큰 자들은 그 사회가 보장하는 기득권과 특권에 빠져서 하나님의 은혜를 사모하지 않는다. 자기에게 일어난 일이 커넥션, 카르텔 인맥과 술수에서 온 것인 줄 알기에, 하나님께 감사하지도 않는다. 그러므로 모순과 갈등이 있어도 결코 의와 약자 편에 서지 않는다. 여전히 자신들이 장악한 제도사회의 단맛에 빠져서 살아왔던 대로 살려고 한다.

주류의 불의가 성공으로 칭송받는 시대에 사리분별을 옳게 하고 진리 위에 서는 길이 얼마나 어려운지. 그러나 그 길 위에 서는 사람은 복될 것이다.

우물 안의, 한가한 기도

「누가복음」 18:9-14

9 스스로 의롭다고 확신하고 남을 멸시하는 몇몇 사람에게 예수께서는 이 비유를 말씀하셨다. 10 "두 사람이 기도하러 성전에 올라갔다. 한 사람은 바리새파 사람이고, 다른 한 사람은 세리였다. 11 바리새파 사람은 서서, 혼잣말로 이렇게 기도하였다. '하나님, 감사합니다. 나는, 남의 것을 빼앗는 자나, 불의한 자나, 간음하는 자와 같은 다른 사람들과 같지 않으며, 더구나 이 세리와는 같지 않습니다. 12 나는 이레에 두 번씩 금식하고, 내 모든 소득의 십일조를 바칩니다.' 13 그런데 세리는 멀찍이 서서, 하늘을 우러러볼 엄두도 못 내고, 가슴을 치며 '아, 하나님, 이 죄인에게 자비를 베풀어 주십시오' 하고 말하였다. 14 내가 너희에게 말한다. 의롭다는 인정을 받고서 자기 집으로 내려간 사람은, 저 바리새파 사람이 아니라 이 세리다. 누구든지 자기를 높이는 사람은 낮아지고, 자기를 낮추는 사람은 높아질 것이다."

오늘 복음 말씀은 기독교회 안에서는 꽤 알려진 이야기이다. 그러나 익숙한 이야기일수록 피상적인 선입견에 빠지기가 쉽다. 오늘 복음은 일명 '바리새와 세리의 비유'라고 부른다. 바리새와 세리의 기도가 주 내용이다. 특히 바리새의 기도에 많은 분량을 할애했다. 따라서 독자들은 바리새를 주목하기 마련이다. "아~ 바리새가 이렇구나. 바리새 신앙을 조심해야지"라는 교훈을 얻기 쉽다. 그러나 바리새는 비유의 소재일 뿐이다.

오늘 비유의 주 대상은 "스스로 의롭다고 확신하고 남을 멸시하는 몇몇 사람"(9절)이다.

구체적으로는 누가공동체 안에 있는, 복음의 도와는 멀리 떨어진 몇몇 사람이 비유의 주 대상이다. 그러나 꼭 집어 말할 수 없는, 관계상의 어려움 때문에 반면교사로 내세운 인물이 바리새이다.

바리새는 '구별된 자'라는 뜻이다. 마카베오 전쟁 이후 가장 강력한 유대 종교 정파이다. 이들은 이스라엘이 물려받은 율법 및 선조들의 전통을 존중하고 일상생활의 사소한 데에 이르기까지 이 율법을 정확하게 지키려 했다. 이유는 메시아에 대한 약속들의 성취를 인간 편에서 확보하려는 분투였다. 바리새들은 십일조 및 정결례 규정을 매우 엄격히 지키기로 약속하는 사람을 자기들 공동체에 받아들였다. 이들의 율법적 위험성, 즉 자기들이 옳다는 자부심을 지닌 냉혹한 엄격성 때문에 예수께서는 이런 경건성을 사정없이 공격하였다. 바리새는 백성의 지도권을 놓고 사두개(귀족 세력)들과 다투었지만, 주후 70년에 예루살렘이 멸망한 뒤로는 유대교 사상을 주도하고 결정하는 주류가 되었다. 이런 까닭에 복음 저자는 기독교회에 대한 반면교사로 바리새를 자주 등장시켰다.

오늘 비유 이야기는 "두 사람이 기도하러 성전에 올라갔다. 하나는 바리새파 사람이고, 다른 한 사람은 세리였다"라고 시작한다. 오늘 두 사람의 행보가 기도하기 위해서이므로, 기도가 무엇인지에 대해 살펴보자. 한 글을 인용한다.

'기도'祈禱를 풀이하면 이렇다. '祈'는 '示'(시, 제단의 형상)와 '斤'(근, 도끼)의 합자로, 제단 위에 도끼를 올려놓는 것이다. '禱'는 '示'와 '壽'(수, 목숨)의 합자로, 제단 위에 목숨을 올려 놓은 것이다. 즉 기도는 자기를 제물로 바치거나, 자기 목숨을 바친다는 뜻이다.

기도의 순수한 우리말은 '비나리'이다, 간절히 빈다는 뜻과 비운다는 두 가지 뜻이다. 하나님께는 간절히 비는 수밖에 없고 하나님 앞에서는 나 자신을 비우는 수밖에 없다. 하나님의 뜻을 온전히 받아들이는 빈 그릇의 자세이다. 그래서 기도자는 "기도는 내가 하는 것이 아니라, 하나님께서 하게 하신다"라고 고백한다(김홍한, 『이야기 신학』 3호).

위의 글을 세 가지로 압축하면, "기도는 목숨 걸고 하는 것이다. 기도는 자신을 비우는 행위이다. 기도는 하나님이 주체이다"가 요지이다. 우리가 기도할 때마다 이 세 가지를 항상 충족하기는 어렵겠지만, 이 셋 중 하나는 반드시 들어가 있어야 참 기도를 할 수 있다. 오늘 두 사람의 기도도 이 기준으로 조명하면 기도자의 옳고 그름을 판단할 수 있을 것이다.

먼저 바리새의 기도를 살펴보자. "바리새파 사람은 혼잣말로 이렇게 기도하였다." 가톨릭 성경은 "바리사이는 서서 자신을 향하여 이렇게 기도했습니다"라고 했다. '혼잣말' 또는 '자신을 향하여'가 주목할 단어이다. 복음 저자가 아무 의미 없이 이 문구를 삽입할 리 없다. 정말 말 그대로 자기를 향해 기도했다는 말이다. 기도의 주체는 하나님인데, 자기를 중심에 놓는 것은 근본적인 오류이다. 어떻게 이런 기도가 가능할까 싶지만, 형식적으로 하면 가능하다. 바리새는 자기를 향하여 기도하면서도 "하나님, 감사합니다"로 운을 뗀다. 상호모순이지만 형식적으로 할 때는 아무 문제 없다. 2013년 10월 26일 몇몇 골수분자들이 벌인 박정희 추모 예배. 어떻게 저런 일이 가능한가 싶지만, 형식적으로는 얼마든지 가능한 것처럼 말이다.

그 다음 바리새 기도에서 눈에 띄는 것은 '나'라는 말이다. 기도의 주어가 하나님이 아니고 나이다. "나는 다른 사람들과 같지 않으며, 나는 이레에 두 번 금식하고, 나는 내 모든 소득의 십일조를 바칩니다." 이게 기도인가, 자랑인가. 뭘 구하는 것도 아니고, 회개하는 것도 아니고, 오직 자기 형편에 대한 만족, 자기 의義로 가득하다. 자기 중심 기도는 이런 것이다, 하는 것을 아낌없이 보여준다.

혹시 "하나님도 찾고, 감사도 하고, 바른 생활도 하고, 금식·십일조 등 신자의 모범을 잘 지키는데 뭐가 문제란 말이냐?" 하는 반문이 들 수도 있다. 하지만 하나님이 원하시는 모습은 자기 의義가 아니라 애통해하는 마음이다. 「시편」 51장 17절, "하나님께서 구하시는 제사는 상한 심령이라 하나님이여 상하고 통회하는 마음을 주께서 멸시하지 아니하시리이다"(개역개정판). 이 말씀에 비추어 볼 때, 바리새 기도에는 애통이 전혀 없다.

그리고 기도 내용도 온전하지 않다. 바리새가 자랑하는 행위들은 자기 울타리에서나 통하는 '우물 안 의義'이다. 식민지 지배하에서 권력자들에게 착취당하고 유리·방황하는 민중들에 대한 안타까움이 있다면, 이렇게 한가한 기도를 할 수 없다. 바리새가 자기의 안정적인 삶이 민중들의 희생과 헐벗음에 기반한 것을 안다면, 이런 자랑질 기도는 할 수 없을 것이다.

한가함으로 말하자면, 오늘날 교회도 못지않다. 불의와 폭력으로 가득 찬 세상 속에 있으면서도 교회의 언어와 행위는 어쩌나 한가한지 이루 말할 수 없다. 교회 안에서 벌어지는 행사들을 보자면, 참 오순도순하고 태평하다. 어떨 때는 부럽기조차 하다. 그러나 교회는 그런 한가한 생활을 주신 하나님께 감사하기 전에, 숨어 있는 진실을 애써서 우선 체득해야 한다. 자기들의 한가한 생활 정반대편에 있는 고통의 현장을 찾아가고, 그 속에서 다시 하나님을 찾는 게 필요하다. 그렇다면 정녕 한가함에 머무를 수만은 없을 것이다.

세리는 성전 마당 남성들의 구역에도 들어가지 못하고 멀찍이 서서 하늘을 우러러볼 엄두도 못 내고 가슴을 친다. 하는 말이라고는 "아, 하나님, 이 죄인에게 자비를 베풀어 주십시오" 이 말이 전부이다. 하지만 예수는 이 사람 세리가 의롭다는 인정을 받았다고 선언한다. 세리는 유대 사회에서 전혀 환영받지 못하는 인물이다. '세리와 죄인'이라는 고유명사가 있을 정도로, 완전히 반율법의 상징으로 배제당했다. 그러나 역설적으로 세리라는 기구한 운명 때문에, 세리는 바리새처럼 자기 중심 기도에 빠지지 않았다. 자기 운명의 사슬을 벗겨줄 분은 하나님뿐이심을 분명히 알았다. 그래서 하나님께 자비를 베풀어 달라고 정확하게 기도했다.

이 비유가 스스로 의롭다고 확신하고 남을 멸시하는 사람들에게 어떤 교훈이 될까? 의로움의 여부를 결정하는 일은 하나님의 주권이다. 이웃을 멸시하는 일도 사람의 본분을 망각하는 일이다. 오직 이웃은 선대善待의 대상이지 멸시의 대상이 아니다. 특히 오늘날 권력자는 권력을 위임해준 이웃(주권자 국민)을 선대해야 하는데 되레 억압하고 배제한다. 마치 자기 위에는 아무도 없는 것처럼 행동한다. 어리석음의 극치이다. 권력 위에는 하나님이 있다. 그러므로 스스로 의롭다고 확신하고 남을 멸시하는 사람은 사람의 본분을 망각하고 하늘의 주권을 침탈한 것이다.

예전 교회 생활을 돌이켜 볼 때, 내 스스로 자신을 의롭게 여기고 다른 사람들을 아래로 보는 경우는 어떤 것이었을까 생각해봤다. 뜻밖에도 교회 행사들의 수행 여부였다. 여러 예배에 빠지지 않고 참석하는 사람이 스스로 흡족히 여기고, 그렇지 못한 사람에 대해 갖는 상대적 우월감, 기도와 성경 읽기에 시간을 많이 들이는 사람이 마음속에 갖는 의로움과 그렇지 못한 사람에게 보내는 근거 없는 선입견, 교회에서 시행하는 여러 사업 활동에 참여하는 사람이 스스로에 대해 보람을 느끼고, 그렇지 못한 사람을 판단하고 평가하는 경우들이다. 오로지 교회 안의 행위가 기준들이었다. 우물 안 개구리의 판단이다. 그러나 우물을 벗어나 세상 밖으로 나가면 얼마나 광대한 하나님의 세계가 펼쳐져 있는가?

자신을 거룩하게 해야 할 신앙 행위가 되레 자신을 불순하게 할 위험이 더 크다. '오십보백보, 도토리 키재기'라는 말은 공연히 생긴 말이 아니다. 하나님 앞에서는 우리 모두의 형편이 매일반이다. 고백하건대, 사람은 자신의 힘만으로는 한 걸음도 나아가지 못한다. 그러니 자신의 연약함을 절감하고 하늘의 자비를 구하는 일이 급선무다. 겸손의 영이 독자들을 감싸주기를 기원한다.

산 자들의 하나님

「누가복음」 20:27-38

27 부활이 없다고 주장하는 사두개파 사람 가운데 몇 사람이 다가와서, 예수께 물었다. 28 "선생님, 모세가 우리에게 써주기를 '어떤 사람의 형이 자식이 없이 아내를 남겨 두고 죽으면, 그 동생이 그 형수를 맞아들여서 뒤를 이을 아들을 자기 형에게 세워 주어야 한다' 하였습니다. 29 그런데 일곱 형제가 있었습니다. 맏이가 아내를 얻어서 살다가 자식이 없이 죽었습니다. 30 그래서 둘째가 그 여자를 맞아들였고, 31 그 다음에 셋째가 그 여자를 맞아들였습니다. 일곱 형제가 다 그렇게 하였는데, 모두 자식을 남기지 못하고 죽었습니다. 32 나중에 그 여자도 죽었습니다. 33 그러니 부활 때에 그 여자는 그들 가운데서 누구의 아내가 되겠습니까? 일곱이 다 그 여자를 아내로 맞아들였으니 말입니다." 34 예수께서 그들에게 말씀하셨다. "이 세상 사람들은 장가도 가고, 시집도 가지만, 35 저 세상과 죽은 사람들 가운데서 살아나는 부활에 참여할 자격을 얻은 사람은 장가도 가지 않고 시집도 가지 않는다. 36 그들은 천사와 같아서, 더 이상 죽지도 않는다. 그들은 부활의 자녀들이므로, 하나님의 자녀들이다. 37 죽은 사람들이 살아난다는 사실은 모세도 가시나무 떨기 이야기가 나오는 대목에서 보여주었는데, 거기서 그는 주님을 '아브라함의 하나님, 이삭의 하나님, 야곱의 하나님'이라고 부르고 있다. 38 하나님은 죽은 사람들의 하나님이 아니라, 살아 있는 사람들의 하나님이시다. 모든 사람은 하나님과의 관계 속에서 살고 있다."

오늘 복음 말씀의 쟁점은 세 가지이다. 첫째는 예수와 부활 논쟁을 벌인 사두개파는 어떤 집단인가? 둘째는 사두개가 예수께 물은 '수혼규정'(일명 시형제결혼법)이 뜻하는 바가 무엇인가? 셋째는 '아브라함의 하나님, 이삭의 하나님, 야곱의 하나님'에서 말하는 살아 있는 사람들의 하나님이란 무슨 뜻인가? 이 세 가지 쟁점이 나온 배경을 이해하기 위해서 오늘 복음 말씀 줄거리를 소개한다.

사두개파 사람들이 예수께 물었다. 그들이 늘 주장하는 "부활이 없다"를 입증하기 위해 시형제결혼법을 연관 지었다. "형제들이 함께 살다가, 그 가운데 한 사람이 아들이 없이 죽었을 때에, 그 죽은 사람의 아내는 딴 집안의 남자와 결혼하지 못합니다. 남편의 형제 한 사람이 그 여자에게 가서, 그 여자를 아내로 맞아, 그의 남편의 형제된 의무를 다해야 합니다. 그래서 그 여자가 낳은 첫 아들은 죽은 형제의 이름을 이어받게 하여, 이스라엘 가운데서 그 이름이 끊어지지 않게 해야 합니다"(「신명기」25:5-6)라는 규정이다.

사두개는 이 시형제결혼법을 살짝 비틀어서 예수께 질문을 던졌다. "선생님, 모세가 우리에게 써주기를 '어떤 사람의 형이 자식이 없이 아내를 남겨 두고 죽으면, 그 동생이 그 형수를 맞아들여서 뒤를 이을 아들을 자기 형에게 세워주어야 한다' 하였습니다."

율법이 명시한 시형제결혼법은 형이든 동생이든 형수든 제수든 다 해당하는데, 사두개는 형과 형수에게만 국한했다. 그 이유는 자기들이 말하기 좋은 시나리오를 만들기 위해서이다. 그들이 만든 시나리오는 이렇다. "그런데 일곱 형제가 있었습니다. 맏이가 아내를 얻어서 살다가 자식이 없이 죽었습니다. 그래서 둘째가 그 여자를 맞아들였고, 그 다음에 셋째가 그 여자를 맞아들였습니다. 일곱 형제가 다 그렇게 하였는데, 모두 자식을 남기지 못하고 죽었습니다. 나중에 그 여자도 죽었습니다. 그러니 부활 때에 그 여자는 그들 가운데서 누구의 아내가 되겠습니까? 일곱이 다 그 여자를 아내로 맞아들였으니 말입니다."(「누가」 20:29-33)

정말이지 사두개의 주장대로라면 난감하기 그지없는 상황이다. 솔로몬의 지혜로도 풀기 어려울 것이다. 사두개는 이 질문을 던지고 회심의 미소를 지었을 것이다. 하지만 예수는 말하기를, "이 세상 사람들은 장가도 가고, 시집도 가지만, 저 세상과 죽은 사람들 가운데서 살아나는 부활에 참여할 자격을 얻은 사람은 장가도 가지 않고 시집도 가지 않는다. 그들은 천사와 같아서, 더 이상 죽지도 않는다"라고. 즉, 사두개가 제기한 복잡한 인과관계는 발생하지 않는다고 간단히 일축한다. 그러면서 이런 말씀을 부연했다. "죽은 사람들이 살아난다는 사실은 모세도 가시나무 떨기 이야기가 나오는 대목에서 보여주었다. 거기서 그는 주님을 아브라함의 하나님, 이삭의 하나님, 야곱의 하나님이라고 부르고 있다. 하나님은 죽은 사람들의 하나님이 아니라, 살아 있는 사람들의 하나님이시다"라고. 사실 예수가 말한 이 부분에 야웨 신앙의 진수가 담겨 있다. 필자는 이것을 소개하고 싶은 거다.

먼저 사두개. 사두개는 유력한 제사장 가문들과 세속 귀족 대표자들이 속한 종교적인 당파이다. 이들의 출신 성분에서 알 수 있듯이 이스라엘의 지배세력이다. 이들은 모세 율법에 나오는 문자적인 가르침만 인정했다. 죽은 자들의 부활이나 천사들의 존재는 믿지 않았다. 이유가 뭘까? 오경은 유대 사회를 지배하는 법체계이고 그 법의 운영자가 자신들이므로·신줏단지 모시듯 할 것이지만, 부활이나 천사는 그 단어 속뜻에 현실 세계를 초월하는 의미가 담겨 있으므로 현실에서 기득권을 누리고 있는 자신들로서는 별로 인정하고 싶지 않은 거다. 그래서 사두개가 예수께 '일곱 형제 시나리오'를 던진 이유도, 부활은 이처럼 말도 되지 않는 일이라는 자신들의 주장을 강변하기 위해서이다.

그렇다면 정말 시형제결혼법은 사두개가 우스꽝스럽게 만들어버릴 정도로 하찮은 소재에 불과한가? 결코 아니다. 한번 보자.

시형제결혼법은 지파 동맹으로 구성된 이스라엘이 평등 사회를 유지하기 위한 최고 상위법이다. 가나안 땅에 정착한 이스라엘은 열두 지파가 공평하게 땅을 나눠 가진다. 그리고 땅이 다른 지파로 넘어가지 못하게 지파간 경계를 분명히 했다. 평등 사회를 유지하는 데는 땅 문제가 핵심이기 때문이다. 가령 남편이 죽고 시집 온 부인에게 재산을 상속할 경우, 근친혼을 피하고자 다른 지파에서 온 부인을 따라 재산이 지파의 경계를 넘게 된다. 이렇게 되면 토지의 평등을 근간으로 하는 이스라엘 평등제도가 무너져버린다. 그래서 이스라엘은 과부에게 재산을 상속하지 않았다. 그 대신 과부들을 보호하기 위하여 시형제와 결혼하게 해서 자식을 낳아 재산을 상속시켰다.

시형제결혼법과 관련한 극적인 일화가 있다. 야곱의 아들 유다가 큰아들이 죽어 홀로 된 며느리 다말에게 시형제결혼법을 지키지 않자, 다말이 창녀로 변장하여 시아버지인 유다와 관계를 갖고 자식을 가진다. 과부가 임신한 것이 알려져 시아버지에게 화형당하기 직전 다말은 항변하기를, 아이의 아버지는 당신이고, 내가 이렇게 한 까닭은 당신이 시형제결혼법을 실천하지 않아서라고 한다. 유다는 자신의 잘못을 인정할 수밖에 없었고, 다말은 용서받는다. 이렇듯 이스라엘은 모든 법에 앞서 토지의 평등제도를 우선으로 했고, 그 시행령이 시형제결혼법이었다(김경호, 「이스라엘 평등 사회의 구조」, 『새 역사를 향한 순례』, 평화나무, 2007, 59~63쪽).

시형제결혼법은 평등 사회 유지를 위한 탁월한 제도라는 것을 사두개도 누구보다 잘 안다. 사두개가 진정 시형제결혼법의 취지를 살리려 한다면 '일곱 형제' 같은 이야기로 본질을 흐릴 게 아니라 그 당시 악폐인 소작인 착취구조를 개선해야 했다. 하지만 그들 자신이 부재 지주였기에 토지제도 개혁에는 전혀 의지가 없었다. 사두개가 부활을 불인정하는 태도, 그래서 자신들의 의무인 시형제결혼법의 실천을 방기하고 저질 질문으로 희화화하는 것은 기득권 세력이 현실이 바뀌는 것을 얼마나 싫어하는지 단적으로 보여주는 사례이다.

세 번째는 '살아 있는 사람들의 하나님'에 대해서이다. 이 말씀의 출처는 「출애굽기」 3장 6절이다. 모세가 처음으로 야웨 하나님을 만나는 장면이다. 그때 모세의 호기심을 강하게 유발한 장면이 불 속에 있는 가시나무 떨기가 타지 않는 모습이었다. 모세가 매우 신기해서 다가갔더니 불에 휩싸인 덤불 속에서 야웨 음성이 나왔다. "나는 너의 조상의 하나님, 곧 아브라함의 하나님, 이삭의 하나님, 야곱의 하나님이다"라고.

죽은 사람이 살아나는 부활의 의미와 불타지 않는 가시나무 떨기는 모두 같은 상징이다. 가시나무 떨기는 이스라엘의 기원인 히브리 백성을 상징하고, 불은 애굽제국이 히브리 백성을 삼킨 현실을 상징한다. 가시나무가 불 속에 있듯이 히브리 백성이 애굽제국의 탄압을 받고 있지만, 결코 타서 사그라지지 않듯이 히브리 백성도 애굽에 먹히지 않고 살아 있다는 의미이다. 그리고 야웨의 음성이 바로 그 불 속에 있는 가시나무 떨기에서 나왔다. 즉 야웨 하나님도 지독한 탄압에 신음하는 히브리 백성의 고통 속에 함께 있다는 뜻이다.

그리고 야웨는 당신을 '아브라함, 이삭, 야곱의 하나님'이라고 했다. 이 말은 '히브리 사람의 하나님'과 동의어이다. 아브라함도, 이삭도, 야곱도 모든 살길을 찾아 방랑하며 고군분투하는 히브리 사람들이었다. 이런 떠돌이들의 이야기가 바로 아브라함, 이삭, 야곱 등 이스라엘 선조들이 겪었던 역사로 남은 거다. 이들은 전형적인 히브리 중의 히브리였다. 그렇기에 이들 선조는 일찌감치 세상을 떠났지만, 여전히 이스라엘 모태인 히브리 백성들의 기반으로 생생히 살아 있는 존재가 됐다. 이스라엘 안에, 하나님의 능력이 이들을 살아 있는 자들로 만들었다는 믿음이 생긴 것이다.

모세에게 처음 나타난 야웨 하나님이 자신을 이들 선조의 하나님으로 소개한 이유는, 이제부터는 제국의 신 밑에서 신음하는 히브리 사람들과 한편이 되겠다는 선언이다. 제국 신들과 대척점에 선 히브리의 하나님으로. 이 하나님은 제국의 신에 포섭돼서 권력을 떠받드는 사람들의 죽은 믿음과는 달리, 제국의 신에 저항하여 자유를 찾는, 살아 있는 믿음을 가진 사람들로부터 신앙의 대상이 됐다. 바로 산 자들의 하나님이 된 것이다!

사두개의 편협하고 이기적인 질문에서 알 수 있듯이, 진리의 말씀도 보는 이의 태도에 따라 천지 차이이다. 우리는 어떤가? 우리의 믿음은 살아 있나? 죽어 있나? 자신의 존재를 투신하여 삶의 길을 결단하고 실천하는 믿음인가? 아니면 교리와 규정에 대해 형식적으로 동조하는 믿음인가?

"하나님은 죽은 사람들의 하나님이 아니라, 살아 있는 사람들의 하나님이시다"라는 말씀이 독자들에게도 침투하여서 생생하기를.

구세주의 진면목

「누가복음」 23:33-43

33 그들은 해골이라 하는 곳에 이르러서, 거기서 예수를 십자가에 달고, 그 죄수들도 그렇게 하였는데, 한 사람은 그의 오른쪽에, 한 사람은 그의 왼쪽에 달았다. 34 [그때에 예수께서 말씀하셨다. "아버지, 저 사람들을 용서하여 주십시오. 저 사람들은 자기네가 무슨 일을 하는지를 알지 못합니다."] 그들은 제비를 뽑아서, 예수의 옷을 나누어 가졌다. 35 백성은 서서 바라보고 있었고, 지도자들은 비웃으며 말하였다. "이 자가 남을 구원하였으니, 정말 그가 택하심을 받은 분이라면, 자기나 구원하라지." 36 병정들도 예수를 조롱하였는데, 그들은 가까이 가서, 그에게 신 포도주를 들이대면서, 37 말하였다. "네가 유대인의 왕이라면, 너나 구원하여 보아라." 38 예수의 머리 위에는 "이는 유대인의 왕이다" 이렇게 쓴 죄패가 붙어 있었다. 39 예수와 함께 달려 있는 죄수 가운데 하나도 그를 모독하며 말하였다. "너는 그리스도가 아니냐? 너와 우리를 구원하여라." 40 그러나 다른 하나는 그를 꾸짖으며 말하였다. "똑같은 처형을 받고 있는 주제에, 너는 하나님이 두렵지도 않으냐? 41 우리야 우리가 저지른 일 때문에 그에 마땅한 벌을 받고 있으니 당연하지만, 이분은 아무것도 잘못한 일이 없다." 그리고 나서 그는 예수께 말하였다. 42 "예수님, 주님이 주님의 나라에 들어가실 때에, 나를 기억해 주십시오." 43 예수께서 그에게 말씀하셨다. "내가 진정으로 네게 말한다. 너는 오늘 나와 함께 낙원에 있을 것이다."

2013년 11월 22일 금요일 동대구역에서 "공약파기 규탄, 민영화 저지, 노동기본권 쟁취"를 주장하는 노동자 집회를 열었다. 주최 측은 나에게 복지 공약을 파기하여 민중 생존을 더욱 힘들게 하는 박근혜 정부를 규탄해 달라는 요청을 했다. 그러나 별로 규탄하고 싶지 않았다. 하나마나이기 때문이다.

사기꾼에게 당한 경험이 있는가? 사기꾼은 엄청나게 달콤한 말을 마구 던져서 사람을 낚는다. 어차피 거짓말이어서 지킬 필요가 없기 때문이다. 사기당한 사람이 사기꾼에게 돈 돌려받은 경우가 있는가? 어림없는 소리다. 사기 정권은 애초부터 공약 준수 의지가 없었다. 공약은 대중을 낚기만 하면 되고, 그래서 선거에 이기기만 하면 된다. 이런 사기 정권에 공약을 지키라고 말하는 게 무슨 의미가 있겠는가? 그래서 더 근본적인 주장을 했다. "공약을 지키라"고 하는 것보다 "당장 물러나라"고 하는 게 맞지 않는가, 라고.

진실한 말을 하는 권력이 너무도 간절한 시대이다.

11월 24일은 교회력으로 성령강림절 마지막 주일이다. 그 다음주인 12월 1일부터는 대림절이 시작한다. 성령강림절 마지막 주일 복음서 말씀은 예수가 십자가 처형을 당하는 이야기이다. 그리고 대림절부터는 죽으신 그분을 다시 기다리는 이야기가 나온다. 교회력의 흐름이 매우 정교하다.

앞에서 권력이 오직 선거에서 이기기 위해 거짓 공약을 남발한다고 했다. 사람은 자신이 한 말을 어느 정도 실천할까? 실천율이 높은가? 아니면 공중으로 날린 비율이 높은가? 내가 만난 사람 중에 교회에 나오겠다는 말이 그대로 이루어졌으면, 우리 교회는 엄청 커졌을 것이다. 처음에는 그 말에 잔뜩 기대하고 기다렸는데, 몇 번 물거품을 겪은 후에는 듣기 좋으라고 인사치레로 말하는 것임을 알았다. 사람 관계가 깨지는 경우는 대부분 약속을 지키지 않아서이다. 어떤 사람은 너무 쉽게 약속하고 너무 쉽게 깨거나 잊어버린다. 그렇지 않은, 신중한 사람도 자신이 한 말을 다 지킨다는 것은 불가능하다. 그러므로 우리가 원만히 사람 관계를 하기 위해서는 이해와 사랑이 필수적이다.

기독인들의 구세주이며 구주이신 예수는 말의 실천도에서 어떠할까? 예수도 1세기에 팔레스타인 땅을 딛고 살아간 사람으로서 많은 말을 했기에, 예수의 언행일치는 어느 정도인지 충분히 확인해볼 만하다.

오늘 복음 말씀에서 살펴보자. 오늘 말씀은 예수가 무리에게 끌려서 십자가에 달리고 온갖 모욕을 당하고 운명하기 직전까지 이야기이다.

그런데 문법적으로 눈에 띄는 것이 있다. 바로 예수가 목적어로 나온다. 33절, 그들은 예수를 십자가에 달았다. 34절, 그들은 예수의 옷을 나누어 가졌다. 35절, 지도자들은 (예수를) 비웃으며 말하였다. 36절, 병정들도 예수를 조롱하였다. 39절, 죄수 가운데 하나도 그(예수)를 모독하며 말하였다.

어째서 이게 눈에 띄는 대목인가? 예수께서 잡히기 직전까지 복음서 전체에서 예수는 오직 주어로 나온다. 복음서 아무 데고 펼쳐보라. 예수는 선포와 행위의 주체로 나온다. 선포할 때는 "예수께서 제자들에게 또는 무리에게 말씀하셨다", 행위에서도 예수는 능동자, 사람들은 피동자로 나온다. 그런데 잡힌 후부터 예수는 주체에서 객체로 바뀐다. 예수를 죽이려는 무리가 주어가 되고, 예수는 목적어가 된다.

십자가에 달려서도 예수는 철저히 피동적 존재로 농락당한다. 십자가에 달린 예수 앞에서 군사들은 제비 뽑으며 장난치며 희희낙락했다.

지도자들은 비웃었다. 병정들은 조롱했다. 심지어 예수와 함께 달린 죄수 가운데 하나도 예수를 모독하였다.

가장 흔한 모욕은 말로 하는 모욕이다. "이 자가 남을 구원하였으니, 자기나 구원하라지." "네가 유대인의 왕이라면, 너나 구원하여 보아라." "너는 그리스도가 아니냐? 너와 우리를 구원하여라." 구원받아야 할 사람들이 구원자에게 신성모독적인 말을 마구 날린다.

예수는 자신이 행한 하나님 나라 운동, 사람들을 죄와 악습에서 자유롭게 한 모든 행위를 송두리째 부정당한다. 그런데 이상하게도 예수는 어떤 대응도 하지 않고 그냥 당하기만 한다. 이분이 구세주가 맞나? 어째서 이렇게 무력하지? 열두 군단 이상의 천사들을 호령할 수 있다는 사람 아닌가?

그런데 예수가 전혀 아무 말씀도 안 하는 것은 아니다. 그렇게 린치와 조롱을 당하는 와중에서도 꼭 필요한 때는 말씀했다.

하나는 34절 말씀이다. "그때에 예수께서 말씀하셨다. 아버지, 저 사람들을 용서하여 주십시오. 저 사람들은 자기네가 무슨 일을 하는지를 알지 못합니다." 자기를 죽이는 무리의 죄를 용서해 달라고 대신 비는 청원 기도이다. 오늘 성경 말씀에서 계속 목적어로만 나오는 예수가 다시 주어로 돌아온다. 당신 본연의 일을 할 때이다. 본연의 일이 뭔가? 구세주의 일이다. 구세주의 일 중 큰 일은 사람을 용서하는 일이다.

예수 운동 할 때 제자들에게 이런 말씀을 했다. "그러나 내 말을 듣고 있는 너희에게 내가 말한다. 너희의 원수를 사랑하여라. 너희를 미워하는 사람들에게 잘 해주고, 너희를 저주하는 사람들을 축복하고, 너희를 모욕하는 사람들을 위하여 기도하여라." (「누가」 6:27-28)

예수는 죽음에 직면해서도, 자신을 죽이는 사람들을 향해, 당신이 선언한 말씀을 실천했다. 원수에게 복수보다는 용서가 더욱 우월하다는 진리를 당신의 몸으로 보여주었고, 도저히 할 수 없는 일을 마땅히 실천함으로 구세주 됨을 나타냈다.

또 하나는 43절 말씀이다. "예수께서 그에게 말씀하셨다. 내가 진정으로 네게 말한다. 너는 오늘 나와 함께 낙원에 있을 것이다." 이 말씀은 예수가 이생에서 죽기 전 마지막 말씀이다. 십자가에 같이 매달린 한 죄수가 구원을 청하자 그에 대한 응답이다. 여기서 예수는 다시 주어 자리에 있다. 구세주 예수는 죽기 전 마지막 순간까지도 사람을 구원하는 일에 자신을 바쳤다.

그리고 이 행위는 예수 운동 때 하신 말씀의 실천이다. '나는 의인을 부르러 온 것이 아니라, 죄인을 불러서 회개시키러 왔다"(「누가」 5:32)라는. 무리에게 끌려가서 십자가에 달리고 온갖 모욕과 조롱을 당할 때는 철저히 피동적이었던 분이, 사람을 용서하고 구원하는 일에서는 원래대로 능동적으로 주체적으로 나타난다. 바로 여기에 예수가 구세주 됨이 여실히 담겨 있다.

그럼, 죽는 순간에서도 예수를 움직이게 한 죄수의 태도를 통해 사람이 어떻게 해야 예수께 구원을 얻는지를 보자.

죄수는 예수를 모독하는 다른 죄수에게 이렇게 말했다. "똑같은 처형을 받고 있는 주제에, 너는 하나님이 두렵지도 않으냐? 우리야 우리가 저지른 일 때문에 그에 마땅한 벌을 받고 있으니 당연하지만, 이분은 아무것도 잘못한 일이 없다"라고. 이 말에서 보듯이, 예수께 받아들여지는 태도는 하나님을 두려워하고 자기 잘못을 인정하고 마땅한 형벌을 달게 받는 자세이다. 이어서 죄수는 예수께 이렇게 말했다. "예수님, 주님이 주님의 나라에 들어가실 때에, 나를 기억해 주십시오"라고. 예수께 구원을 얻고자 한다면, 예수를 참된 메시아로 믿고 깊은 신뢰심으로 그분께 의지해야 한다.

죄수는 자신도 죽는 순간이기 때문에 일평생 중 가장 정직한 말을 했다. 바로 이 진실한 태도가 예수를 움직였다. 하여 예수는 기력이 다해 가는 마지막 순간에서도 한 사람을 구원하기 위하여 온 힘을 다해 자신을 바쳤다. 구세주는 물리력으로 사람을 억압하는 분이 아니라, 바로 이런 모습으로 사람에게 다가시는 분이다. 참으로 감탄스럽다.

이렇게 구세주는 죄를 인정하고 용서를 빌면 어떤 죄인도 용납한다. 바로 당신의 일이기 때문이다. 권력뿐만 아니라 평범한 독자들에게 구세주의 용납이 있기를 빈다.

4부

다 살아가기
마련이다

그 즈음에 예수께서 성령에 이끌려 광야로 가셔서, 악마에게 시험을 받으셨다.
예수께서 밤낮 사십 일을 금식하시니, 시장하셨다. 그런데 시험하는 자가 와서, 예수께 말하였다.
"네가 하나님의 아들이거든, 이 돌들에게 빵이 되라고 말해 보아라." 예수께서 대답하셨다.
"성경에 기록하기를 '사람이 빵으로만 살 것이 아니라,
하나님의 입에서 나오는 모든 말씀으로 살 것이다' 하였다."

「마태복음」 4:1~4

회개하여라

「마태복음」 3:1-12

1 그 무렵에 세례자 요한이 나타나서, 유대 광야에서 선포하여 2 말하기를 "회개하여라. 하늘 나라가 가까이 왔다" 하였다. 3 이 사람을 두고 예언자 이사야는 이렇게 말하였다. "광야에서 외치는 이의 소리가 있다. '너희는 주님의 길을 예비하고, 그의 길을 곧게 하여라.'" 4 요한은 낙타 털 옷을 입고, 허리에는 가죽 띠를 띠었다. 그의 식물은 메뚜기와 들꿀이었다. 5 그때에 예루살렘과 온 유대와 요단 강 부근 사람들이 다 요한에게로 나아가서, 6 자기들의 죄를 자백하며, 요단 강에서 그에게 세례를 받았다. 7 요한은 많은 바리새파 사람과 사두개파 사람들이 세례를 받으러 오는 것을 보고, 그들에게 말하였다. "독사의 자식들아, 누가 너희에게 닥쳐올 징벌을 피하라고 일러주더냐? 8 회개에 알맞은 열매를 맺어라. 9 그리고 너희는 속으로 주제넘게 '아브라함이 우리 조상이다' 하고 말할 생각을 하지 말아라. 내가 너희에게 말한다. 하나님께서는 이 돌들로도 아브라함의 자손을 만드실 수 있다. 10 도끼를 이미 나무 뿌리에 갖다 놓았으니, 좋은 열매를 맺지 않는 나무는 다 찍어서, 불 속에 던지실 것이다. 11 나는 너희를 회개시키려고 물로 세례를 준다. 내 뒤에 오시는 분은 나보다 더 능력이 있는 분이시다. 나는 그의 신을 들고 다닐 자격조차 없다. 그는 너희에게 성령과 불로 세례를 주실 것이다. 12 그는 손에 키를 들고 있으니, 타작 마당을 깨끗이 하여, 알곡은 곳간에 모아들이고, 쭉정이는 꺼지지 않는 불에 태우실 것이다."

교회력으로는 12월 대림절부터 새해가 시작한다. 기다릴 대待, 임할 림臨.

즉, 오신 그리스도를 묵상하고 오실 그리스도를 고대하는 절기이다. 예수 그리스도를 기다림이 그리스도인의 한 해 생활의 처음이어야 한다는 뜻이다.

오늘 성경 말씀은 세례자 요한의 이야기이다. 공식적으로 어떤 일을 할 때, 첫 일성이 매우 중요하다. 첫 일성에 앞으로 하고자 하는 일의 성격과 방향이 담겨 있기 때문이다.

요한의 첫 일성을 보자. "회개하여라. 하늘 나라가 가까이 왔다"(「마태」 3:2)이다. 놀랍게도 예수의 첫 일성도 요한의 말과 글자 하나 다르지 않고 똑같다. "회개하여라. 하늘 나라가 가까이 왔다."(「마태」 4:17)

이를 봤을 때, 요한이나 예수나 그들 운동의 핵심 요소는 회개임을 알 수 있다. 여기서 잠깐, 예수는 분명 하나님 나라 운동을 했는데, 어째서 '하나님 나라'라고 하지 않고 '하늘 나라'라고 하는가? 경건한 유대인들은 하나님이라는 말을 입에 올릴 수가 없었다. 그래서 공경의 뜻을 우회적으로 표현하느라, 하나님을 하늘로 바꿔 말했다. 「마태복음」에서 특히 그렇다. 뜻은 똑같다.

복음 저자는 요한의 출현에 대단한 의미 부여를 했다. 이사야 예언자의 말이 요한을 통해 이루어졌다고 말할 정도다. "이 사람을 두고 예언자 이사야는 이렇게 말하였다." 그러고는 「이사야」 40장 3절을 인용했다. "광야에서 외치는 이의 소리가 있다. 너희는 주님의 길을 예비하고, 그의 길을 곧게 하여라"라고. 오래 전부터 이사야 예언자가 요한의 등장을 예고했다는 말이다.

그런데 인용의 출처인 「이사야」 40장 3절은 조금 다르다. "한 소리가 외친다. 광야에 주님께서 오실 길을 닦아라. 사막에 우리의 하나님께서 오실 큰 길을 곧게 내어라"이다. 복음 저자는 「이사야」 예언서의 말씀을 요한에게 맞게 특화시켰다. 내용도 요한의 임무에 부합하도록 손질을 했다. 이사야의 예언은 하나님의 길을 예비하라는 말인데, 복음 저자는 예수의 길을 예비하라는 말로 각색했다. 그렇게 해서라도 이사야의 예언이 오늘날 요한을 통해 이루어졌음을 강조하는 것이다.

그래서 요한이라는 한 개인을 특별한 인물로 부각시킨다. 그의 옷차림이나 먹거리가 평범하지 않다. "요한은 낙타 털 옷을 입고, 허리에는 가죽 띠를 띠었다. 그의 식물은 메뚜기와 들꿀이었다." 구약 예언자를 아는 사람들은 이 인물 묘사가 엘리야 같다는 것을 직감한다. 엘리야의 옷차림도 요한과 같았다.

그들이 왕에게 대답하였다. "털이 많고, 허리에는 가죽 띠를 띠고 있었습니다." 그러자 왕은 "그는 분명히 디셉 사람 엘리야다"(「열왕기하」 1:8) 하고 외쳤다. 왕도 두려워할 만큼 확실한 하늘의 예언자 엘리야. 그가 오늘 요한으로 다시 나타났다는 말이다. 그래서 마태는 "너희가 그 예언을 기꺼이 받아들이려고 하면, 요한, 바로 그 사람이 오기로 되어 있는 엘리야이다"라고 했다. 이처럼 엘리야의 환생이라는 명성에 걸맞게 민중들은 몰려왔고, 요한은 그들에게 죄사함의 물세례를 줬다.

오늘 이야기의 초점은 회개라고 했다. 회개하라고 외치는데, 도대체 무엇을 회개해야 하는가? 오늘 성경 말씀에서 단서를 찾아보자.

요한은 많은 바리새파 사람과 사두개파 사람들이 세례를 받으러 오는 것을 보고 그들에게 말하였다. "독사의 자식들아, 누가 너희에게 닥쳐올 징벌을 피하라고 일러주더냐? 회개에 알맞은 열매를 맺어라. 그리고 너희는 속으로 주제넘게 '아브라함이 우리 조상이다' 하고 말할 생각을 하지 말아라. 내가 너희에게 말한다. 하나님께서는 이 돌들로도 아브라함의 자손을 만드실 수 있다."(「마태」 3:7-9) 민중에게는 따뜻한 요한이 바리새와 사두개를 향해서는 분노의 소리로 규탄한다. 이들이 무언가 치명적인 잘못을 하고 있는 게 분명하다. 그게 뭔가?

바리새와 사두개는 예수의 적대자들 중 대표적인 세력들이다. 이들은 회당과 성전을 연결하는 두 중심축이다. 바리새는 향촌 사회의 소자산가들인데, 이들의 사회적 성격이 종교적으로 나타난 것이 바리새즘이다. 이들이 권위를 가질 수 있었던 이유는 바리새의 율법학자들이 토라를 해석하는 주체이기 때문이다. 이들은 토라 해석의 원칙으로 정-부정 체계를 만들었고, 구체적인 규범으로 안식일법과 정결법으로 민중들을 지배했다. 그런 까닭에 복음서에서 보듯이, 이들은 예수와 사사건건 부딪혔다.

예수는 민중을 얽매는 안식일법과 정결례법을 일부러 깨뜨렸다. 그것 때문에 바리새는 점점 더 예수를 증오했다. 예수의 활동 공간이 처음 촌락 회당에서 호숫가로 이동한 이유도 바리새가 지배하는 회당에서 쫓겨났기 때문이다. 바리새의 종교사회적 성격에서 알 수 있듯이, 바리새를 깊이 사로잡은 안전의식은 바로 자기네가 만든 종교 규정 준수이다. 이들은 이 규범들을 잘 지키면 하나님께 받아들여진다고 믿었다. 그러나 그 규범 준수 이데올로기는 민중들에게는 턱도 없는 요구이다.

사두개는 예루살렘을 대표하는 권력집단이다. 향촌 사회 소자산가들이 바리새즘을 만든 것처럼, 대도시 대자산가들은 사두개즘을 만들었다. 사두개는 예루살렘과 성전을 배후에서 조종하는 핵심세력이다. 로마 총독과 결탁해 있고, 귀족들 중심인 산헤드린(오늘날 국회)을 움직여서 독점 카르텔을 구축했다. 부재지주인 그들은 민중 착취구조의 최종 수혜자들이었다.

더군다나 이들은 민중 수탈의 중심세력이면서도 자신들이 아브라함의 자손이라는 혈통의식에 안주해서 자기 삶을 갱신해야 한다는 도전에 무지했다. 그러므로 요한이 그들의 혈통의식을 전면 부인하는 것은 자명한 일이었다. 돌들로도 아브라함의 자손을 만들 수 있다는데 혈통이 무슨 소용이 있겠는가.

회개와 선한 행실은 동전의 양면이다. 회개한다면 행실을 바꿔야 한다. 이스라엘의 사회 모순과 누가 이 모순을 유지·확대하는가에 대해 누구보다도 잘 알고 있는 요한으로서는 기득권 세력의 두 주체가 행실을 고쳐먹을 생각은 추호도 없으면서 세례만 받고자 하는 위선적인 태도를 용납할 수 없었다.

"독사의 자식들아"는 아랍어로 매우 심한 욕이다. 살모사같이 '제 어미를 잡아먹은 놈'이라는 말이다. 민중은 한 사회의 현실 토대이다. 민중이 없으면 바리새도 사두개도 다 공허하다. 그들에게는 어미와 같은 존재이다. 그런데 어미 같은 민중을 잘 받들기는커녕, 자신들의 부와 권력을 위해 압살하고 빈사 상태로 만들므로 독사의 자식이라는 욕을 듣는 거다.

요한은 말하기를, 자신은 물로 세례를 주지만, 내 뒤에 오시는 분은 성령과 불로 세례를 준다고 했다. 성령과 불은 모두 심판을 상징한다. 특히 영靈에는 바람의 뜻도 있는데, 농부가 타작 때 하는 키질이 이 영의 작용을 절묘하게 나타낸다. 키질로 일어나는 바람(영)이 알곡과 겨를 분리하여 알곡은 모으고(구원) 겨는 불사른다(심판).

이처럼 오실 그리스도는 요한보다 더 강하신 분으로 훨씬 강력한 능력으로 심판하시는 분이다. 우리는 지금 이분을 기다리고 있는 거다. 해방 세상의 완성을 위해.

심판주의 강림을 앞두고 이를 미리 예비하는 요한의 선포 앞에 선 우리가 회개할 일은 무엇인가? 18대 대통령선거 일 년이 돼가는 시점에서 한국 사회 정치 현실을 놓고 말하자면, 되어서는 안 될 사람이 지도자 노릇을 하고 있다. 그 결과 온 나라가 신음하고 있다.

최고권력이 악한 것은 그렇다 치고, 문제는 권력의 하위 그룹들이다. 그들은 자기들만의 집단을 만들어서 권력에 편승하고 독점과 특혜를 누린다. 그 탐욕의 먹이사슬을 지키기 위하여 침묵의 카르텔을 유지한다. 출신과 지역, 학교가 그 커넥션의 중요한 토대임은 두말할 것도 없다. 그들은 독점관계망이 주는 거짓 안전에 빠져서 민주공화국의 공공성 실현은 안중에도 없다.

우리가 무수한 투쟁 현장에서 만나는 권력과 자본의 하수인들. 큰 현장에서든 작은 현장에서든 예외 없이 그들은 독점의 관계망 속에 있는 것만 든든해 할 뿐이고, 약자의 고통과 원성에는 철면피이다. 양심이 화인火印맞았다. 그래서 요한은 그들에게도 외친다. "독사의 자식들아, 누가 너희에게 닥쳐올 징벌을 피하라고 일러주더냐? 회개에 알맞은 열매를 맺어라."

성령으로 잉태하다

「마태복음」 1:18-25

18 예수 그리스도의 태어나심은 이러하다. 그의 어머니 마리아가 요셉과 약혼하고 나서, 같이 살기 전에, 마리아가 성령으로 잉태한 사실이 드러났다. 19 마리아의 남편 요셉은 의로운 사람이라서 약혼자에게 부끄러움을 주지 않으려고, 가만히 파혼하려 하였다. 20 요셉이 이렇게 생각하고 있는데, 주님의 천사가 꿈에 그에게 나타나서 말하였다. "다윗의 자손 요셉아, 두려워하지 말고, 마리아를 네 아내로 맞아들여라. 그 태중에 있는 아기는 성령으로 말미암은 것이다. 21 마리아가 아들을 낳을 것이니, 너는 그 이름을 예수라고 하여라. 그가 자기 백성을 그들의 죄에서 구원하실 것이다." 22 이 모든 일이 일어난 것은, 주님께서 예언자를 시켜서 이르시기를, 23 "보아라, 동정녀가 잉태하여 아들을 낳을 것이니, 그의 이름을 임마누엘이라고 할 것이다" 하신 말씀을 이루려고 하신 것이다. (임마누엘은 번역하면 '하나님이 우리와 함께 계시다'는 뜻이다.) 24 요셉은 잠에서 깨어 일어나서, 주님의 천사가 말한 대로, 마리아를 아내로 맞아들였다. 25 그러나 아들을 낳을 때까지는 아내와 잠자리를 같이하지 않았다. 아들이 태어나니, 요셉은 그 이름을 예수라고 하였다.

본론에 들어가기 전에 영화 〈변호인〉 이야기를 좀 하겠다.

영화의 한 장면. 주인공 송 변호사가 맡은 시국 사건 재판 첫날, 시작하기 전에 담당 판사와 검사, 변호사가 상견례를 하는데, 서로 잘 아는 사이인 듯 화기애애하다. 그 모습은 몇 가지를 느끼게 했다. 이 재판은 요식 절차에 불과하다는 것, 진실을 가려내자는 재판의 본질은 애당초 기대할 수 없다는 것, 그리고 공안들이 불법 납치, 장기 구금, 살인적 고문을 통해 억지 자백을 받아낸 조작 사건 역시 그대로 묻혀버릴 거라는 짐작을 낳게 했다. 그 속에서 돈도 없고, 빽도 없고, 가방끈도 짧은 송 변호사만 꿔다 놓은 보릿자루마냥 서 있다.

이 장면은 우리 사회를 지배하는 기득권 세력의 카르텔이 얼마나 끈끈하고 깊은가에 대한 한 단면이다. 카르텔에서 가장 잘 쓰이는 말은 '침묵의 카르텔'이다. 이익을 위해 약자 또는 타자의 고통이나 불이익에 대해 일부러 침묵하여 자기 집단의 이해관계에 동조하는 것을 말한다. 이 영화 장면은 법조계에 만연한 침묵의 카르텔을 잘 보여주었다. 정치권력의 폭력을 견제해야 하는 사법부가 견제는커녕, 자기들의 안전 출세 성공을 위해, 권력에 희생당하는 민주주의·약자·인권에 대해 침묵하는 재판 모습이 30년 전인 그때나 지금이나 변하지 않아서 우울했다.

서두에 영화 이야기를 빌려서 인간 연줄의 가장 고약한 형태인 카르텔을 말하는 이유는 오늘 성경 말씀의 주요 내용인, 예수의 탄생 이야기를 풀기 위해서이다. 나는 오늘 예수 탄생의 핵심인 '성령으로 잉태하다'에 주목하려고 한다. 독자들도 이 대목이 매우 궁금할 것이다.

그전에 마리아와 요셉의 혼인관계를 잠깐 보자. 이스라엘 혼인은 세 단계이다. 혼인 계약, 혼인식, 신방 치르기이다. 약혼은 혼인 계약을 뜻한다. 그 다음 일 년 정도 후에 혼인식을 하고 신방에 들어간다. 즉 마리아와 요셉은 혼인 계약만 하고 혼인식과 신방 치르기는 아직 안 했다. 그런데 마리아가 임신한 것이다. 그들에게는 매우 충격적인 사건임이 틀림

없다. 당사자들의 고통을 아는지 모르는지 성경은 담담하게 성령으로 잉태하였다고 서술한다.

이 말씀은 도대체 무슨 뜻인가? 이 사건은 너무도 중요해서 기독교의 대표적인 신앙 고백문인 「사도신경」에도 고스란히 담겨 있다. "이는 성령으로 잉태하사 동정녀 마리아에게 나시고"라고. 우리가 아는 대로 아이의 잉태는 남녀간 성관계의 결과이다. 남녀간 성관계 아닌 방법으로 아이가 태어날 수는 없다. 이것은 하늘이 정한 자연계 질서이다. 그런데 성경은 다른 방법의 출생을 말한다. 성령으로 말미암았다고.

성령 잉태는 정자와 난자의 수정 같은 생물이론과는 분명 다른 말이다. 다행인지 불행인지 성경은 마리아의 잉태에 대해 완전히 침묵한다. 그래서 그에게 어떤 일이 일어났는지를 판별하는 일은 불가능하다.

어떤 과감한 사람들은 식민지 시대의 폭력적 현실을 고려하여, 또 아기 예수가 태어난 주전 4년, 나사렛 부근 세포리스에서 반란이 일어났다가 로마가 잔인하게 진압하여 이천 명이 십자가에 처형당한 역사적 사실에 근거해서, 전쟁 중에 흔히 일어날 수 있는 일, 즉 마리아가 로마 군인에게 겁탈당해 사생아를 가진 것이라는 말을 하기도 한다. 그러나 이 주장은 무수한 가능성 중 하나의 설일 뿐이다. 또 구세주 예수에게 사생아운운하는 게 거슬리기도 하다.

다만 마리아의 수태 이유에 대해 성경이 침묵하는 그 자체를 가지고 유추할 수 있는 것은, 마리아가 잉태하게 된 가혹한 현실이 있었다는 것이다. 누구에게도 환영받지 못하는, 차마 말할 수 없는, 그래서 침묵하도록 하는. 이럴 때 하는 가장 보편적인 말이 있다. "하늘도 무심하지……."

약혼한 여인 마리아가 잉태한 사실을 알게 된 요셉은, 마리아가 겪는 고통 못지않은 번민에 빠졌다. 율법대로 처리하자면 간음한 마리아를 고발하면 된다. 그럼 마리아는 돌에 맞는 사형에 처해진다. 잘 봐주는 경우에는 이혼장을 만들어 증인 두 명의 서명을 받아서 여자를 소박 놓으면 된다. 이게 합법적인 파혼 절차이다. 요셉은 조용한 파혼을 생각했다. 하지만 이렇게 하나 저렇게 하나 마리아에게는 치명적인 결과이고 요셉에게도 적지 않은 상처이다. 성경에 마리아 가족 이야기가 일절 나오지 않는 것은 이런 제반 상황 때문에 마리아가 일찌감치 버림받은 것이 아닌가 생각한다.

이때 주님의 천사가 꿈에 요셉에게 나타난다. 그리고 부른다. "다윗의 자손 요셉아"라고. 그냥 이름만 부르지 않고 '다윗의 자손'을 붙였다. 이 호칭은 특별하다. 1장 24, 25절에서 요셉은 그냥 이름으로만 불리기 때문에 '다윗의 자손'이 붙었다는 건 무언가를 암시한다.

다윗의 자손은 「마태복음」 1장에 나오는 화려한 계보를 떠오르게 한다. 신약성경을 처음 열었을 때 나오는, 누가 누구를 낳고, 낳고를 계속 반복해서 읽는 이들을 지루하게 만드는 바로 그 대목(「마태」 1:6-16). 다윗을 정점으로 한, 이스라엘에서 가장 자랑스러운 인적 네트워크. 요셉은 바로 그 족보의 자손이다.

천사는 요셉에게 두려워하지 말고 마리아를 아내로 맞아들이라고 말한다. 요셉은 무엇을 두려워하나? 가문에 먹칠하는 일이다. 아비가 누군지 모르는, 족보 없는 아기를 잉태한 마리아를 받아들이는 것은 다윗의 계보에 수치이고 손가락질 받는 일이다. 그러나 천사는 그런 연줄에 매이지 말라고 명한다. 비록 마리아가 어디에도 기댈 데 없는 여자, 무연고의 존재로 전락했지만, 마리아를 아내로 맞이하라고 한다. 왜? 그 아기는 성령으로 말미암은 것이기 때문에.

"느그 아버지 뭐하시노?"라는 유행어에서 알 수 있듯이, 한 사람은 그저 한 개인이 아니다. 무수한 관계망 속에 있는 한 사람이다. 가족부터 시작해서 무수한 연고가 한 사람에게 작용한다. 그 연줄은 구체적으로 인간 삶을 구속한다. 율법에 구애받고, 전통과 관습에 영향받는다. 어떤 사람도 그 관계망에서 자유로운 사람은 없다. 벗어나는 사람에게는 소외와 단절의 고통이 몰려온다. 그래서 사람들은 이 관계망에서 떨려나지 않으려고 필사적으로 부여잡는다. 대형교회가 그렇게 욕을 먹어도 사람들이 그 교회를 떠나지 못하는 까닭은, 그 관계망이 주는 이익에 여전히 미련이 있기 때문이다.

사람들을 지배하는 현실 조건이 이러할진대, 그렇다면 그런 세상을 구원하시려는 구세주는 어떤 조건에서 출생해야 하겠는가? 똑같이 그런 관계망 속에서 태어나면 예외 없이 또 여지없이 그 관계망 속에서 사람들 간에 발생하는 조건에 영향 받으며 살 수밖에 없다. 그런 사람이 어떻게 세상을 구원하겠는가? 제 처지도 제대로 극복하지 못하는데.

성령으로 잉태하고 성령으로 말미암았다는 말은 그런 인간적 조건에 구애받음 없이 자유로이, 하늘로부터 온, 인간과 세상을 구원하기 위한, 가장 최적의 탄생임을 말한다. 아멘.

게다가 오늘 성경 말씀에는 아기에게 '예수' 말고도 '임마누엘'이라는 이름이 붙는다. 임마누엘은 '하나님이 우리와 함께 계시다'는 뜻이다.

보라. 행복에 들떠 있던 마리아가 혼인 전에 잉태함으로 순식간에 어디에도 기댈 데 없는 무연고의 여인으로 전락했는데, 그것을 하나님이 성령 잉태라는, 구세주 출현을 위한 최적의 탄생으로 역전시켜 주었다. 또 "하늘도 무심하지" 했던, 하나님께도 버림받았다고 여겨지던 비극적인 상황이었는데, 그것도 임마누엘이라는 하나님 임재臨在의 희망의 현실로 탈바꿈시켜 주었다.

이처럼 예수 탄생 이야기에는 절망에 빠진 민중을 다시 일으켜주는 희망의 메시지가 담겨 있다. 덕분에 요셉도 좌절과 번민, 불면의 밤을 끝낸다. "잠에서 깨어 일어나서" 천사가 말한 대로, 마리아를 아내로 맞아들였다.

오늘 우리도 어두운 시대를 살고 있다. 하지만 절망 속에 빠져 있을 수만은 없다. 급기야 민중은 막장 정치권력의 폭압에 맞서 정권 퇴진까지 결의했다. 성령 잉태와 임마누엘로 상징한 예수 탄생 이야기가 웅변하듯이, 하늘도 무심한 현실, 고통의 현장도 얼마든지 바뀌어서 민중에게 희망의 새 아침을 선사한다. 이 메시지가 독자들에게 성탄 선물이 되기를 빈다.

나사렛 사람

「마태복음」 2:13-23

13 박사들이 돌아간 뒤에, 주님의 천사가 꿈에 요셉에게 나타나서 말하였다. "헤롯이 아기를 찾아서 죽이려고 하니, 일어나서, 아기와 그 어머니를 데리고 이집트로 피신하여라. 그리고 내가 너에게 말해줄 때까지 거기에 있어라." 14 요셉이 일어나서, 밤 사이에 아기와 그 어머니를 데리고 이집트로 피신하여, 15 헤롯이 죽을 때까지 거기에 있었다. 이것은 주님께서 예언자를 시켜서 말씀하신 바, "내가 이집트에서 내 아들을 불러냈다" 하신 말씀을 이루시려는 것이었다. 16 헤롯은 박사들에게 속은 것을 알고, 몹시 노하였다. 그는 사람을 보내어, 그 박사들에게 알아본 때를 기준으로, 베들레헴과 그 가까운 온 지역에 사는, 두 살짜리로부터 그 아래의 사내아이를 모조리 죽였다. 17 이리하여 예언자 예레미야를 시켜서 하신 말씀이 이루어졌다. 18 "라마에서 소리가 들려왔다. 울부짖으며, 크게 슬피 우는 소리다. 라헬이 자식들을 잃고 우는데, 자식들이 없어졌으므로, 위로를 받으려 하지 않았다." 19 헤롯이 죽은 뒤에, 주님의 천사가 이집트에 있는 요셉에게 꿈에 나타나서 20 말하였다. "일어나서, 아기와 그 어머니를 데리고 이스라엘 땅으로 가거라. 그 아기의 목숨을 노리던 자들이 죽었다." 21 요셉이 일어나서, 아기와 그 어머니를 데리고 이스라엘 땅으로 들어왔다. 22 그러나 요셉은, 아켈라오가 그 아버지 헤롯을 이어서 유대 지방의 왕이 되었다는 말을 듣고, 그곳으로 가기를 두려워하였다. 그는 꿈에 지시를 받고, 갈릴리 지방으로 물러가서, 23 나사렛이라는 동네로 가서 살았다. 이리하여 예언자들을 시켜서 말씀하신 바, "그는 나사렛 사람이라고 불릴 것이다" 하신 말씀이 이루어졌다.

오늘 성경 말씀은 매우 극적이다. 근데 질문 하나. 오늘 이야기의 발단인 아기 예수의 애굽 피난 사건은 역사적 사실인가? 「마태복음」 저자의 창작인가? 알 수 없다. 역사적 사실을 뒷받침해주는 실례도 있고, 창작으로 볼 수 있는 실례도 있기 때문이다.

역사적 사실을 뒷받침해주는 실례는 이집트에 있는 곱틱교회이다. 이집트가 모슬렘 국가이지만, 기독교인 곱틱교도가 10퍼센트를 차지할 정도로 규모가 있다. 이집트 수도 카이로에만 백 개가 넘는 곱트정교회가 있다. '기독교이집트정교회'가 정식 명칭이고, 「마가복음」의 저자인 성 마가가 일대 교황이라고 한다. 초대 교회 이방 선교의 진원지였던 소아시아의 무수한 교회가 지금은 모두 소멸한 것에 비하면, 이집트 곱틱교회가 수많은 전쟁과 이슬람 통치하에서도 존재해온 것은 대단한 일이다.

이집트 곱틱교회 기원이 바로 오늘 성경 말씀에 나오는 아기 예수의 애굽 피신 여행이다. 애굽으로 피난하면서 아기 예수는 지나가는 길마다 이적을 행하였다는 신앙 전승이 뿌리내렸고, 그 자리에는 곱틱교회가 세워졌다. 곱틱교회는 예수의 신성만 믿는 단성론자이다. (기독교 정통교리인 양성론— 예수의 인성과 신성—을 믿는 기독교도들은 단성론을 이단으로 배제하지만, 지구상에는 정통교리가 그러든 말든 개의치 않는, 수많은 기독교도가 있다. 이를 볼 때, 기독교 자체가 교리보다는 우위에 있음을 본다.) 이집트에 단단히 자리 잡은 곱틱교회를 볼 때, 아기 예수의 애굽 피난은 틀림없는 사실로 보인다.

그런데 오늘 성경 말씀에 나오는 헤롯의 유아 학살 사건이나 「누가복음」의 탄생 이야기를 보면, 역사적 사실인가에 대해 갸우뚱하게 한다. 물론 헤롯의 권력 성향을 볼 때, 충분히 유아 학살 같은 잔인한 일을 벌일 수도 있기는 하다. 그러나 「누가복음」에 나오는 탄생 이야기는 확연히 다른 분위기이다. 예수 부모가 아기 예수를 하나님께 바치는 율법의 식을 거행하기 위해 예루살렘 성전으로 올라간다. 성전에서는 시므온, 안나 같은 노예언자들이 아기 예수를 상봉하고 감격스러운 소회와 예언을 발한다. 이 모든 행동이 매우 한가한, 여유로운 일상의 모습이다. 헤롯이 학살을 자행하는 공포의 예루살렘이 아니다. 태어나자마자 급히 피난하는 「마태복음」의 모습과 예루살렘에 올라가 모세의 법을 차근차근 수행하는 「누가복음」의 모습은 너무나 대조적이다. 그래서 유명한 신학자 크로산은 두 이야기 다 전적으로 이야기 구성상의 창조성에 의해 만들어진 것이라고 했다(존 도미니크 크로산, 『예수』, 58쪽).

필자가 늘 하는 말은, 성경은 어떤 역사적 사실을 말하기보다는 역사적 소재를 빌려서 신앙의 진실을 증거하는 것이다. 그럼, 오늘 성경 말씀이 말하는 신앙 진실은 무엇인가?

오늘 복음 말씀에서 거듭 반복해서 나오는 형태가 있다. "주님께서 예언자를 시켜서 하신 말씀을 이루시려는 것이었다"(2:15), 또는 "주님께서 예언자를 시켜서 하신 말씀이 이루어졌다"(2:17, 23)이다. 즉 아기 예수의 애굽 피난, 헤롯의 유아 학살, 나사렛 사람이라 불리는 것이 모두 예언자의 예언대로 이루어졌다는 말씀이다.

그렇다면 마태의 주장대로 예언자의 말씀이 이루어진 것인지에 대해 검증을 해보겠다. 첫 번째 사건, 애굽 피신은 「호세아」 11장 1절의 성취라고 했다.

"이스라엘이 어린아이일 때에, 내가 그를 사랑하여 내 아들을 이집트에서 불러냈다."

「호세아서」 말씀은 하나님이 애굽에 있는 이스라엘을 꺼내주었다는 말이다. 그런데 오늘 복음 말씀에 나오는 요셉 가족의 행로는 팔레스타인땅에서 애굽으로 간 것이다. 이동 경로가 호세아의 예언과는 반대이다. 그럼 복음 저자가 어거지로 예언을 갖다 맞춘 것인가? 어떻게 봐야 하느냐? 처음에는 약속의 땅이었던 가나안이 억압의 땅인 애굽으로 바뀌었다. 그렇다면 애굽에서 불러냈다는 예언이 딱 맞다.

두 번째 사건, 헤롯의 유아 학살은 「예레미야」 31장 15절의 성취라고 했다.

"나 주가 말한다. 라마에서 슬픈 소리가 들린다. 비통하게 울부짖는 소리가 들린다. 라헬이 자식을 잃고 울고 있다. 자식들이 없어졌으니, 위로를 받기조차 거절하는구나."

예레미야 예언자는 남왕국 유다가 바빌론에 멸망당해 백성들이 포로로 끌려갈 때, 같이 끌려가는 라마의 자식들과 그 어머니들의 비극을 라헬의 슬픔에 비유했다. 라마는 야곱의 아내 라헬이 낳은 베냐민의 후손들이 사는 땅이다. 지리적으로 예루살렘에서 북쪽으로 8킬로미터 위에 있다. 즉 예루살렘 남쪽에 있는 베들레헴과는 정반대이다. 따라서 베들레헴에서 일어난 유아 학살 비극과는 별로 연관이 없다. 그런데 라헬에게는 또 다른 전승이 있다. 라헬은 베냐민을 출산하면서 목숨을 잃고 땅에 묻히는데, 그 장소가 에브랏 곧 베들레헴으로 가는 길가이다(「창세기」 35:19). 이 말씀처럼 베들레헴도 라헬에게는 각별한 장소이다. 라헬이 베들레헴 길에서 죽은 것을 잘 알고 있는 마태는 베들레헴이 비록 라마와 멀리 떨어진 장소이지만, 예레미야가 말한 라헬의 애통 예언이 베들레헴에서 성취된 것으로 재활용했다.

세 번째 예언 성취는 "그는 나사렛 사람이라고 불릴 것이다 하신 말씀이 이루어졌다"이다. 그런데 구약성경 어디에도 이런 말씀이 없다. 첫번째, 두 번째 예언은 출처가 분명한데, 세 번째 예언은 출처 불명이다. 어떻게 이해해야 할까? 고대인들은 논리 전개에 단어 유희기법을 잘 썼다고 한다. 비슷한 발음의 단어 놀이이다. 가장 비슷한 말이 「이사야」 11장 1절이다. "이새의 줄기에서 한 싹이 나며 그 뿌리에서 한 가지가 자라서 열매를 맺는다." 이 말씀에서 메시아를 뜻하는 가지의 히브리 낱말이 '내체르'인데, 이 단어와 발음이 비슷한 나사렛을 연관 지었다고 해석한다.

이상에서 보듯이 세 가지 인용구가 예수의 상황과 꼭 맞아떨어지지는 않지만, 「마태」 저자는 일정한 의도를 가지고 예언 성취가 이루어졌다고 말씀을 전개한다. 어떤 일정한 의도가 있다는 것인가? 아기 예수의 급한 피신, 헤롯의 유아 학살, 다시 그 땅으로 돌아온 것 등은 모세의 일생과 판박이이다. 이스라엘의 원조인 히브리들이 밤중에 급히 애굽을 탈출한 것, 애굽왕 바로가 히브리들이 급속하게 불어나는 게 두려워서 산모에게 남자아이들을 다 죽이라고 명령한 것, 모세가 미디안 광야에서 무명의 목자 생활을 할 때 주님께서 "애굽으로 돌아가거라. 너의 목숨을 노리던 사람들이 다 죽었다"(「출애굽기」 4:19)라고 말씀해서 가족을 데리고 다시 애굽으로 돌아간 것 등 말이다. 특히 돌아가라는 「출애굽기」 말씀은 오늘 성경 말씀 "일어나서, 아기와 그 어머니를 데리고 이스라엘 땅으로 가거라. 그 아기의 목숨을 노리던 자들이 죽었다"(「마태」 2:20)와 거의 유사하다. 이상에서 본 것처럼, 복음 저자는 이스라엘의 전설 모세에게 예수를 겹치기 하고 있다.

알다시피 예수가 유명 인물이 된 것은 하나님 나라 운동을 시작하고, 십자가 죽음과 부활을 거치고, 그를 따르는 사람들로부터 추앙을 받기 시작하면서부터이다. 그전까지는 완전 무명인이었다. 당연히 탄생 이야기 같은 것은 남아 있을 리가 없다. 복음 저자의 임무는 이미 하나님의 아들 그리스도로 고백하는 예수를 유대인들에게, 유대 그리스도인들에게, 유대인의 정통성을 타고난 사람이라는 것을 증거하는 데 있다. 그래서 사용한 소재가 아브라함과 다윗으로 시작하는 족보(「마태」 1장)이고, 모세와 비슷한 일을 겪은 인물이며, 구약에 나오는 예언의 말씀이 이루어졌다는 방식으로 그의 탄생과 공생애公生涯 직전까지 시절(「마태」 2장)을 서술한 것이다.

하지만 저자의 의도적인 서술은 도전으로 바뀐다. 바로 예수가 나사렛 사람으로 살았다는 대목이다. 변방 중의 변방, 이름도 알려지지 않은 촌동네, "나사렛에서 무슨 선한 것이 나올 수 있겠소?"(「요한」 1:46)라고 한 것처럼 별로 인정받지 못하는 지역이다. 그런데 바로 그곳에서 예수는 유다와 예루살렘으로 상징된, 민중을 억누르고 노예로 만드는 권력 세계로부터 벗어나는 해방의 과정을 이끌었다. 이방의 땅 갈릴리를 새로운 출애굽의 출발점으로 삼았다.

이것은 예루살렘 중심으로 고정된 사람들에게는 걸림돌이다. 중앙·제일·주류에 삶의 의미를 두는 사람에게는 나사렛 사람이라는 게 도통 매력이 없다. 하지만 사람들은 예수를 양단간에 선택·결단해야 한다. 받아들이든지, 무시하든지. 받아들이는 자에게는 하나님 나라 평등 세상이 있고, 무시하는 자에게는 로마권력의 계급 체제에서 노예로 살아야 하는 삶이 있을 수밖에.

복음은 오늘 우리에게도 요구한다. 필요에 따라 예수는 좋아하지만 나사렛 사람에는 거부감을 갖지 않는가? 하지만 예수는 내 이름 앞에 붙은 나사렛 사람도 받아들이라고 도전한다. 주변·변방·비주류들의 사회적 배경, 하층계급이 내 출신이라고 말한다. 또 주류에게 해로운 믿음을 나에 대한 믿음으로 삼으라고 말한다. 예수는 나사렛 사람이다.

하나님의 어린 양

「요한복음」 1:29-34

²⁹ 다음날 요한은 예수께서 자기에게 오시는 것을 보고 말하였다. "보시오, 세상 죄를 지고 가는 하나님의 어린 양입니다. ³⁰ 내가 전에 말하기를 '내 뒤에 한 분이 오실 터인데, 그분은 나보다 먼저 계시기에, 나보다 앞서신 분입니다' 한 적이 있습니다. 그것은 이분을 두고 한 말입니다. ³¹ 나도 이분을 알지 못하였습니다. 내가 와서 물로 세례를 주는 것은, 이분을 이스라엘에게 알리려고 하는 것입니다." ³² 요한이 또 증언하여 말하였다. "나는 성령이 비둘기같이 하늘에서 내려와서 이분 위에 머무는 것을 보았습니다. ³³ 나도 이분을 몰랐습니다. 그러나 나를 보내어 물로 세례를 주게 하신 분이 나에게 말씀하시기를, '성령이 어떤 사람 위에 내려와서 머무는 것을 보거든, 그가바로 성령으로 세례를 주시는 분임을 알아라' 하셨습니다. ³⁴ 그런데 나는 그것을 보았습니다. 그래서 나는, 이분이 하나님의 아들이라고 증언하였습니다."

사람 소개할 때 빠지지 않는 항목이 있다. 강연장에서 강사를 소개한다든지, 책에서 지은이를 소개할 때라든지. 학력과 경력이다. 학벌이나 간판이 좋은 사람일수록 소개가 장황하다. 하지만 그런 몇 줄 약력으로 한 사람을 안다는 것은 '장님 코끼리 만지기'이다. 게다가 대부분 민중을 위한 경력은 별로 없다.

용산 남일당 망루에 올라간 철거민들을 강제 진압하여 학살의 주범이 된 김석기는 공항공사 사장이 되고, 사건 수사를 지휘한 정병두는 대법관 후보에 올랐다는 기사를 보면서, 그 자리와 경력이라는 게 얼마나 반민중적인가를 새삼 보여준다. 이런 풍조에 대한 거부감 때문인지, 페이스북을 보면, 자기 소개란에 "출신학교와 학번을 밝히지 않는다"는 사람도 있다.

판에 박힌 소개를 볼 때마다 드는 궁금증이 있다. "저 사람의 품성은 어떤가?"이다. 진국인지, 진상인지, 진실한 사람인지, 위선적인 사람인지, 신중한 사람인지, 떠벌리는 사람인지, 양심에 민감한 사람인지, 세력에 민감한 사람인지 등 말이다. 외면적인 정보는 이런 점을 아는 데 별로 도움이 되질 않는다.

그래서 한 사람을 제대로 이해하려면 내면을 알아야 한다. 한 사람을 규정하는 통로는 그 사람이 취득한 간판, 외형이 아니라, 그 사람의 '속사람'에 있다. 사람은 영적 존재이기 때문에 영의 작용으로 이루어진 내면이 한 사람의 결정적 실체이다.

처음 예수가 사람 앞에 등장했을 때, 예수는 어떻게 소개되었나? 오늘 성경 말씀은 세례자 요한이 예수를 소개하는 대목이다. "보시오, 세상 죄를 지고 가는 하나님의 어린 양입니다."(「요한」 1:29) 하나님의 어린 양이라고 했다. 이 표현은 36절에도 나온다. "보아라, 하나님의 어린 양이다."

예수를 지칭하는 무수한 표현이 있지만, 필자는 이 고백이 그 중 가장 탁월한 고백이라고 생각한다. 이 표현에는 시대를 꿰뚫는 요한의 통찰력이 종합적으로 담겨 있기 때문이다.

하나님과 이스라엘 사이에 가장 큰 쟁점은 항상 제사였다. 정의로운 제사는 하나님을 기쁘게 했지만, 불의한 제사는 하나님을 분노케 했다. 정의로운 제사와 불의한 제사의 차이는 민중을 평등하게 하는가였다.

「이사야」 1장을 보면, 하나님이 살인과 탐욕의 제물을 바치는 지배자들의 제사에 대해 넌더리를 낸다. "…… 나는 이제 숫양의 번제물과 살진 짐승의 기름기가 지겹고, 나는 이제 수송아지와 어린 양과 숫염소의 피도 싫다. 너희가 나의 앞에 보이러 오지만, 누가 너희에게 그것을 요구하였느냐? 나의 뜰만 밟을 뿐이다! (…) 너희의 손에는 피가 가득하다."(「이사야」 1:11-12, 15)

예수 당시 제사의 전당인 성전은 불의와 모순이 쌓이고 쌓여서 철저하게 민중을 수탈하는 악법의 소굴로 전락했다. (그래서 「요한복음」은 기득권 세력의 총집합체인 성전을 전복하려는 예수의 정체를 곧바로 전면화하여 성전 청소 사건을 앞부분인 「요한복음」 2장에 배치한다.) 속죄를 이용해 자기 배를 불리는 대제사장과 귀족 세력들의 카르텔에서 민중은 갈수록 허덕였고, 급기야 죄인으로 낙인 찍혀 체제 밖으로 밀려났다. 율사들은 율법으로 성전 카르텔의 이론적 바탕을 제공함으로써 공범자가 됐다.

이런 시대 현실을 직시하는 요한이 가장 절실히 바라는 바는, 제사의 혁신뿐이었다. 요한은 당장 자신부터 물세례를 줌으로써 민중을 구제했다. 죄사함 받는 성전 제사가 필요 없도록.

"내가 와서 물로 세례를 주는 것은, 이분을 이스라엘에게 알리려고 하는 것입니다."(「요한」 1:31) 그리고 요한은 이 말씀에서 보듯이, 그분은 물세례보다 더욱 강력한 행위로 민중을 구제할 것이라고 예고한다.

요한이 소개하는 그분은 어떤 분인가? 그분이 민중을 구제하는 방식은 무엇인가? 바로 하나님의 어린 양이다. 어린 양은 하나님이 이스라엘에게 요구하는 속죄 방법의 결정체이다. 이스라엘의 원조인 히브리들은 애굽을 탈출할 때, 어린 양 한 마리를 잡아먹고 그 피를 문설주와 인방에 발라서 장자의 죽음으로부터 구원 받았다.

제2 이사야에 나오는 '야웨의 종' 네 번째 노래인 「이사야」 53장은 어린 양의 희생적 모습을 이상적으로 노래한다. "그는 굴욕을 당하고 고문을 당하였으나, 아무 말도 하지 않았다. 마치 도살장으로 끌려가는 어린 양처럼, 마치 털 깎는 사람 앞에서 잠잠한 암양처럼, 끌려가기만 할 뿐, 아무 말도 하지 않았다."(「이사야」 53:7)

신약도 예수가 어린 양으로서 흘린 피가 성도의 해방을 이루었다면서, "흠이 없고 티가 없는 어린 양의 피와 같은 그리스도의 귀한 피로 되었습니다"(「베드로전서」 1:19)라고 고백한다. 무엇보다도 어린 양의 존재가 가장 빛나는 곳은 「요한계시록」이다. 「계시록」은 어린 양이 이 세상을 최종적으로 심판하고 영광 받으시는 권세자로 나온다.

이렇게 예수는 직접 희생제물이 되어 이스라엘과 민중을 구제한다. 기득권 세력들이 탐욕의 수단으로 왜곡시킨 어린 양 제사를, 예수가 직접 하나님의 어린 양이 되어서 일거에 전복시키고 바로잡는다. 그리고 성경 마지막 책 「요한계시록」에서는 어린 양이 최종 권세자로 등장한다.

이 모든 뜻을 담아 요한은 예수를 '하나님의 어린 양'으로 소개한 것이다. 요한이 이처럼 명징하게 예수의 정체를 파악한 통찰력의 근원은 무엇인가? '알아봄'이다. "나도 이분을 몰랐습니다. 그러나 나를 보내어 물로 세례를 주게 하신 분이 나에게 말씀하시기를, '성령이 어떤 사람 위에 내려와서 머무는 것을 보거든, 그가 바로 성령으로 세례를 주시는 분임을 알아라' 하셨습니다."(「요한」 1:33)

그런데 요한이 본 장면은 영의 움직임이기에, 사람 육안으로 식별할 수 있는 광경이 아니다. 그렇다면 요한의 식별력은 어디에서 온 것인가? 요한이 오랜 세월 광야에서 살아온 것을 떠올리자. 도가 출중한 사람들 말을 들어보면, 생활과 먹거리가 지극히 단순하고, 마음을 한 곳에 집중하여 궁구하면 통한다고 한다. 게다가 요한처럼 한평생 하나님의 때를 기다리며 민중 구제, 이스라엘 복구에 전심을 기울인다면, 하나님의 소리나 영의 움직임을 식별하는 것은 자연스레 따라오는 능력이다.

우리가 물질문명과 자본의 세례를 받은 탓에 하늘과 통하는 인간 고유의 심성을 많이 상실해서 그렇지, 무언가 잘못돼가고 있음을 성찰하고 다시 근원으로 돌아가고자 한다면, 그래서 그전에 가득 채웠던 부잡스럽고 번잡한 것들을 다 털어내면, 그 빈자리에 하늘의 신령한 것들이 채워지는 것은 자연의 이치이다. 요한과 예수는 이미 그런 경지에 도달하였기에 두 선수는 이미 하늘과 통하고 또 서로 알아보고 자연스럽게 민중 구제, 하나님 나라 운동을 이어가는 것이다. 우리는 어떤가? 어떻게 해야 하나?

밀양 1차 희망버스 기도회에서 오늘날 광야는 고통의 현장이라고 했다. 고통의 현장에 있으면 권력의 악이 폐부를 찌른다. 민중의 표정에 담긴 애환, 그 속에서 싹트는 형제애는 말이 필요 없다. 이렇듯 현장에 있어야만 깨치는 영성이 있다.

우리가 자기 이익에만 몰두하지 않고, 시대 모순에 둔하지 않고, 특히 권력의 실체에 대해 깨어 있고, 하늘 말씀과 하늘 기운에 귀의하면, 지금 우리가 가지고 있는 역사의식, 약자와 민중을 사랑하는 감수성, 시대를 보는 안목들과 접합해서 우리도 충분히 사물의 근원을 깨치는 통찰력을 가질 수 있다.

새해도 여전히 하수상한 세월이 계속될 것이지만, 하늘 기운이 우리를 사로잡아서 대동 평화 평등 세상의 기초를 닦도록 힘 주시기를 빈다.

너희는 세상의 소금이다

「마태복음」5:13-16

13 "너희는 세상의 소금이다. 소금이 짠맛을 잃으면, 무엇으로 그 짠맛을 되찾게 하겠느냐? 짠맛을 잃은 소금은 아무데도 쓸 데가 없으므로, 바깥에 내버려서 사람들이 짓밟을 뿐이다. 14 너희는 세상의 빛이다. 산 위에 세운 마을은 숨길 수 없다. 15 또 사람이 등불을 켜서 말 아래에다 내려놓지 아니하고, 등경 위에다 놓아둔다. 그래야 등불이 집 안에 있는 모든 사람에게 환히 비친다. 16 이와 같이, 너희 빛을 사람에게 비추어서, 그들이 너희의 착한 행실을 보고, 하늘에 계신 너희 아버지께 영광을 돌리게 하여라."

오늘 성경 말씀은 그리스도인들에게는 매우 익숙한 경구이다. "너희는 세상의 소금이다." "너희는 세상의 빛이다." 기도에도 빠지지 않으며, 교회 이름에도 잘 쓰인다. 그런데 너무나 익숙한 나머지 '빛과 소금'은 어느덧 기독교의 수사적 언어가 되지 않았나 하는 반성을 한다. 또 하나는 이 경구가 비유적 표현이라는 것을 중요하게 생각하지 않았다. 그래서 소금 자체에 대단한 뜻이 있는 것처럼 소금에만 집중했다. 소금의 성분이나 특징, 거기서 도출한 의미 등.

그런데 소금보다는 소금으로 비유한 원래 대상에 집중하는 게 더 맞다. 소금이 비유한 대상은 무엇인가? '너희'이다. 즉 우리가 집중해야 할 단어는 '소금'보다는 '너희'이다. 소금은 비유일 뿐이고, 진짜 대상은 '너희'이기 때문이다. 그렇다고 해서 소금은 전혀 알 필요가 없는 건 아니다. 비유는 원래 대상을 더욱 잘 이해하도록 돕는 방법이며, 실제 대상을 소금에 비유함은 소금의 특성과 연관짓기 위함이다.

소금의 대표적인 특징은 짠맛이다. 짠맛으로 부패를 방지하고 음식 맛을 낸다. 그러므로 우리가 세상의 소금이나 빛을 이야기할 때는 대전제가 하나 있다. 바로 세상이 온전하지 못하다는 관점이다. 세상은 썩었고 어둠이 지배하므로, 소금으로 썩지 않게 하고 빛으로 밝혀야 한다는 신앙 의지가 담겨 있다.

그런데 여기서 반문할 게 있다. 그리스도교 신자들은 자신들의 존재를 세상에 대해 소금과 빛이라고 했지만, 정말 그러한가이다. 비판적으로 말하자면, 오늘날 교회는 세상으로부터 격리되어 철저히 자기들만의 공간으로 게토화됐다. 게토라는 말이 별로 듣기 안 좋으니까, '노아의 방주'라고 말하기도 한다. 타락한 세상에 대한 심판에 대비하여 노아가 구원받을 사람을 따로 태울 방주를 만든 이야기를 교회에 적용해서 교회를 구원의 방주라고 한다.

게토화됐든, 구원의 방주든 여기에 담긴 개념은 교회는 죄 많은 세상과 격리된 안전지대이다. 그래서인가. 세상에서 아무리 불의하고 험악한 일이 벌어져도 교회는 태평하다. 아우성치는 고통의 현장에 가지도 않을뿐더러, 가지 못하는 입장을 미안해하기는커녕 현장에 있는 사람을 매도한다. 적반하장이다. 이렇게 세상과 격리된 교회에 "세상의 소금이다, 빛이다" 하는 성경 말씀을 갖다 대는 것이 맞는가 하는 문제의식이다. 세상에 대해 자신을 투신할 생각도 없고 준비도 안 돼 있는 신자와 교회에게 소금과 빛의 역할을 요구하는 것은 부질없는 일이 아닌가 하는 생각이다.

그럼에도 불구하고 성경은 여전히 "너희는 세상의 소금이다, 빛이다"고 한다. 이 말씀에 대해 우리는 응답해야 한다. 어떻게 응답해야 하는가? 각별한 결단과 투신을 요구하는 부담지움을 벗어주기 위해서라도, 소금을 세상과 구분할 게 아니라, 세상과 한 몸으로 묶으면 어떤가?

알다시피 소금이 소금 자체로 있는 건 아무 의미가 없다. 어디에 들어가서 용해돼야 한다. 이처럼 '니희'도 세상 속에서 소금으로서 그냥 있기만 하면 어떤가. 그러다 보면 자연히 소금의 진가를 발휘하지 않겠는가.

1세기, 어느 랍비의 말이다. 짠맛이 없는 소금에 어떻게 다시 짠맛을 넣을 수 있느냐고 누가 물었다. 랍비는 노새의 태반으로 짠맛을 회복하라고 답했다. 그런데 노새는 번식 능력이 없으므로 태반이 없다. 우문우답이다. 즉 진짜 소금은 짠맛을 잃지 않으므로 짠맛이 없으면 어떡하나 하고 걱정할 필요가 없다는 말이다.

그럼에도 불구하고 성경은 짠맛을 잃은 소금에 대해 매우 무겁게 말한다. "짠맛을 잃은 소금은 아무 데도 쓸 데가 없으므로, 바깥에 내버려서 사람들이 짓밟을 뿐이다"라고. 성경은 소금 이야기를 하려는 게 아니다. 사람 이야기를 하는 거다.

소금은 짠맛을 잃을 리 없지만, 사람은 얼마든지 맛이 갈 수가 있다. 신념을 포기하거나 의지를 꺾거나 본분을 버릴 수가 있다. 소금이 맛을 잃어서 사람에게 밟히는 것이야 아무 상관이 없지만, 하나님 나라 운동의 일꾼이, 평화의 사도가 맛을 잃으면 어떻게 되겠는가? 그 후과는 이루 말할 수 없을 만큼 비참하다. 운동이 폄하거리가 되는 건 순식간이다. 성경은 맛을 잃은 소금을 말하는 게 아니라, 자기 본분을 상실한 사람에 대해 경고하는 것이다.

그럼, 그리스도인의 짠맛은 무엇인가? 예수 정신이다. 소금이 짠맛을 잃을 수 없듯이, 예수꾼들은 예수 정신을 굳게 지켜야 한다.

필자는 "너희는 세상의 소금이다"에서 편의상 '너희'를 그리스도인으로 기술했다. 그러나 소금으로 은유한 대상인 '너희'에 대해 주목할 필요가 있다. 너희는 누구인가? 예수의 산상수훈이 처음 시작하는 「마태복음」 5장 1절을 보면, 예수를 따르는 무리 중 제자들이 '너희'에 해당하는 것처럼 보인다. 그런데 예수가 말씀하는 '너희'는 보다 직접적으로는 문맥상 오늘 성경 말씀 바로 앞 절인 11, 12절에 해당하는 사람이다.

'예수 때문에 모욕당하고, 박해받고 터무니없는 말로 온갖 비난을 받는 사람'이다. 왜 이들은 모욕당하고 비난을 받나? 10절에 따르면 의를 위하여 살기 때문에 박해를 받는다. 박해를 받는 '의'는 어떤 일인가? 평화를 이루는 일이다. 또 평화를 위하여 일하는 사람이다. 평화를 위해 일하면 상을 받을 것 같지만, 실제는 전혀 그렇지 않다.

필자는 2013년 12월 30일 대구검찰이 국가보안법 위반 혐의로 공소를 제기해서 2014년 2월 5일 첫 재판을 받았다. 검찰공소장을 보면, 반국가단체 찬양·고무·선전 및 이적 동조를 총 26회 했다고 나왔다. 그 이적 동조라는 게 대구 평통사(평화와통일을여는사람들)가 대구의 여러 단체와 함께 기자회견을 통해 전쟁훈련 반대 등을 주장한 것들이다. 그런데 공소장은 대구 평통사가 혼자 한 것처럼 교묘하게 꾸몄다.

'평화와통일을여는사람들'은 외교·국방·안보 분야의 NGO 단체이다. 국방·안보 분야는 너무 성역화되어서 쓸데없는 비밀과 잘못된 이데올로기, 부서 이기주의가 매우 성행하는 영역이다. 평통사는 지난 20년 동안 불투명하고 왜곡된 성역을 하나하나 타파하고 알려 나갔다. 안보는 대한민국 국민 모두의 것이지, 일부 특정 세력만의 독점 사항이 아니기 때문이다. 이런 평통사에게 상을 줘야 할 텐데, 이적 단체 혐의를 씌워서 벌을 주고 활동을 못 하게 막으려 한다. 종북몰이에 혈안이 된 권력은 자기들을 반대하면 무조건 이적 동조라는 주홍글씨를 새기려 한다. 이처럼 악한 시대에 평화 활동은 도리어 권력으로부터 미움을 사고 박해를 받는 일이다.

이 시점에서 평화에 대한 개념을 살펴보자. 평화는 갈등이나 전쟁이 없는 조용한 상태가 아니다. 히브리 낱말 '샬롬'은 하나님이나 이웃과의 관계에서 모든 계약 조건을 다 이행했을 때에 주어지는 평화이다. 계약이 온전히 이루어진 것이 샬롬이므로 계약을 지키기 위한 과정도 평화의 연장이다. 하지만 평화를 추구하다 보면 이해 당사자들 간에 반드시 파열이 생긴다. 부정선거로 당선된 유사정권과 이에 저항하는 민주시민 사이의 파열은 평화를 이루기 위해 피할 수 없다.

또, 이익을 독점하려는 자본가와 자신의 권리를 지키려는 노동자 사이에도 파열은 불가피하다. 갑의 온갖 부당한 계약 공세에서 을의 생존권 투쟁은 외견상 시끄러울 수밖에 없다. 그럼, 평화가 깨진 것 아니냐하는 의문이 들 수 있다. 여기서 샬롬의 정의가 새롭게 세워진다. 부딪힘 없는 조용한 상태보다는 시끄럽지만 균형과 정의를 세우는 일이 평화라고 재정의된다. 모든 이해 당사자 사이에 견해가 달라서 생기는 갈등 속에서 이익을 일방독점하지 않도록 타협·조절하는 행위가 평화이다. 무엇보다도 평화는 약자에게 이익이 돌아가도록 해야 한다. 그런 제반 활동이 평화를 이루는 일이다. 이런 일은 아무나 하는 일이 아니다. 특별히 선택받은 사람이 한다.

그래서 「마태복음」 5장 9절 말씀처럼 "평화를 위하여 일하는 사람은 행복하다. 그들은 하나님의 아들이 될 것이다"라고 했다. 우리가 겪어봐서 알지만, 평화가 좋은 일이고 고상하고 거룩한 일이라고 해서 모든 이가 평화를 위해 살려고 하지는 않는다. 알다시피 사람들 잇속이 얼마나 빠른가. 대개는 굿이나 보고 떡이나 먹는다. 또는 기회주의적으로 안전하게 처신한다. 하지만 하나님의 아들로 불리는 사람은 평화를 위해 일한다. 놀랍게도 그런 사람들이 있다. 그들은 일신을 던진다. 이런 면에서는 자신의 짠맛을 녹여서 세상에 맛을 내는 소금과 똑같다. 그리고 실제로 적은 양의 염분이 바다를 이루듯이, 평화를 위해 일하는 소수의 사람으로 인해 평화가 구현된다. 참으로 복된 인생이다. 이왕이면 소금으로 살자.

맞서지 말아라

「마태복음」 5:38-42

38 "'눈은 눈으로, 이는 이로 갚아라' 하고 말한 것을 너희는 들었다. 39 그러나 나는 너희에게 말한다. 악한 사람에게 맞서지 말아라. 누가 네 오른쪽 뺨을 치거든, 왼쪽 뺨마저 돌려 대어라. 40 너를 걸어 고소하여 네 속옷을 가지려는 사람에게는, 겉옷까지도 내주어라. 41 누가 너더러 억지로 오 리를 가자고 하거든, 십 리를 같이 가주어라. 42 네게 달라는 사람에게는 주고, 네게 꾸려고 하는 사람을 물리치지 말아라."

오늘 복음 말씀을 준비하면서 좀 난감했다. 예수는 우리가 악한 자에게 "맞서지 말라"고 말씀한다. 또 상대(상대가 악한 자이다)의 요구를 거부하지 말고 그냥 받아주라고 한다. 그렇다면 공권력의 불의가 난무하는 현장에서 맞서는 사람들은, 이 말씀에 비추어볼 때 잘못하는 것인가? 노조를 인정하지 않는 악덕 사업주의 요구를 다 받아줘야 하는가? 강자가 강요하는 이데올로기에 그냥 순순히 세뇌당해야 하는가? 많은 의문을 낳는다.

우선 독자들과 문제의식을 공유하기 위해 오늘 복음 말씀을 그대로 옮기겠다. "'눈은 눈으로, 이는 이로 갚아라' 하고 말한 것을 너희는 들었다. 그러나 나는 너희에게 말한다. 악한 사람에게 맞서지 말아라. 누가 네 오른쪽 뺨을 치거든, 왼쪽 뺨마저 돌려대어라. 너를 걸어 고소하여 네 속옷을 가지려는 사람에게는, 겉옷까지도 내주어라. 누가 너더러 억지로 오 리를 가자고 하거든, 십 리를 같이 가주어라. 네게 달라는 사람에게는 주고, 네게 꾸려고 하는 사람을 물리치지 말아라."(「마태」 5:38-42)

어떤가? 예수의 말씀을 따를 수 있겠는가? 이천 년 전 예수가 제자와 민중들에게 명한 말씀이지만, 오늘 우리도 이 말씀 앞에 서 있다. 오늘 성경 말씀은 「마태복음」 5장 21~48절까지에 있는 여섯 개의 반대 명제 중 다섯 번째 명제이다. 반대 명제는 율법을 반대하여 예수의 독자적인 말씀이 나오는 형태를 말한다. 그런데 여기서 짚고 넘어갈 것이 있다. 예수는 율법 자체를 반대하기보다는 율법의 가르침을 반대했다. 율법의 해석이 본래 취지와는 다르게 변질해서 평등 사회를 깨뜨리는 수단으로 전락해버린 현실에 대한 비판으로 반대한 것이다. 그렇다면 누가 율법의 해석을 변질시키는가? 율법의 해석 전문가들인 바리새의 서기관, 율법학자들이다. 그들은 율법의 원뜻을 왜곡해서 체제를 정당화하는 구실로 삼았다. 그래서 복음서에서 그들은 예수의 대표적인 적대자로 나온다.

그럼, 오늘 말씀인 다섯 번째 명제를 보자. "눈은 눈으로, 이는 이로 갚아야 한다"의 출처는 구약 「출애굽기」 21장 24절, 「레위기」 24장 20절, 「신명기」 19장 20절 등이다. 이 말씀의 본래 취지는 무제약적 보복을 금지하는 규정이다. 한 대를 맞았는데 일곱 대를 때리면 안 된다는 말이다. 그런데 악한 자들은 이 말씀을 자의적으로 해석해서 무제약적으로 보복했다. 지금은 악한 권력이 이런 짓을 자행한다. 하지만 구약도 실제로는 되갚음을 지지하지 않았다. 한 가지 예만 들자면, "너는 그가 나에게 한 그대로 나도 그에게 하여, 그가 나에게 한 만큼 갚아 주겠다 하고 말하지 말아라"(「잠언」 24:29).

　율법의 본래 취지는 옳다. 그런데 율법이 제 기능을 상실하기 시작하면서 본래 취지는 온데간데 없어지고, 힘 있는 자들이 율법을 자의적으로 남용하는 폐단이 일어나서 힘없는 사람을 탄압하는 수단으로 바뀌어버린 게 문제이다.

　그런데 예수는 율법의 본래 취지보다도 더욱 파격적인 말씀을 한다. "악한 사람에게 맞서지 말아라"고. 이 말씀에서 보듯이, 예수는 악한 사람을 전제한다. 경험으로 알듯이, 악한 사람이 있다. 요는 우리가 악한 사람을 대하는 태도이다. "그들을 어떻게 대할 것이냐"인데, 예수는 맞서지 말라는 거다. 그리고 네 개의 실천 지침을 말씀한다. 필자는 성경 해석의 기본 원리를 따라, 컨텍스트(시대 상황)와 텍스트(성경 본문)를 연관 지어서, 로마 시대라는 시대 상황 안에서 본문 말씀을 조명했다.

　하지만 오늘날 사회가 워낙 복잡 다양해서 인간 상황을 성경 말씀에 하나하나 연결 지을 수는 없다. 아니나 다를까, 주일 예배 설교 후 한 교우가 말하기를, 지금도 직장 안에서는 생존을 위하여 부득이, 똥이 더러워서 피하듯이, '진상'이 부리는 해코지로부터 방어하기 위해 오늘 성경 말씀이 문자 그대로 필요한 현실도 있다고 했다. 나는 주로 공권력 남용 현실에 집중했는데, 삶의 자리가 다른 사람에게는 이 말씀이 또 다른 방식으로 그들의 생존을 위해 역할을 할 수 있음을 알았다. 결국 성경 말씀을 잣구대로 이용하는 것은 올바른 방식이 아니고, 분별력으로 적용해야 함을 알 수 있다.

　첫 번째 지침은 "누가 네 오른쪽 뺨을 치거든, 왼쪽 뺨마저 돌려대어라"이다. 뺨을 때리는 일은 상대의 명예를 훼손시키는 심각한 모욕 행위이다. 왼손으로 맞든, 오른손으로 맞든, 뺨 맞고 좋아할 사람은 아무도 없다. 고대 이스라엘 사회나 지금 우리 사회나 마찬가지이다. 예수 시대는 로마가 폭력으로 지배하는 세상이다. 인권 보호나 형사소송법 절차로 피의자를 보호하지 않았다. 멜 깁슨이 만든 영화 〈패션 오브 크라이스트〉를 보면, 예수가 십자가에 달리기 전 무수히 많은 매를 맞는데, 지금 시각에서 말하자면 명백한 인권 침해이다. 그러나 그때는 때리면 맞아야 한다. 그럴 때 맞은 사람이 나도 네 뺨을 때리겠다고 덤벼드는 일은 뺨 때린 자를 자극해서 더 큰 모욕을 당할 수 있다. 그럴 때 힘이 모자라는 사람이 어떻게 해야 뺨을 때린 사람에게 폭력이 무의미하다는 것을 보여줄 수 있나? 다른 뺨을 돌려대는 일이다. 상대는 나에게 모욕을 주려고 뺨을 때렸는데 내가 다른 뺨마저 돌려대면, 상대방의 의도는 실패로 돌아간다.

두 번째 지침은 "너를 걸어 고소하여 네 속옷을 가지려는 사람에게는, 겉옷까지도 내주어라"이다. 왜 고소한 자는 겉옷이 아니고 속옷을 가지려고 하는가? 겉옷은 율법에 따라 오래 저당 잡을 수가 없다. 겉옷은 해가 지기 전에 돌려줘야 하는 물건이다. 밤에는 덮고 자는 이불이기 때문이다(「출애굽기」 22:26-27). 그래서 빼앗는다면 속옷뿐이다. 그럴 때 겉옷까지도 내주면 고소한 사람은 아주 파렴치한 놈이 된다. 율법이 금하는 겉옷까지 취득했으니 말이다. 그러므로 겉옷까지 내주는 일은 고소자를 가장 강력하게 규탄하는 수단이다.

세 번째 지침은 "누가 너더러 억지로 오 리를 가자고 하거든, 십 리를 같이 가주어라"이다. 로마 군대는 강제 징발을 할 수 있었다. 정복전쟁이 일상화되고, 그래서 폭력이 최종적인 뜻이 되는 세상은 사람 목숨을 귀하게 여기지 않는다. 힘 가진 자가 장땡이다. 따라서 병사가 민간인에게 함부로 부역을 시킨다. 한국전쟁 때 우리 민중들도 혹독한 부역 시련을 겪지 않았던가. 그럴 때 "네가 뭔데, 나에게 이런 일을 강요해?" 하면서 대들거나 싫다고 도망가면 어떻게 되는가? 오히려 더 큰 화를 입을 수 있다. 그때 오 리뿐만 아니라 십 리까지 가주면, 처음에는 병사들의 힘에 눌려 할 수 없이 하는 부역인 줄 알았는데, 자기들의 강제와는 무관하게 전적으로 자기 의지로 하는 것임을 깨우쳐주게 된다.

네 번째 지침은 "네게 달라는 사람에게는 주고, 네게 꾸려고 하는 사람을 물리치지 말아라"이다. 가진 재산이라고는 속옷과 겉옷뿐인 민중들에게, 철저히 박해당해서 풍비박산 난 예수 후예들에게, 무엇을 달라고 하거나 꾸려고 하는 것 자체가 매우 양심 불량이다. 그럴 때 못 주겠다고 움켜쥐는 것은 의와 평화 때문에 박해 받는 자신들의 신앙, 인품에도 맞지 않는 일이다. 줘버려라. 그럼으로써 그렇게까지 욕심을 보이는 그들을 스스로 부끄럽게 만들어라.

예수의 실천 지침이 무력항쟁 노선에 선 사람들에게는 유화적으로 보였을지 모르지만, 예수는 민중이 희생당하지 않도록 고뇌와 애정이 담긴 지침을 주었다고 할 수 있다. 결과적으로 예수의 대응 방법은 70년 유대전쟁에서 탁견으로 입증되었다. 무력항쟁에 나선 사람들은 모두 로마에 철저히 학살당했지만, 맞서지 않은 사람들은 살아남았다. 예수는 로마의 폭력적 지배 질서하에서도 하나님 나라 윤리를 실천하도록, 비둘기 같이 순결하고 뱀같이 지혜로운 방도로 민중을 구했다.

그렇다면 지금 우리 시대는 어떠해야 하나? 앞에서 말한 것처럼 우리의 투쟁 방식이나 현장 대응은 달라져야 하는가? 로마 시대는 모든 권력이 황제에게 있던 시대이다. 그러나 지금은 주권이 국민으로부터 나오는 시대라는 결정적 차이가 있다. 국가는 여전히 주권자의 동의를 받지 않고 마구잡이로, 폭력적으로, 공권력을 집행하지만, 그들도 여전히 여론의 눈치를 본다. 권력이 선거에서 오므로, 선거에서 이기려면 좋은 인상을 줘야 하기 때문이다. 그래서 권력도 공권력을 잘못 쓰면 그것이 빌미가 돼서 족쇄가 되고, 집행을 멈칫하고, 어떨 때는 법의 제재도 받는다. 우리가 포기하지 않고, 계속 선한 싸움을 하다 보면 예상하지 못한 승리를 할 때도 있다.

로마 시대 팔레스타인 민중들이 맞서지 않음으로써 예수도道를 실천했다면, 오늘날 우리는 우리 시대 상황에 맞게 정당하게 맞섬으로 예수 정신을 구현할 수 있다. 관건은 보복 여부나 맞서느냐 마느냐 하는 문제가 아니다. 어떻게 해야 이 세상을 모두가 평등한 행복 세상으로 만드느냐이다. 그렇다면 실천은 각자 부여받은 감동으로 하면 된다. 중요한 것은 그 길에 서는 것이다.

다 살아가기 마련이다

「마태복음」 4:1-11

1 그 즈음에 예수께서 성령에 이끌려 광야로 가셔서, 악마에게 시험을 받으셨다. 2 예수께서 밤낮 사십 일을 금식하시니, 시장하셨다. 3 그런데 시험하는 자가 와서, 예수께 말하였다. "네가 하나님의 아들이거든, 이 돌들에게 빵이 되라고 말해 보아라." 4 예수께서 대답하셨다. "성경에 기록하기를 '사람이 빵으로만 살 것이 아니라, 하나님의 입에서 나오는 모든 말씀으로 살 것이다' 하였다." 5 그때에 악마는 예수를 그 거룩한 도성으로 데리고 가서, 성전 꼭대기에 세우고 6 말하였다. "네가 하나님의 아들이거든, 여기에서 뛰어내려 보아라. 성경에 기록하기를 '하나님이 너를 위하여 자기 천사들에게 명하실 것이다' 그리고 '그들이 손으로 너를 떠받쳐서, 너의 발이 돌에 부딪치지 않게 할 것이다' 하였다." 7 예수께서 악마에게 말씀하셨다. "또 성경에 기록하기를 '주 너의 하나님을 시험하지 말아라' 하였다." 8 또다시 악마는 예수를 매우 높은 산으로 데리고 가서, 세상의 모든 나라와 그 영광을 보여주고 말하였다. 9 "네가 나에게 엎드려서 절을 하면, 이 모든 것을 네게 주겠다." 10 그때에 예수께서 그에게 말씀하셨다. "사탄아, 물러가라. 성경에 기록하기를 '주 너의 하나님께 경배하고, 그분만을 섬겨라' 하였다." 11 이때에 악마는 떠나가고, 천사들이 와서, 예수께 시중을 들었다.

앞에서 '그 말이 맞는가?'라는 제목으로 「누가복음」 4장 1~13절, 예수가 악마의 유혹을 당하는 이야기를 했다. 오늘은 같은 내용을 「마태복음」 말씀으로 하겠다. 비슷한 내용이지만 복음서마다 저자가 말하고자 하는 바가 다르다. 또한 성경은 깊은 샘 같아서, 같은 성경 말씀이라도 무수한 해석과 적용을 가능하게 한다.

동네에 월요일마다 서는 재래시장이 있는데, 입구에 들어서면 신문 모집하는 사람이 다짜고짜 돈봉투를 들이민다. 신문 보라고. 그렇게 해서 과연 구독자가 생기는지 매우 의문이고, 꼭 그렇게 해야 하는가 하는 딱한 마음도 들고, 먹고사는 일에 대해 뭐라 말하기도 어렵고, 복합적인 안타까움이 든다. 한편, 어느 집안의 한 가장이 생활의 최전선에서 저열한 방법으로 자기 신문을 팔게 하면서, 신문사 사주놈들은 세상을 주무르며 배를 불리는 꼴이 한층 더 괘씸하다.

345kV 송전탑 건설을 막고 있는 청도 삼평리에서는 한전놈들이 소위 발전기금으로 주민을 찬반으로 갈라 놓아 마을 공동체를 분열시키는 것도 모자라, 부모 자식 간에도 돈으로 이간질하는 짓을 서슴지 않는다. 이들의 추진 방식을 보면, 정말 한전을 그대로 두어서는 안 되겠다는 공분이 더 생긴다. 할매들의 투쟁을 계기로, 이 나라 전기 정책을 바꿔야 한다.

시국 사건이나 노동쟁의 사건에도 손배가압류나 벌금 폭탄을 매겨서, 돈으로 사람을 꼼짝 못하게 하는 악습은 여전하다. 청도 삼평리의 경우도, 그전에는 얼씬도 못 하던 한전의 시공사 인부들이 공사방해금지 가처분 결정이 자신들에게 유리하게 나오자 지난주에는 연속 사흘을 삼평리 현장에 나타나서 할매들을 괴롭히며 도발했다. 평화공원 주위에 말뚝을 박는 시늉을 연출해서 할매들이 막아서자, 공사를 방해한다는 증거로 삼으려고 집중적으로 채증을 해간 것이다. 실로 비겁하고 야비한 놈들이다.

사십 일 금식한 예수에게 가장 절실한 게 빵이었다면, 오늘날 현대인들을 사로잡는 건 돈 귀신이 틀림없다. 옳음, 정당성, 품격 같은 것은 건어차고, 모든 문제를 오직 돈으로 해결하려 한다.

오늘 복음 이야기는 일하는 방식에서 예수와 악마가 어떻게 다른가를 말한다. 일하는 방식이 사람을 사람답게 하는가, 아니면 비인간화시키는가를 구분하고자 한다.

악마의 유혹을 보자. 첫 번째 유혹에서 악마는 예수께 이렇게 말한다. "네가 만일 하나님의 아들이거든 명하여 이 돌들로 떡덩이가 되게 하라"(「마태」 4:3, 개역개정판)라고.

어째서 악마는 가정법으로 말할까. 오늘 복음 말씀 바로 앞에서, 세례 받고 나오는 예수께 하나님이 만천하에 선언했다. "이는 내가 사랑하는 아들이다"(3:17)라고. 그런데 이를 모를 리 없는 악마가 예수가 하나님의 아들임에 대해 가정법으로 묻는 연유는 무엇일까? 그동안은 이유가 시원하게 풀리지 않았다. 다만 사람 성품 중 연약한 속성인 허영심, 공명심을 자극·도발하는 것이라고 나름 이해했었다.

그런데 한 사건에서 영감을 받았다. 2014년 3월 10일 대구고등법원에서 열린 유○○ 교수의 항소심에서다. 유 교수는 2012년 대선 기간에 '현대 대중문화의 이해'란 강좌에서 박근혜를 비판하는 신문 기사를 스크랩해 학생들에게 수업 자료로 사용한 일이 공직선거법 위반이라는 혐의로 기소돼서 재판을 받았다. 변호사는 일심 판사의 판결서, 또는 여러 증거 자료, 증인으로 나온 사람들의 의견서 등 있는 자료를 바탕으로 사실에 근거하여 피고인 심문을 했지만, 검사는 할 말이 없는지 계속 가정법으로 물었다. 예를 들면, 만일 다른 교수들도 선거운동 기간에 피고인처럼 수업시간에 특정 후보에 대해 비난·모욕·매도하면 되겠느냐는 투이다. 있는 사실로 말해야지 왜 가정법으로 물을까.

그때 알았다. 가정법이 악마들의 고유 어투라는 것을. 또한 악마와 한통속인 불의한 권력이 상투적으로 던지는 어법인 것을. 악마는 예수가 하나님의 아들인 것을 인정하기 싫었던 거다. 하여 그들은 진실이 현실이 되는 일이 일어나서는 안 된다는 권력 의도를 관철하기 위하여 가정법 언사를 즐겨 사용한다. 진리 앞에서는 할 말이 없기에 그렇게 옹색하게 논리를 펴는 것이다.

한번 묻자. 하나님의 아들을 입증하려면 악마의 유혹대로 돌을 떡덩이로 만들어내야 하는가? 자신을 과시하는 기적을 연출하면 하나님의 아들이 되는가? 그러나 복음서에 나타난 예수는 사람들의 호기심을 채워주려고 또는 자신의 이익을 도모하려고 기적을 행한 적이 단 한 번도 없다. 적대자들이 줄기차게 하늘로부터 오는 표징을 요구할 때도, 악당들에게 체포 당할 때도, 십자가에 달려 있을 때 무리들이 "네가 하나님의 아들이거든, 너나 구원하여라. 십자가에서 내려와 보아라" 하고 조롱할 때도, 절대 반응하지 않았다. 예수는 당신의 능력을 사유화하지 않았다. 자신의 재능, 기적, 권세를 통하여 사람들 믿음을 강요하지 않았다. 오직 하나님께 사심 없이 순종할 뿐이다.

사심 없는 순종은 악마의 유혹에 대한 대응에서도 나타난다. 예수 정도면 얼마든지 자신의 재량으로 대답할 수 있을 텐데, 예수는 오직 하나님 말씀으로 응대했다. "성경에 기록하기를" 하고 「신명기」 8장 3절 말씀으로 답했다. 이 말씀의 요지는 "먹는 게 다가 아니다. 중요한 것은 낮추시고, 굶기시고, 또 먹이시고 하는 모든 과정, 전체적인 인도하심(하나님의 입에서 나오는 모든 말씀)이 훨씬 귀하다"는 것이다.

누구보다 먹는 게 가장 절실한 예수가 가장 먼저 이 말씀 앞에 섰다. 지금 교회는 할 수만 있으면 돌로도 빵을 만들려고 무진 애를 쓴다. 수단과 방법을 가리지 않고 교회를 사유화하는 데 자신의 모든 재주를 발휘한다. 하나님의 영광, 하나님의 일이라는 명목으로 하는 일을 정당화한다. 그러나 교회는 누구보다도 순리를 따라야 하고, 교회의 공공성을 지켜야 한다.

그러자 악마는 예수를 기록한 도성으로 데려간다. 그리고 성전 꼭대기에 세운다. 밑은 천 길 낭떠러지이다. 여기서 악마는 또 가정법을 쓴다. 네가 만일 하나님의 아들이거든 뛰어내리라고. 그런데 악마는 여기에 한 말을 더 보탠다. 악마는 놀랍게도 「시편」 91장 11, 12절을 인용한다. 인용한 「시편」의 골자는 네가 뛰어내려도 하나님이 천사를 통해서 너를 떠받쳐서 죽지 않고 멀쩡할 것이라는 말이다. 예수는 역시 제멋대로 답하지 않고 성경 말씀으로 물리친다. "또 성경에 기록하기를 주 너의 하나님을 시험하지 말아라."(「신명기」 6:16)

여기서 우리는 하나님을 어떤 분으로 여기는가에 대해 자문해야 한다. 무엇이 갈급해서, 또는 필요할 때, 그때그때 소원을 채워주시는 분으로 하나님을 모시는 사람이 많다. 그러나 하나님은 자동판매기가 아니다. 하나님을 자기 목표를 달성하는 수단으로 삼지 않는지 냉철히 돌아볼 일이다. 그냥 조건 없이 하나님을 신뢰하자. 누구를 대상화하는 것은 사람 사이에서도 경계할 일이지 않은가.

또 하나. 악마가 예수를 유혹하면서 하나님 말씀을 써먹었다는 점을 유념하라. 거듭거듭 강조하지만, 하나님 말씀을 맥락을 무시하면서 자기 편한 대로만 써먹는 풍토는 대단히 위험하고, 하나님을 기만하는 일이다. 하나님 말씀을 사용하고 기독교 의식을 한다고 해서 전부 예수파는 아니다. 외양만 그렇게 꾸미는 족속이 사실은 더 위험하다.

그러자 악마는 마지막 유혹을 던진다. 매우 높은 산으로 올라가서 세상의 모든 나라와 영광을 보여주고 말한다. "네가 나에게 엎드려서 절을 하면, 이 모든 것을 네게 주겠다"라고. 가정법을 쓰던 악마가 이제 단도직입적으로 본색을 드러낸다. 내 밑으로 들어오라고.

악마가 자기에게 엎드려 절을 하면 이 모든 나라와 영광을 너에게 주겠다고 하는데, 과연 악마의 말은 진실인가? 악마 말대로 이 모든 것은 내 것이 될까? 악마는 끝까지 거짓말을 한다. 악마에게 절을 하면 그 순간 나는 악마 수하가 되는 것이고, 따라서 나의 모든 것도 결국은 악마의 것이다. 나는 독립적이지도, 주체적이지도 못하게 된다. 악마의 종이 될 뿐이다.

서두에 자본이나 권력의 청부업자들이 문제를 돈으로 해결하려 든다고 했었다. 그래서 그 돈을 받으면 어떻게 될까? 그 순간 돈에 종속돼 버린다. 그 결과 받은 돈의 노예로 전락한다. 그렇게 되면 시쳇말로 빼도 박도 못한다. 명심하시라. 예수가 악마의 유혹에 넘어가 돌을 떡으로 만들 수 있는지는 모르겠지만, 만들었다고 해도 예수는 민중 앞에 구세주로 서기보다는 악마의 '시다바리'가 될 뿐이다.

악마의 말은 그럴 듯할 뿐 진실이나 진정은 한 개도 없다. 속지 마라. 그래서 예수는 답한다. 역시 자의가 아닌, 하나님 말씀으로. "주 너의 하나님께 경배하고, 그분만을 섬겨라"(「마태」 4:10)라고.

악마가 떠난 뒤에 예수는 어떻게 됐나? 사십 일을 금식한 후유증으로 굶어 죽었나? 아니다. 천사들의 음식 봉양으로 원기를 회복한다. 돌로 떡을 만들지 않아도 다 살아간다. 악마의 유혹에 넘어가면서까지 성공에 목매지 마라. 그것은 행복이 아니라 영원한 노예살이이다. 그렇게 하지 않아도 다 살아가기 마련이다.